“十四五”普通高等教育规划教材

税务管理

SHUIWU GUANLI

主编　关慧

中国财经出版传媒集团
中国财政经济出版社

图书在版编目（CIP）数据

税务管理／关慧主编. --北京：中国财政经济出版社，2022.1

“十四五”普通高等教育规划教材

ISBN 978-7-5223-1057-2

Ⅰ.①税… Ⅱ.①关 Ⅲ.①税务管理-中国-高等学校-教材 Ⅳ.①F812.423

中国版本图书馆CIP数据核字（2022）第006846号

责任编辑：田明晖　　责任校对：张　凡

封面设计：陈宇琰　　责任印制：史大鹏

税务管理

SHUIWU GUANLI

中国财政经济出版社 出版

URL：http：//www.cfeph.cn

E-mail：tianmh@cfemg.cn

社址：北京市海淀区阜成路甲28号　邮政编码：100142

营销中心电话：010-88191522　编辑部门电话：010-88190670

天猫网店：中国财政经济出版社旗舰店

网址：https：//zgczjjcbs.tmall.com

北京中兴印刷有限公司印刷　　各地新华书店经销

成品尺寸：185mm×260mm　16开　12.25印张　279 000字

2022年3月第1版　2022年3月北京第1次印刷

定价：42.00元

ISBN 978-7-5223-1057-2

（图书出现印装问题，本社负责调换，电话：010-88190548）

本社质量投诉电话：010-88190744

打击盗版举报热线：010-88191661　QQ：2242791300

前 言

2021年是“十四五”规划的开局之年，也是在经历疫情冲击之后我国经济重回发展正轨的关键之年。在这样的背景下，《税务管理》这本书紧跟时代步伐进行撰写，具有十分重要的意义。税收是国家为了向社会提供公共产品、满足社会共同需要、按照法律的规定，参与社会产品的分配、强制、无偿取得财政收入的一种规范形式。税务管理是税收活动的客观要求，税务管理是指主管税收工作的职能部门，代表国家对税收分配的全过程所进行的计划、组织、协调和监督工作，旨在保证财政收入及时足额入库，充分发挥税收对经济的调节作用，可见税务管理十分必要。

本教材与经济类本科及硕士专业课程人才培养思路相吻合，适合作为财政、会计、税务、财务管理、审计、金融、贸易等财经类相关专业的课程教材，也能对学生继续学习其他课程、考研、就业、考取经济类的执业资格证书有所帮助。本教材与其他教材相比具有以下特色：

1. 专业性

编者在财税专业一线教学工作多年，一边学习一边实践，将挂职锻炼所学知识与理论结合起来，应用于教学实践，结合最新案例进行编写，体现出本教材的专业性。

2. 时效性

教材编写中运用当前最新且时效性最强的导入案例、案例解析、知识链接等内容，提高学生学习兴趣，使学生主动参与互动，积极思考，达到良好的教学效果。

3. 前沿性

教材涵盖了目前税务管理最新的前沿信息，内容既包括传统的理论、政策、知识运用，又包括拓展训练，导入案例、知识延伸等创新内容。根据不同知识点的学习要求采取了差别的编写方法。

4. 实务性

税务管理其他财税专业课程相比，除了必要的理论性内容之外，其内容还具有综合性、实践性、开放性等特点。也正是因为这些特点，促使本书采用最新的税务管理实务案例，结合实务计算题，突出本教材实务性强的特色。

全书共分为11章，包括税务管理概述、税务基础管理、纳税申报、纳税评估及纳税信用管理、税款征收管理、税务稽查、增值税的税务稽查、所得税及消费税的税务稽查、其他税种的稽查、税务行政处罚、税务行政救济、税务经济分析与信息化管理。

全书紧密结合我国“十四五”规划内容，由关慧副教授主编，结合实际案例进行总纂并定稿。孙鑫、段景超承担全书校对工作，在此向他们表示由衷的感谢。本书篇幅有限，有些章节未能深入探讨，不足之处恳请批评指正。

编者

2021年11月

目录

第 1 章　税务管理概述

本章要点

1. 税务管理的概念、内容；
2. 税务管理机构设置及税收征管的法律体系；
3. 税务管理体制；
4. 征纳双方的权利、义务和责任。

导入案例

某政府机关按照税法规定为个人所得税扣缴义务人。该机关认为自己是国家机关，因此，虽经税务机关多次通知，还是未按照税务机关确定的申报期限报送《代扣代缴税款报告表》，被税务机关责令限期改正并处以 1 000 元罚款。对此，该机关负责人非常不理解，认为自己不是个人所得税的纳税义务人，而是替税务机关代扣税款，只要税款没有少扣，晚几天申报不应受到处罚。问：税务机关的处罚决定是否正确？为什么？

案例解析

税务机关的处罚决定是正确的。《税收征管法》第二十五条规定："扣缴义务人必须依照法律、行政法规或税务机关依照法律、行政法规的规定确定的申报期限、申报内容如实报送代扣代缴、代收代缴税款报告表以及税务机关根据实际需要要求扣缴义务人报送的其他有关资料。"因此，该机关作为扣缴义务人与纳税人一样，也应按照规定期限进行申报。根据《税收征管法》第六十二条："扣缴义务人未按照规定的期限向税务机关报送代扣代缴、代收代缴税款报告表和有关资料的，由税务机关责令限期改正，可以处以 2 000 元以下的罚款；情节严重的，可处以 2 000 元以上 10 000 元以下的罚款。"因此税务机关作出的处罚是正确的。

第 1 节　税务管理的概念和内容

税收是指国家为了向社会提供公共产品、满足社会共同需要、按照法律的规定，参与社会产品的分配、强制、无偿取得财政收入的一种规范形式。税收是一种非常重要的政策工具。管理是人类社会存在的客观要求。税收活动涉及社会再生产活动的各个方面、各个环节，涉及千百万人的行为，没有税务管理就不可能使税收活动的目标实现。

一、税务管理概念

税务管理是指主管税务工作的职能部门，代表国家对税收分配的全过程所进行的计划、组织、协调和监督工作，旨在保证财政收入及时足额入库，充分发挥税收对经济的调节作用。

税务管理的主体是指国家，即由国家负责管理。各级政府主管税务工作的职能部门是税务管理的具体执行机构，代表国家行使税务管理权限。各级政府主管税务工作的职能部门的分工是：国家税务总局和所属的税务分支机构负责各种工商税收；财政部及各级地方政府的财政机关负责农（牧）业税、耕地占用税、契税；海关总署及其所属机构负责关税、船舶吨税以及进口商品所缴纳的增值税、消费税。

税务管理的客体是指税收分配的全过程。从宏观角度分析，税收分配涉及国家与企业、中央与地方等的分配关系；从微观分析，税收分配是指各级税务机关与纳税人之间的征纳关系。前者构成税务管理体制问题，后者形成税务征收管理的重要内容。从狭义的角度讲，税务管理的客体主要是指税务的征收管理过程。

税务管理的职能是指税收分配过程中的计划决策、组织实施、协调控制和监督检查。

税务管理是实现税收分配目标的手段，因此税收分配的目标也就是税务管理的目标。税收分配的目标通常表现在两个方面：其一是财政目标，即筹集收入的目标；其二是调节经济的目标，即实现宏观调控、促进经济稳定和发展的目标。在日常工作中，税务管理的目标又具体表现在各项管理活动中。

二、税务管理的内容

税务管理的具体内容包括税务法制管理、税务征收管理、税务计划管理、税务行政管理。

1. 税务法制管理

税务法制管理是指税法的制定和实施，具体包括税务立法、税务执法和税务司法的全过程。税法是国家法律的组成部分，是整个国家税收制度的核心，是税收分配活动的准则和规范。税务立法工作由国家立法机关负责，税务执法工作由各级税务机关承担，税务司法工作由国家司法机关来执行。

税务立法是整个国家立法活动的一部分。与一般的立法的含义相对应，税务立法也有广义和狭义之分。广义的税务立法指国家机关依照法定权限和程序，制定各种不同规范等级和效力等级的税务规范性文件的活动。狭义的税务立法则是指立法机关制定税务法律的活动。税务立法是由制定、修改和废止税收法律、法规的一系列活动构成的。税务立法管理是税务管理的首要环节，只有通过制定法律，把税务征纳关系纳入法律调整范围才能做到。

税务立法主要包括税务立法体制和税务立法程序两大方面。其中税务立法体制主要是指立法机关和立法权限的划分。

税收务立法权限一般包括国家立法、地方立法、授权立法和行政立法。由于各级机构的税务立法不同，因此，所制定的税务法律规范的级次、效力也不同。

对税务立法活动来说，税务立法程序也十分重要。税务立法程序是指国家立法机关或其授权机关在制定、修改和废止税务法律规范的活动中应该履行的步骤和方法。税法的制定和修改必须依法定程序进行才具有法定效力，税务立法程序是使税务立法活动规范化、科学化的重要保证。税务立法的实践证明，严格按照立法程序进行活动，对于保证国家税法的严密、规范，提高法律的权威性和适用性，维护税务法治的尊严是十分重要的。其中提出税务议案是税务立法的第一道程序。税务议案提出后，税务立法程序进入一个新的阶段，审议税务立法议案的阶段，审议结束后，税务立法程序进行表决和通过税法议案的阶段。表决的结果直接影响到税法草案能否成为法律。立法机关或制定机关将通过的税法用一定形式正式公开发布。它标志着税法制定程序的最后完成。税法公布之后，或立即生效，或在指定的日期生效。

2. 税务征收管理

税务征收管理是一种执行性管理，是指税法制定之后，税务机关组织、计划、协调、指挥税务人员，将税法具体实施的过程。具体包括税务登记管理、纳税申报管理、税款征收管理、减税免税及退税管理、税务票证管理、纳税检查和税务稽查、纳税档案资料管理。

3. 税务计划管理

税务计划管理主要包括税务计划管理、税务重点税源管理、税务会计管理、税务统计管理。

4. 税务行政管理

税务行政管理，又称税务组织管理，是对税务机关内部的机构设置和人员配备进行的管理。具体包括税务机构的设置管理、征收机关的组织与分工管理、税务工作的程序管理、税务人员的组织建设与思想建设管理、对税务人员的监督与考核、税务行政复议与诉讼的管理。

第 2 节　税务管理机构设置及税收征管的法律体系

一、税务管理机构设置

税收管理机构是指主管税务管理的职能机关。一级政府有一级财政，相应地也应设立一级税务机关。税务局系统在国家税务总局领导下，设置下列机关：

第一，省、自治区、直辖市税务局；

第二，地区、省辖市、自治州、盟税务局；

第三，县（市）、自治县、旗税务局。

征收分局、税务所是直接从事税务征收管理的税务机关。各级税务局根据行政区划、经济区划或按行业设置征收分局，根据税源分布情况，按经济区划设置税务所。

在机构设置上实行统一领导，分级管理。省、自治区、直辖市税务局的设置、变更和撤销，由中央机构编制委员会审核，国务院审批。省、自治区、直辖市税务局内设机构和地区、省辖市、自治州、盟、直辖市辖区（县）税务局的设置、变更和撤销，由国家税务总局审批。地区、省辖市、自治州、盟、直辖市辖区（县）税务局内设机构和县（市）、自治县、旗、省辖市辖区税务局的设置、变更和撤销，由省、自治区、直辖市税务局审批。县（市）、自治县、旗税务局内设机构和税务所的设置、变更和撤销，由地区、省辖市、自治州、盟税务局审批。

副省级城市税务局内设机构的设置、变更和撤销，由省税务局审批，报国家税务总局备案。内设机构的级别，参照当地政府所设同级机构的有关规定执行。

税务局系统的纪检、监察机构合署办公，实行本级税务机关和上级税务纪检、监察部门双重领导，以上级税务纪检、监察部门领导为主的管理体制。

二、税收征管的法律体系

1. 税收征管的法律地位

税收征管的法律地位，通常是指税收征管法律制度在税收法律体系中是否具有独立存在的价值和理由，以及与其他税收法律制度，特别是税收实体法律制度之间的结构关系。而税收征管法律制度是否具有独立的地位，取决于它是否能成为税收法律体系中一个独立的部门。

在法学中，一个独立法律部门的存在，是以所调整的社会关系为依据的。税法所调整的税收关系可分为两类，即税收体制关系和税收征纳关系，其中税收征纳关系还可分为税收征纳实体关系和税收征纳程序关系。相应地，税收法律体系在结构上包括税收体制法和税收征纳法两大部分，并且，后者还包括税收征纳实体法和税收征纳程序法。

在税法体系的各个组成部分中，税收体制法是规定有关税收权力分配的法律规范的总称，它在税法体系中具有统领全局的作用。税收征纳实体法作为规定征纳双方实体权利义务的法律规范的集合，在税法体系中居于主体地位。狭义的税收征纳程序法就是指税收征管法。

2. 税收征管法律体系的构成

税收征管法是调整在税务征纳及其管理过程中发生的社会关系的法律规范的总称。税收征管法在我国是指 1992 年 9 月 4 日由全国人大常委会通过、并于 1993 年 1 月 1 日起施行的《中华人民共和国税收征收管理法》（简称《税收征管法》），现行版本为 2015 年 4 月 24 日第十二届全国人民代表大会常务委员会第十四次会议修正。

税收征管法（即税收征管法律制度）是一个涉及范围很广的法律制度体系，它不仅包括《税收征管法》，而且包括其他法律、法规中有关税收征管的法律规范。

第 3 节　税务管理体制

一、税务管理体制概念

税务管理体制是划分中央与地方税务管理权限的制度，它是税务管理制度的重要组成部分。税务管理权限包括税务立法权和税务管理权。

税务立法权是指国家最高权力机关依据法定程序赋予税收法律效力时所具有的权力。税务立法权包括税法制定权、审议权、表决权、批准权和公布权。

税务管理体制是财政管理体制的重要组成部分，财政体制确立的原则，指导着税务管理体制的建立；财政体制中关于分级财政的体系，决定着税收收入使用管理权限在相应各级财政中的划分。同时，财政管理体制的内容与税务管理体制的内容，又是互为渗透，不可分割的。中国税务管理体制只限于对税务立法和执法权限在各级立法、执法机构之间的划分作出规定，而不包括税收收入在各级政府之间划分使用的问题。

二、税务管理体制内容

税务管理体制的内容包括税收管理权限的划分、税收机构的设置以及机构隶属关系的确定等几个方面。划分税收管理权限是税务管理体制的核心内容，税务管理体制中规定的中央与地方拥有的税收管理权限，包括建立税收制度的权限和执行税收制度的权限。税收管理权限具体内容主要由三个方面组成即税收立法权，税收收入归属权，税收征收管理权。

1. 税收立法权

税收立法权它是指对税收法律、条例、税则等基本税收法规的制定和颁布施行的权限。中国的税收立法权分为以下几种情况：①经全国人民代表大会审议通过的税法；②经全国人民代表大会常务委员会原则通过、国务院发布的税收条例（草案）；③授权国务院制定和发布的税收条例（草案）；④授权财政部制定，经国务院批准或批转的税收试行规定。

前两项的立法权由立法机构行使，第三项立法权由行政机关经立法机关授权行使，第四项立法权是行政机关行使制定行政法规的权力。此外，税收立法权还包括：

（1）税法解释权。它是指国家立法机关或授权财税管理部门，根据税收立法的宗旨，对税收法律、法规内容的解释和制定实施细则的权限。

（2）税种的开征与停征权。这是指对已经制定税法的税种，何时将其税法付诸实施的权力。或者对已经开征的税种，由于政治或经济诸方面的原因，何时停止其税法执行的权力，一般来说，税种的开征与停征权同税法的制定颁布权是一致的。但对一些小税种，其开征与停征权也可交给地方政府。随着“分税制”的实施，地方政府将逐步拥有更多的这方面的权力。

（3）税目和税率的调整权。它是指增加或减少征税项目的权力，以及对征税对象或征税项目的税收负担调高或调低的权力。虽然各种税的税法对其征税的项目及其适用税率都有明确规定，但随着客观情况的变化，有时需要扩大征税范围，增加税目；有时则需要缩小征税范围，减少税目。此外，有时还需要对原有税负进行调整，这就需要提高或降低税率。

（4）税收减免权。这是指制定减免税规定，审批减免税数额、幅度、期限等权限。税收减免直接影响国家的财政收入和纳税人的税收负担，它应适当集中，不宜下放过多，以保证征纳双方以及各级政府的利益不受侵犯。

上述税收管理权限在各级政府之间进行划分，并根据需要进行调整和修改，时而集中，时而分散，由此形成各种类型的具体税收管理体制。合理确定税收管理权限，对于正确处理税收管理的集权与分权的关系，充分调动中央和地方两个积极性具有十分重要的意义。

【例题1-1·多选题】 税收管理权中包括（　　）。

A. 税法审议权　　B. 税法的解释权

C. 税目的增减权　　D. 税率的调整权

E. 税种的开征与停征权

【正确答案】 BCDE

【答案解析】 税务管理权包括：税种的开征与停征权，税法的解释权，税目的增减与税率的调整权，减免税的审批权。税收立法权包括：税法制定权、审议权、表决权和公布权。选项A，属于税收立法权。

2. 税收收入归属权

税收收入归属权，是税收征管权的一项附随性的权力，包括谁有权力获取税收利益，谁有权力将其缴入哪个国库。在严格意义上，税收收入归属权是财政预算问题，是税收征管权的一项附随性的权利，因税收征管权的实现而产生。

在分税制下，税收收入归属权的划分，一般是中央税收入归属中央政府、地方税收入归属地方政府，存在共享税的，共享税收入由中央政府和地方政府按一定比例分成。但是，对于中央税、地方税和共享税涵盖的税种，可能会进行调整，共享税收入的分成比例也可能会改变，从而带来税收收入归属权的调整。

在没有采用分税制的国家，税收收入归属权的划分总是与财政管理体制的某种财政收入分成方式相联系，包括总额分成、超收分成等等。

税收收入归属权与税收征收管理权可能存在差异，当地方税务机构代征部分中央税、中央税务机构代征部分地方税时，税收收入归属权与税收征收管理权是不一致的，地方税务机构有代征中央税的税收征收管理权，但没有相应的税收收入归属权，中央税务机构有代征地方税的税收征收管理权，但没有相应的税收收入归属权。此外，由于税收返还和政府间转移支付现象的存在，即使是中央税收入，也会有一部分实际上归属地方。

【例题1-2·单选题】 在划分中央与地方政府事权的基础上，按照税种划分中央与地方财政收入的一种财政管理体制是（　　）。

A. 分税制　　B. 中央集权制

C. 双轨制　　D. 平行管理制度

【正确答案】 A

【答案解析】 分税制是在划分中央与地方政府事权的基础上，按照税种划分中央与地方财政收入的一种财政管理体制。

3. 税收征收管理权

税收征收管理权是指依据税收法律对税收进行征收并对税务工作进行管理的权力，包括税收征收权与税务管理权。

（1）税收的开征与停征。税收开征，即根据经济发展、财政与经济调控等需要，决定开始征收某一个税种。停征税收，即根据财政或经济发展的需要，停止征收某一个税种。税收的开征与停征是国家行使税收征收管理权的重要内容，直接关系到国家的财政收入和宏观调控意图，因而税收的开征与停征必须依据法律和有关行政法规的规定来进行。

（2）减税与免税。减税，即根据国家经济调节政策等需要，对于某些依法应予征税的行为或财产，在符合国家规定条件时予以免征税收的情形。减税是指对于某种应予征税的行为或财产，在符合国家规定的条件时予以减少征税比率或数额的情形。国家确定对某种财产或行为的减税或免税，其一是要鼓励或促进与减免税有关事业的发展，对这类特殊情况予以政策照顾。其二是对于减免税收的情形应从严限制，以保证国家的税收和鼓励政策的实施。例如，为了吸引外商投资，国家规定对外商在我国投资实行一定期限的免征和减征所得税的鼓励政策。这一政策的实施，极大地促进了我国引进外资事业的发展，既满足了我国的市场供应，又促进了我国的经济建设和社会的发展。

（3）退税与补税。退税是指将依法已征收的税款退回给纳税人的行为。退税分两种情况，一是国家为鼓励某种经济行为，依法规定对其进行退税，例如，世界各国为促进国内经济的发展，鼓励企业将其产品打向国际市场，都对其产品的出口实行退税，我国也对产品出口实行退还增值税和消费税的鼓励政策；二是在税收征收过程中由于各种原因税务机关或人员对于纳税人的行为或财产征收的税额超过法律规定的数额而予以退还的情形。补税是指对纳税人的某种行为或财产征税时征收的比例或数额不足，或按规定不能减免税的而给予减免税照顾，事后发现不符合法律规定，而要求纳税人予以补缴规定数额的行为。

三、税务管理体制原则

税务管理体制与所有经济管理体制一样，都必须与经济基础相适应，并为经济基础服务，随着经济的发展变化而不断调整。税务管理体制又是国家经济管理体制、财政管理体制的一部分，也必须与各级经济管理体制相配套。

税务管理体制涉及正确处理中央集权与地方分权的关系，涉及中央与地方政府以及各级地方政府之间的责、权、利关系。因此，正确处理这种关系必须适应政治经济发展变化的要求，遵循一定的原则。

1. 统一领导、分级管理

统一领导、分级管理是建立税务管理体制的基本原则。我国宪法规定：“中央和地方的国家机构职权的制定，遵循在中央的统一领导下，充分发挥地方的主动性、积极性的原则”。这条原则是制定各项经济管理体制，包括税务管理体制的基本原则。

统一领导，就是属于国民经济宏观调控的税收方针、政策由中央制定，并要求地方贯彻执行。分级管理是指具体税种由中央和地方分权管理。在市场经济条件下，国家管理经济以直接调控为主转向间接调控为主，税收作为国家从宏观上引导、控制国民经济正常进行的重要手段，税务管理必须集中地进行管理。属于国民经济宏观调控的税收方针、政策必须由中央制定，并监督地方贯彻执行，全国的税务工作必须在中央统一领导下进行。由于中国地区经济发展不平衡，经济效益和税收负担能力有很大差异，为便于地方因地制宜处理一些地区性税收问题，更好地组织收入和发挥调节经济的作用，也应给地方必要的税务管理权。

2. 责权利相结合

责，就是责任，指与权利相对应的各级政府应负的职责；权，就是权利，指各级政府处理本级政府范围内行政事务的法定许可；利，就是利益，指各级政府在履行其权、责过程中所得到的回报和与责任相联系的财力保证。

建立税务管理体制在于实现合理分权，而合理分权归根到底是为了正确处理中央与地方各级之间的分配关系。因此，不能把税务管理体制仅仅归结为一种行政管理手段，它体现的是一种经济关系，并首先作为利益表现出来。只规定国家或地方政府担负的责任，而无相应的权利，没有适当的利益驱动，势必挫伤各级政府及职能机构的积极性和主动性；反之，仅规定政府及职能机构享有权力，缺乏行使权力的责任约束，也必然导致权力的滥用。确立税务管理体制必须遵循责、权、利相结合的原则。

3. 明确权限划分

按收入归属划分税收管理权限是指凡属中央财政的固定收入以及共享收入，管理权限在中央；凡属地方财政的固定收入，管理权限在地方。

税务管理权限的明确划分，是税务管理体制的首要问题。如果权限划分不清，在税务管理上责、权、利统一的原则就不可能完整、准确地体现出来，统一领导、分级管理就成了一句空话。因此，哪些管理权限由中央行使，哪些由地方行使，都应规定清楚，避免越权行使和互相扯皮现象的发生。

4. 发展经济

税务管理体制的建立，要遵循市场经济的客观规律，充分发挥税收宏观调控的作用，对关系国民经济全局的税收问题，税收管理权限应相对集中；对涉及局部地区经济利益的税收问题，税收管理权限应下放给地方；对某些重要的税收管理权限，逐步缩小以至取消地区间的差别，促进统一市场的形成，以利于公平税负、平等竞争。

第4节　征纳双方的权利、义务和责任

税务管理关系的两个基本主体是纳税主体和征税主体。政府是真正的征税主体，具有法律意义的征税主体是税务机关。纳税主体在狭义上，就是通常所谓的纳税人，即法律、行政法规规定负有纳税义务的单位和个人。税务管理过程中征纳双方都有一定的权利、义务和责任。

一、税务机关和税务人员的权利、义务和责任

1. 税务机关和税务人员的权力

（1）税务行政立法权。税务行政立法权是指被授权的税务机关有权在授权范围内依照一定程序制定税务行政规章及其他规范性文件，作出行政解释等。

（2）税务管理权：①税务登记管理权；②账簿、凭证管理权；③纳税申报管理权；④发票管理权。

（3）税收征收权。税收征收权是税务机关最基本的权利，包括有权依法征收税款和在法定权限范围内依法自行确定税收征管方式或时间、地点等。包括：①税款征收权；②应纳税额的核定权；③责令限期纳税权；④税款追征和加收滞纳金权。

（4）税务检查权。包括有权对纳税人的财务会计核算、发票使用和其他纳税情况、对纳税人的应税商品、货物或其他财产进行查验登记等。

（5）税务行政处罚权：①对违反税务管理行为的处罚；②对违反发票管理行为的处罚；③对偷税行为的处罚；④对抗税行为的处罚；⑤逃避追缴欠税行为处罚；⑥对骗取税款的处罚；⑦对税务代理人违法行为的处罚。

（6）实施税收保全措施权。税务机关有根据认为从事生产、经营的纳税人有逃避纳税义务行为的，可以在规定的纳税期之前，责令限期缴纳应纳税款；在限期内发现纳税人有明显的转移、隐匿其应纳税的商品、货物以及其他财产或者应纳税的收入的迹象的，税务机关可以责成纳税人提供纳税担保。如果纳税人不能提供纳税担保，经县以上税务局（分局）局长批准，税务机关可以采取下列税收保全措施：①书面通知纳税人开户银行或者其他金融机构冻结纳税人的金额相当于应纳税款的存款；②扣押、查封纳税人的价值相当于应纳税款的商品、货物或者其他财产。

（7）实施强制执行措施权：①扣缴税款；②拍卖或变卖商品、货物、财产；③税务机关采取强制执行措施时，对上述所列纳税人、扣缴义务人、纳税担保人未缴纳的滞纳金同时强制执行。

（8）代位权和撤销权。为了保证税务机关及时、足额追回由于债务关系造成的、过去难以征收的税款，在 2015 年修订的《税收征管法》中，赋予了税务机关可以在特定情况下依法行使代位权和撤销权。

2. 税务机关和税务人员的义务

税务机关和税务人员有一定权利同时也有一定义务，其主要包括以下内容：①进行税法宣传和免费提供纳税咨询义务；②加强队伍建设、勤政廉政和接受监督义务；③依照法定程序征税及确定相关征管事项义务；④按规定建立内部监督和制约制度义务；⑤税务机关对自身不当或违法行为须承担赔偿责任；⑥对纳税人的经营状况、商业秘密和举报行为负有保密义务；⑦税务人员在特定情况下有回避义务。

二、纳税人的权利和义务

税收管理过程中纳税人有一定权利和义务，其主要包括以下内容。

1. 纳税人的权利

（1）知情权。

（2）保密权。

（3）税收监督权。

（4）纳税申报方式选择权。

（5）申请延期申报权。

（6）申请延期缴纳税款权。

（7）申请退还多缴税款权。

（8）依法享受税收优惠权。

（9）委托税务代理权。

（10）陈述与申辩权。

（11）对未出示税务检查证和税务检查通知书的拒绝检查权。

（12）税收法律救济权。

（13）依法要求听证的权利。

（14）索取有关税收凭证的权利。

2. 纳税人的义务

（1）依法进行税务登记的义务。

(2) 依法设置账簿、保管账簿和有关资料以及依法开具、使用、取得和保管发票的义务。

(3) 财务会计制度和会计核算软件备案的义务。

(4) 按照规定安装、使用税控装置的义务。

(5) 按时、如实纳税申报的义务。

(6) 按时缴纳税款的义务。

(7) 代扣、代收税款的义务。

(8) 接受依法检查的义务。

(9) 及时提供信息的义务。

(10) 报告其他涉税信息的义务。

本章小结

税务管理是指主管税收工作的职能部门，代表国家对税收分配的全过程所进行的计划、组织、协调和监督工作，旨在保证财政收入及时足额入库，充分发挥税收对经济的调节作用。税务管理内容包括税务法制管制，税收征收管理，税务计划管理。税务管理体制原则包括统一领导、分级管理，责权利相结合，明确权限划分，发展经济。本章对税务机关和税务人员的权利、义务和责任进行了阐述。

关键术语

税务管理　　税务管理体制　　税收征收管理权　　税收立法权

复习思考题

1. 如何理解税务管理?
2. 税务管理包括内容有哪些?
3. 税收征管法律体系的构成有哪些?
4. 如何理解税务管理机构设置?
5. 如何理解税务管理体制内容?
6. 税务管理体制原则有哪些?
7. 如何理解税务管理体制?
8. 税务机关和税务人员的权利有哪些?
9. 纳税人的权利、义务有哪些?

第2章　税务基础管理

本章要点

1. 税务登记种类和内容；
2. 账簿、凭证设置的适用范围，管理及违反账簿管理的法律责任；
3. 发票管理各环节的一般程序与方法；
4. 增值税专用发票违反管理的法律责任；
5. 税控管理的内容。

导入案例

2021 年 9 月全国首例虚开增值税电子专用发票案，赵县人民法院当庭宣判。

基本案情：

骆某系国家税务总局石家庄市某区税务局某税务所税管员，负责一定区域业户的基础管理和风险应对。2020 年 11 月份，被告人孙某伙同他人谋划开办公司虚开增值税专用发票牟利，后孙某找到被告人骆某，骆某明知孙某来本区注册公司是为了虚开增值税专用发票牟利，仍然与被告人孙某对注册公司相关事项进行商议。2020 年 12 月 8 日，被告人孙某以骆某负责区域为经营地，注册成立了石家庄某建材有限公司。随后被告人对开票内容、开票数量、办理增量、避免被监控等问题进行沟通。骆某负责在税务监管中提供方便，并与被告人孙某约定获利后分成。

被告人孙某和他人在石家庄某建材有限公司在没有真实交易的情况下，于 2020 年 12 月 22 日至 23 日，为三家公司虚开增值税电子专用发票 44 份，合计金额 400 余万元，合计税额 52 万余元，非法收入 28 万余元；同年 12 月 24 日至 25 日，让山西某机电设备公司为石家庄某建材公司虚开增值税电子专用发票 42 份，合计金额 394 万余元，合计税额 51 万余元，购票支付 17.1 万元。上述税额共计 103 万余元未抵扣税款。2020 年 12 月 23 日，骆某接到税务系统预警信息核查任务后立即通知孙某，并于 2020 年 12 月 25 日收取孙某非法所得 5 万元。

被告人孙某、骆某亲属主动退缴了违法所得，并积极缴纳罚金。

裁判理由：

被告人孙某伙同他人违反增值税专用发票管理规定，为他人虚开、让他人为自己虚开增值税专用发票，数额较大，其行为构成虚开增值税专用发票罪。被告人骆某明知孙某伙同他人有虚开增值税专用发票牟利的犯罪意图，利用自己税管员的身份，与孙某共谋注册空壳公司、选取公司地址、公司经营范围，并找人帮助孙某办理票种核定、增值税专用发票增量业务，而且参与利益分成，被告人骆某、孙某的行为系共同故意犯罪。被告人孙某、骆某犯罪事实清楚，证据确实、充分，公诉机关指控罪名成立。被告人孙某、骆某如实供述自己的罪行，可从轻处罚；被告人认罪认罚，依法可从宽处理。被告人孙某、骆某主动退缴违法所得，积极缴纳罚金，认罪悔罪态度较好。根据被告人的犯罪事实、犯罪性质、情节和对社会的危害性和悔罪表现、社区矫正调查结果，依照刑法第二百零五条及相关规定，本院作出上述判决。

法官后语：

我国刑法明确规定，虚开增值税专用发票是对增值税专用发票管理秩序破坏行为，应当予以惩处。电子发票是近年来尝试推行的节约成本、便利市场主体缴纳税款的一项改革。犯罪分子却研究利用这一便民措施牟利，当从重从快打击，以儆效尤。虚开增值税发票这一行为会对市场经济的自我调节机制和国家税收调节杠杆产生严重干扰，同时破坏税收征管秩序，刑罚的惩罚力度较大，对于情节严重、数额巨大的同类案件，甚至可以达到判处无期徒刑的严重程度。企业经营中最大的风险不是市场风险，而是不守法和违法犯罪的风险。任何企业或个人不要铤而走险，触碰法律的底线，否则，必将受到法律的制裁。

法条链接：

《中华人民共和国刑法》第二百零五条：

虚开增值税专用发票或者虚开用于骗取出口退税、抵扣税款的其他发票的，处三年以下有期徒刑或者拘役，并处二万元以上二十万元以下罚金；虚开的税款数额较大或者有其他严重情节的，处三年以上十年以下有期徒刑，并处五万元以上五十万元以下罚金；虚开的税款数额巨大或者有其他特别严重情节的，处十年以上有期徒刑或者无期徒刑，并处五万元以上五十万元以下罚金或者没收财产。

单位犯本条规定之罪的，对单位判处罚金，并对其直接负责的主管人员和其他直接责任人员，处三年以下有期徒刑或者拘役；虚开的税款数额较大或者有其他严重情节的，处三年以上十年以下有期徒刑；虚开的税款数额巨大或者有其他特别严重情节的，处十年以上有期徒刑或者无期徒刑。

虚开增值税专用发票或者虚开用于骗取出口退税、抵扣税款的其他发票，是指有为他人虚开、为自己虚开、让他人为自己虚开、介绍他人虚开行为之一的。

（资料来源：河北石家庄赵县人民法院）

第1节　税务登记管理

一、税务登记的概念与意义

税务登记又称“纳税登记”，是税务机关对纳税人有关开业、变动、歇业以及注销等基本情况的变化实行法定登记的一项管理制度，也是纳税人履行纳税义务向税务机关办理的一项法定手续。

建立税务登记制度是进行税收征纳的必要前提。一方面，通过税务登记，税务机关可以及时、准确、全面地了解和掌握辖区内纳税人的基本情况、行业分布状况以及各经济类型比重，便于税务机关准确分析税源、合理安排征管力量、提高征管效率；另一方面，通过税务登记，纳税人可以了解有关纳税程序、增强纳税意识、提高计缴税款的准确性。

税务登记作为税务征管的基础性工作，处于税收征管的首要环节，其实际意义在于：

第一，税务登记制度确定了税收法律关系的主体。一方面，它明确了税务登记的税务机关代表国家征税的主体地位。另一方面，它又确定了纳税人作为纳税主体的合法资格。

第二，税务登记制度明确界定了税收法律关系的客体，即税务机关据以征税、纳税人据以纳税的对象范围。纳税人通过办理税务登记，依法申报其经营的内容和范围，从而使征税对象得到了明确。

第三，税务登记制度确认了税收法律关系的内容，即征纳双方各自的权利和义务关系。税务登记证件一经颁发，就以书面形式确认了税务机关依法享有征税、管理、检查、处罚等权利，同时负有正确行使权利、保障纳税人合法权益的义务。确认了纳税人依法享有税务登记证件所规定范围内的生产经营活动权、申请税收优惠权、申请减免税权，同时负有依法纳税、接受税务机关监督与管理的义务。

第四，税务登记制度在税收征管过程中发挥着重要的作用。其一它可以作为征税的抽象通知书。即纳税人领取了税务登记证就获得了按期纳税的信息。其二它作为一种许可证照。根据税法规定，纳税人必须在税务登记证件所载明的项目范围内从事生产、经营活动，凡无证经营或超过税务登记证所规定的范围从事生产经营活动，都将作为偷税行为处罚。其三它还表现为一种权利证明。根据税法规定，纳税人领取税务登记证件后，可以依法享有使用发票、申请减免税、行使税务行政复议及其他有关涉税事项等权利，同时还可以监督税务机关的执法行为，如：拒绝税务人员无证检查、非法征税，监督税务人员徇私舞弊等行为。

二、税务登记的种类和程序

税务登记是税务机关依据税法规定，对纳税人的生产、经营活动进行登记管理的一项法定制度，也是纳税人依法履行纳税义务的法定手续。税务登记是整个税收征收管理的起点。税务登记种类包括：开业登记，变更登记，停业、复业登记，注销登记，外出经营报验登记，纳税人税种登记，扣缴税款登记等。

1. 设立登记

设立登记，是指企业、单位和个人经国家工商行政管理部门或有关部门批准设立后所需办理的税务登记。

（1）“一照一码”登记制度。

①“三证合一”“一照一码”登记制度。概括起来说就是“五个一”：一是一表申请，今后纳税人办理企业登记注册，只需填写一张申请表，向登记机关提交一套登记材料。对于工商登记已采集的信息，税务机关不再重复采集；其他必要涉税基础信息，可在企业办理有关涉税事宜时，推行免填单、预填单、勾选等方式，及时采集，陆续补齐。二是一窗受理，企业登记申请表和登记材料由工商登记窗口受理，申请材料和审核信息在部门间共享，实现数据共享、档案互认。质检、税务部门不再受理企业、农民专业合作社组织机构代码、税务登记证的申请。三是一企一码，一个企业主体只能有一个“统一代码”，一个“统一代码”只能赋予一个企业主体。四是一网互联，工商、质检、国税等部门通过省级共享平台进行数

据交换，推动企业基础信息和相关信用信息跨层级、跨区域、跨部门共享和有效应用。五是一照通用，“一照一码”执照在全国通用，各相关部门均予以认可。

全国自2015年10月1日起，对新设的企业类市场主体，统一实行“一照一码”登记模式，由工商部门核发加载“统一代码”的营业执照。

2015年10月1日至2017年12月底为过渡期，原营业执照、组织机构代码证、税务登记证仍可继续使用。在办理企业类市场主体变更登记时，换发“一照一码”执照，原营业执照、组织机构代码证、税务登记证由企业登记机关收缴、存档。

从2018年1月1日起，一律改为使用加载“统一代码”的营业执照，原发证照不再有效。

②“五证合一”“一照一码”登记制度。将营业执照、组织机构代码证、税务登记证、社会保险登记证和统计登记证“五证合一”登记制度（以下简称“五证合一”）。国务院办公厅发布了《关于加快推进“五证合一、一照一码”登记制度改革的通知》国办发〔2016〕53号，从2016年10月1日起，全国范围内实施“五证合一”“一照一码”登记，各地将在原有的工商营业执照、组织机构代码证、税务登记证“三证合一”改革基础上，整合社会保险登记证和统计登记证，推进“五证合一”改革。

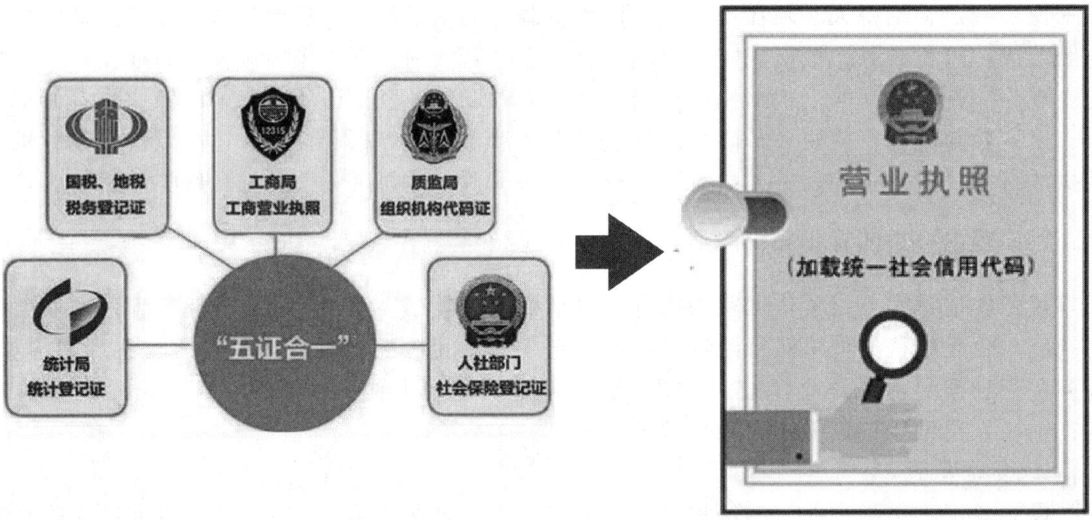

图2-1　“五证合一”“一照一码”

新的“五证合一”办证模式，采取“一表申请、一窗受理、并联审批、一份证照”的流程。首先，办证人持工商网报系统申请审核通过后打印的《新设企业五证合一登记申请表》，携带其他纸质资料，前往大厅多证合一窗口受理；窗口核对信息、资料无误后，将信息导入工商准入系统，生成工商注册号，并在“五证合一”打证平台生成各部门号码，补录相关信息，同时，窗口专人将企业材料扫描，与《工商企业注册登记联办流转申请表》传递至质监、国税、社保、统计四部门，由四部门分别完成后台信息录入；最后打印出载有一个证号的营业执照。办证模式的创新，大幅度缩短了办证时限，企业只需等待2个工作日即可办理以往至少15个工作日才能够办结的所有证件，办事效率得到提高。

【例题 2－1·多选题】“五证合一、一照一码”登记制度的适用范围包括（　　）。

A. 企业　　B. 农民专业合作社

C. 外国企业常驻代表机构　　D. 个体工商户

E. 经民政部门批准设立的主体

【正确答案】ABC

【答案解析】除企业、农民专业合作社、外国企业常驻代表机构外，其他主体税务登记按照原有法律制度执行，即其他机关（编办、民政、司法等）批准设立的主体暂不纳入“五证合一、一照一码”办理范围。个体工商户实施营业执照和税务登记证“两证整合”登记制度。

（2）未纳入“一照一码”管理范围的纳税人，税务设立登记。

国家税务总局日前发布《关于明确社会组织等纳税人使用统一社会信用代码及办理税务登记有关问题的通知》（税总函〔2016〕121 号，以下简称《通知》），明确社会组织等未纳入“三证合一”登记制度改革的纳税人使用统一社会信用代码及办理税务登记相关问题。

《通知》明确，对于 2016 年 1 月 1 日以后在机构编制、民政部门登记设立并取得统一社会信用代码的纳税人，以 18 位统一社会信用代码为其纳税人识别号，按照现行规定办理税务登记，发放税务登记证件。对已在机构编制、民政部门登记设立并办理税务登记的纳税人，税务部门应积极配合登记机关逐步完成存量代码的转换工作，实现法人及其他组织统一社会信用代码在税务部门的全覆盖。

税务部门与民政部门之间能够建立省级统一的信用信息共享交换平台、政务信息平台、部门间数据接口并实现登记信息实时传递的，可以参照企业、农民专业合作社“三证合一、一照一码”的做法，对已取得统一社会信用代码的社会组织纳税人进行“三证合一”登记模式改革试点，由民政部门受理申请，只发放标注统一社会信用代码的社会组织（社会团体、基金会、民办非企业单位）法人登记证，赋予其税务登记证的全部功能，不再另行发放税务登记证件。

【例题 2－2·多选题】纳税人办理下列事项时，必须持税务登记证件有（　　）。

A. 开立银行账户　　B. 申请退税

C. 领购发票　　D. 办理停业、歇业

E. 购销合同的签订

【正确答案】ABCD

【答案解析】签订合同一般是不用提供税务登记证的，除非对方单位非常谨慎，提出额外要求。

2. 变更登记

（1）变更登记适用情形。变更登记是指纳税人办理设立登记后，因登记内容发生了变化，需要对原登记内容进行更改，而向税务机关申报办理的税务登记。适用情形主要包括以下内容。

①变更注册资本。变更注册资本需提供以下材料，第一，变更的决议或补充章程的原件及复印件。第二，验资报告的原件及复印件（营业执照注明未注资的除外）。

②改变法定代表人。改变法定代表人需提供以下材料：法定代表人居民身份证或护照等身份证明资料原件及复印件；变更的决议及有关证明文件原件及复印件；国有企业提供上级

部门的任命书原件及复印件；没有国有企业上级部门任命书的纳税人，可以提供“新任法定代表人愿意承担前任法定代表人任职期间该纳税人涉税业务的权利和义务的声明”，对不提供的，税务机关有权依法进行税务检查。

③改变登记注册类型。需提供变更的决议及有关证明文件原件及复印件。

④改变注册（住所）地址或经营地址。需提供以下材料：注册地址及生产、经营地址证明（产权证、租赁协议）原件及其复印件。如为自有房产，提供产权证或买卖契约等合法的产权证明原件及其复印件；如为租赁的场所，提供租赁协议原件及其复印件。如生产、经营地址与注册地址不一致，分别提供相应证明；《发票缴销登记表》（一式二份）（若经营地迁移到市内其他行政区的需提供）；进出口业务的纳税人需提供经进出口税收管理部门审批通过的《出口货物退（免）税注销认定通知书》。

⑤改变银行账号。需提供以下材料：银行开立账户的资料原件及复印件；《电子缴税入库系统委托缴税协议书》（一式三份）。

⑥变更核算形式、投资方。需提供以下材料：变更的决议及有关证明文件原件及复印件；只有投资总额发生变动的，才需要提供验资报告的原件和复印件（即只变更投资方信息、投资总额不发生变动的不需要提供验资报告）。

⑦变更分支机构负责人。需提供以下材料：变更的决议及有关证明文件原件及复印件；负责人居民身份证或护照等身份证明资料原件及复印件。

⑧变更经营范围。需提供以下材料：变更的决议及有关证明文件原件及复印件（适用于无营业执照的纳税人）；《纳税人税种登记表》（一式二份、涉及税种变更的填写）。

⑨分支机构申请变更其总机构相关登记信息。需提供以下材料：总机构的《国税税务登记证》（副本）复印件；总机构的营业执照复印件。

⑩总机构变更其分支机构相关登记信息及变更纳税人识别号。需提供以下材料：分支机构的《国税税务登记证》（副本）复印件；分支机构的营业执照复印件；因领取组织机构代码证需变更纳税人识别号的，提供组织机构代码证的原件及复印件；因纳税人基本信息变更或因行政区划变化等原因，需要变更纳税人识别号的，提供相应的有关证明文件原件及复印件。

（2）变更登记程序。

①申请。纳税人税务登记项目发生变更时，在发生变更后 30 日内，到主管税务机关税务登记管理岗位领取填写和提交如下申请资料：

第一，纳税人因变更工商登记而需变更税务登记：变更登记申请书；工商变更登记表及工商执照（注册登记执照）及复印件；纳税人变更税务登记内容的决议及有关证明资料；税务机关发放的原税务登记资料（登记证正、副本和登记表等）；《税务登记变更表》；《纳税人税种登记表》（涉及税种变更的）；其他有关资料。

第二，非工商登记变更因素而变更税务登记内容：变更登记申请书；纳税人变更税务登记内容的决议及有关证明资料；税务机关发放的原税务登记资料（登记证正、副本和登记表等）；《税务登记变更表》；《纳税人税种登记表》（涉及税种变更的）；其他有关资料。

②受理。税务登记管理岗位审阅纳税人填报的表格是否符合要求，附送的资料是否齐全，符合条件的予以受理。

③审核。第一，对纳税人报送的变更登记表及附列资料进行核对，检查填写内容是否准

确，有无漏缺项目。第二，对变更法定代表人的，利用法定代表人居民身份证号码进行审核比对，检查是否有在案的未履行纳税义务的记录。

④证件制作、发放。税务机关应当自受理之日起 30 日内，审核办理变更税务登记。纳税人税务登记表和税务登记证中的内容都发生变更的，税务机关按变更后的内容重新核发税务登记证件；纳税人税务登记表的内容发生变更而税务登记证中的内容未发生变更的，税务机关不重新核发税务登记证件。

（3）其他事项。依《税收征管法》规定，纳税人在生产经营期间发生破产、合并、分立、解散、撤销、或者因经营地址改变而改变主管税务登记机关的、或者依法终止纳税义务的，应当在向工商行政管理机关办理注销登记之前办理税务登记注销手续；未在工商行政管理机关登记的，应当自有关部门批准或宣告注销之日起 15 日内向原登记税务机关办理税务登记注销手续。纳税人因违反规定，被工商行政管理机关吊销营业执照的，应当自被吊销营业执照之日起 15 日内到原登记税务机关办理税务登记注销手续。

【例题 2－3·单选题】 下列不属于变更税务登记证的是（　　）。

A. 改变纳税人名称、法定代表人的　　B. 改变产权关系的

C. 改变注册资金的　　D. 企业被行政机关吊销营业执照的

【正确答案】 D

【答案解析】 变更税务登记的适用范围：①改变纳税人名称、法定代表人的；②改变住所、经营地点的（不含改变主管税务机关的）；③改变经济性质或企业类型的；④改变经营范围、经营方式的；⑤改变产权关系的；⑥改变注册资金的。

选项 D，属于注销登记的范畴。

3. 注销税务登记

（1）注销税务登记含义及内容。注销税务登记是指，纳税人发生解散、破产、撤销以及其他情形，依法终止纳税义务的，在向工商行政管理机关或者其他机关办理注销登记前，持有关证件向原税务登记机关申报办理注销税务登记的活动。

第一，按照规定不需要在工商行政管理机关或者其他机关办理注册登记的，应当自有关机关批准或者宣告终止之日起 15 日内，持有关证件向原税务登记机关申报办理注销税务登记。

第二，纳税人因住所、经营地点变动，涉及变更税务登记机关的，应当在向工商行政管理机关或者其他机关申请办理变更或注销登记前，或者住所、经营地点变动前，向原税务登记机关申报办理注销税务登记，并在 30 日内向迁达地税务机关申报办理税务登记。

第三，纳税人被工商行政管理机关吊销营业执照或者被其他机关予以撤销登记的，应当自营业执照被吊销或者被撤销登记之日起 15 日内，向原税务登记机关申报办理注销税务登记。

第四，纳税人办理注销税务登记前，应当向税务机关提交相关证明文件和资料，结清应纳税款、多退（免）税款、滞纳金和罚款，缴销发票、税务登记证件和其他税务证件，经税务机关核准后，办理注销税务登记手续。

（2）办理注销税务登记流程。

①领取“一照一码”营业执照的企业办理注销税务登记流程。已实行“三证合一、一照一码”登记模式的企业办理注销登记，应向国税主管税务机关申报清税，填写《清税申

报表》。主管税务机关在受理企业清税申报后，应将企业清税申报信息同时传递给另一方税务机关，国税主管税务机关按照各自职责分别进行清税，限时办理。清税完毕后，纳税人持税务机关出具的《清税证明》办理后续工商注销事宜。

②未领取“一照一码”营业执照的企业办理注销税务登记流程。第一，纳税人发生解散、破产、撤销以及其他情形依法终止纳税义务的，应当在向工商行政管理机关办理注销登记前，持有关证件向原税务登记机关申报办理注销税务登记；按照规定不需要在工商行政管理机关办理注销登记的，应当自有关机关批准或者宣告终止之日起 15 日内，办理注销税务登记。

第二，纳税人因住所、经营地点变动而涉及改变税务登记机关的，应当在向工商行政管理机关申请办理变更或注销登记前，或者住所、经营地点变动前，向原税务登记机关申报办理注销税务登记，并自注销税务登记之日起 30 日内向迁达地税务机关申请办理税务登记。

第三，境外企业在中国境内承包建筑、安装、装配、勘探工程和提供劳务的，应当在项目完工、离开中国境内前 15 日内，持有关证件和资料，向原税务登记机关申报办理注销税务登记。

第四，纳税人被工商行政机关吊销营业执照的，应当自营业执照被吊销之日起 15 日内，向原税务登记机关申报办理注销税务登记。

第五，纳税人在办理注销登记前，应当向税务机关提交相关证明文件和资料，结清应纳税款、多退（免）税款滞纳金、罚款、缴销发票和其他税务登记证件。

（3）办理注销税务登记证需要提交的资料：①《注销税务登记申请审批表》；②《发票领用簿》及未验旧、未使用的发票；③使用增值税税控系统的增值税一般纳税人应提供金税盘、税控盘和报税盘，或者提供金税卡和 IC 卡；④《中华人民共和国企业清算所得税申报表》及附表；⑤其他按规定应收缴的设备。

【例题 2－4·单选题】下列项目中，不需要办理注销税务登记的是（　　）。

A. 纳税人被吊销营业执照

B. 纳税人因资不抵债而破产

C. 纳税人因经营地点变更而离开原主管税务机关管辖区

D. 纳税人变更经营范围

【正确答案】D

【答案解析】注销税务登记的适用范围：①纳税人发生解散、破产、撤销的；②纳税人被工商行政管理机关吊销营业执照的；③纳税人因住所、经营地点或产权关系变更而涉及改变主管税务机关的；④纳税人发生的其他应办理注销税务登记的情况。

4. 停复业登记管理

（1）停业登记。

①停业登记概念。停业税务登记是指纳税人由于生产、经营等原因，需要暂停生产经营活动的，应在有关部门批准后，到税务管理机关办理停业税务登记。

②停业登记范围。办理停业税务登记的范围，主要是实行定期定额方法缴纳税款的个体工商户，纳税人的停业期限不得超过 1 年。

③停业登记程序提出。第一，停业登记申请。纳税人应在规定的期限内向主管税务机关提交停业申请书。工作人员初审后发给《停业登记申请表》。

第二，填报《停业登记申请表》。纳税人领取《停业登记申请表》后，应如实填写，并报主管税务机关审核。

第三，结清税务事项。纳税人在报送《停业登记申请表》同时，应缴清税款，缴销发票，交回有关税务证件（如税务登记证正、副本、发票领购簿等）。

第四，领取核准停业通知书。主管税务机关接到纳税人报送的《停业登记申请表》后，审核完毕封存有关单证，向纳税人核发《核准停业通知书》。纳税人领取《核准停业通知书》后方可停业。

第五，纳税人遇有特殊情况，需延长停业时间，应在停业期满前向主管国税机关提出申请，经核准后方可延期。

第六，纳税人在停业期间发生纳税义务的，应当按照税收法律、行政法规的规定申报缴纳税款。

【例题2-5·单选题】 以下哪类企业可以办理停业登记（　　）。

A. 实行定期定额征收方式的个体工商户　B. 实行查定征收方式的个体工商户

C. 实行查定征收方式的所有纳税人　D. 实行定期定额征收方式的所有纳税人

【正确答案】 A

【答案解析】 实行定期定额征收方式的个体工商户需要停业的，应当在停业前向税务机关申报办理停业登记。纳税人的停业期不得超过1年。

（2）复业登记。

①复业登记概念。复业登记纳税人按核准的停业期限准期复业的，应当在停业到期前向税务机关申请办理复业登记；提前复业的，应当在恢复生产经营之前向税务机关申报办理复业登记。

②复业登记程序。第一，纳税人应当在恢复生产、经营之前，向主管税务机关提出复业申请，填写《税务复业登记申请表》一式三份，经主管税务机关审核确认后，一份退回纳税人，两份留存主管税务机关。

第二，主管税务机关应当自收到纳税人《税务复业登记申请表》之日起3日内，进行审核确认。如纳税人在停业期间未发生纳税事项或重大税收违纪行为的，则由纳税人领回或启用税务登记证件、《发票购用印制簿》及其剩余的空白发票，并将其纳入正常的税务管理范围。如纳税人在停业期间发生纳税事项却未申报纳税，或发生重大税收违纪行为的，则应实施税务检查和税务处罚，随后再将其纳入正常的税务管理范围。

（3）非正常户登记管理。依法办理了税务登记的纳税人，在无正当理由的情况下，连续3个月未按照规定向税务机关申报纳税，经税务稽查部门查无下落，并发出限期改正通知书，逾期仍未改正，且税务机关暂时无法履行强制执行措施的，由税务管理部门依法作为非正常户登记处理。凡是纳入非正常户管理的纳税人，税务机关必须将经过稽查人员查实、主管领导审批同意的《非正常户认定书》存入纳税人档案，并及时通知各有关部门暂停其税务登记证件、发票领购簿和发票的使用，同时加强计算机监控、作为待处理户处理，便于各职能部门掌握这一信息。凡被列为非正常户1年以上的，税务机关可以注销其税务登记。

税法规定，增值税一般纳税人（简称一般纳税人）是指年应纳税销售额超过税法规定的小规模纳税人标准，且财务核算健全，能准确核算进项、销项税额的增值税纳税人。一般纳税人的登记管理包括一般纳税人的认定和取消。

第一，一般纳税人的认定。经税务机关审核、批准认定的一般纳税人方可按照一般纳税人的规定计算缴纳税款。一般纳税人的认定是一般纳税人管理的前提，包括临时认定和正式认定两种形式。对新办税务登记、经营期限不足1年的纳税人采取临时认定的办法，待经营期满1年以后，经税务机关重新审核，符合条件的方可正式认定为一般纳税人。

第二，一般纳税人的取消或注销。已被正式认定为一般纳税人，但在生产经营期间违反一般纳税人的管理规定、不符合一般纳税人标准的或暂认定一般纳税人期限届满而未达到一般纳税人销售额标准的，由主管税务机关审核上报县（市）税务局批准，予以取消其一般纳税人资格，作为小规模纳税人管理。一般纳税人因某种原因需注销税务登记的，必须先注销一般纳税人资格，方可办理税务登记注销手续。

【例题2-6·单选题】 关于一般纳税人登记管理中销售额的理解，表述不正确的是（　　）。

A. 连续不超过12个月的经营期内的累计销售额指的是一个年度内销售额

B. 累计销售额包含差额计税扣除前的销售额

C. 兼有销售货物、提供加工修理修配劳务和销售服务等业务，其中一项超过标准需要办理一般纳税人登记

D. 某企业偶然发生的转让不动产的销售额不计入应税行为年应税销售额

【正确答案】 A

【答案解析】 连续不超过12个月的经营期指的是滚动的12个月，不是指的一个会计年度。

5. 税务登记日常管理

（1）税务登记证件的发放与使用。

第一，新开户办证。《税收征管法》第十五条规定：企业、企业在外地设立的分支机构和从事生产、经营的场所，个体工商户和从事生产、经营的事业单位自领取营业执照之日起30日内，持有关证件到税务机关办理税务登记。税务机关应当自收到申报之日起30日内审核完毕发给税务登记证件。

第二，税务登记变更换证。纳税人因经营地址、经营范围、法定代表人等基本税务登记内容发生变化，必须按规定办理税务登记证换证手续。《税收征管法》第十六条规定：从事生产、经营的纳税人，税务登记内容发生变化的，应当自工商行政管理机关办理变更登记之日起30日内，持有关证件到主管税务机关办理变更税务登记，申请换发税务登记证。

第三，税务登记证定期换证。税务机关对税务登记证实行定期验证和换证制度。一般地，1~2年验证一次，3~5年换证一次，纳税人应在规定的期限内持有关资料到税务机关办理换证手续。

第四，遗失补证。纳税人遗失税务登记证的，应及时书面报告税务机关，在税务机关指定刊物公开声明作废，并向税务机关申请补办。税务机关视具体情况，按规定予以处理，然后依规定程序办理补发税务登记证手续。

在这里有三个时限需要注意：一是纳税人申报办理开业税务登记的时限，即纳税人应当自领取营业执照之日起30日内申报办理税务登记；二是税务机关审核发放税务登记证件的时限，即税务机关收到纳税人申报、初审其资料齐全并同意受理申报登记之日起30日内核发税务登记证件；三是纳税人申报变更税务登记的时限，即纳税人应当自营业执照变更之日

起 30 日内申报办理税务登记变更手续。

税务登记证是纳税人依法纳入税务机关监督与管理的标志，纳税人在取得税务登记证的同时就享有了一定的税收权利、承担着一定的纳税义务。

（2）税务登记证件的违章处理。纳税人未按照规定期限申报办理设立登记、变更或者注销登记的，税务机关应当自发现之日起 3 日内责令其限期改正，可以处 2 000 元以下的罚款；情节严重的，处 2 000 元以上 10 000 元以下的罚款。

纳税人不办理税务登记的，税务机关应当自发现之日起 3 日内责令其限期改正，可以处 2 000 元以下的罚款；情节严重的，处 2 000 元以上 10 000 元以下的罚款。逾期不改正的，经税务机关提请，由工商行政管理机关吊销其营业执照。

纳税人未按照规定使用税务登记证件，或者转借、涂改、损毁、买卖、伪造税务登记证件的，处 2 000 元以上 10 000 元以下的罚款；情节严重的，处 10 000 元以上 50 000 元以下的罚款。

纳税人通过提供虚假的证明资料等手段，骗取税务登记证的，处 2 000 元以下的罚款；情节严重的，处 2 000 元以上 10 000 元以下的罚款。

扣缴义务人未按照规定办理扣缴税款登记的，税务机关应当自发现之日起 3 日内责令其限期改正，并可处以 2 000 元以下的罚款。

纳税人、扣缴义务人违反规定，拒不接受税务机关处理的，税务机关可以收缴其发票或者停止向其发售发票。

税务人员徇私舞弊或者玩忽职守，违反规定为纳税人办理税务登记相关手续，或者滥用职权，故意刁难纳税人、扣缴义务人的，调离工作岗位，并依法给予行政处分。

【例题 2－7·案例分析题】某个体工商户主王某 2021 年 10 月将自己的企业承包给张某经营。双方在合同中明确规定：承包人张某每年上缴承包费 20 万元，经营期间可使用发包方王某提供的营业执照和税务登记证件。请问王某、张某的上述做法是否合法？

【答案解析】王某、张某的上述做法是不正确的，纳税人领取的税务登记证和扣缴义务人领取的代扣代缴税款凭证书，只限本人使用，不得转借、涂改、毁损、买卖和伪造。因此，双方合同中规定承包方可以使用发包方的营业执照和税务登记证件的做法是错误的、不合法的。

（3）税务登记的日常管理。

税务登记是税收征管过程的首要环节，是征纳双方法律关系成立的书面依据，加强税务登记的管理，有利于强化税收征管，堵塞征管漏洞，提高征管效率。

依有关规定，凡具有法律、行政法规规定的应税收入、应税行为或应税财产的纳税人或负有代扣代缴、代收代缴义务的扣缴义务人，都必须依法办理税务登记。具体的税务登记时间和对象是：

①必须办理税务登记的纳税人。税务机关对从事生产、经营并取得工商行政管理部门核发营业执照的纳税人进行税务登记；对纳税人非独立核算的分支机构以及非从事生产、经营但经常性取得应税收入的纳税人进行注册税务登记。纳税人应当自取得营业执照或经有关部门批准成立之日起 30 日内向税务机关办理税务登记。此外，纳税人包括国有企业、集体企业、私营企业、股份制企业、外商投资企业、外资企业、中外合作经营企业、经工商行政管理机关批准开业的城乡个体工商户和部队、团体、企事业单位举办的独立核算的企业等。

②不需办理税务登记的纳税人：不是经常性地取得应税收入的单位和个人；销售自产应税农产品的农业生产者；非固定经营的无证个体工商户；仅缴纳个人所得税的个人。

③可以办理税务登记，也可以不办理税务登记的纳税人是从事临时经营的纳税人。

④应当办理税务登记，但不核发税务登记的纳税人是按财产和投资额征税的纳税人。

第2节　账簿、凭证管理

一、账簿、凭证的概念

财簿，亦为“账册”，是指全面、系统、连续记载纳税人经济活动事实，反映纳税人经济业务内容的簿籍，是保存会计资料的重要工具、编制会计报表的主要依据。它由具有一定格式而又相互联系的账页所组成。账簿按其用途可以分为总账、明细账、日记账及其他辅助性账簿。

凭证，亦称会计凭证，是记载纳税人经济业务、明确经济责任的一种书面证明，是登记账簿的基础、进行会计核算的工具。一般有原始凭证和记账凭证两种形式，所谓原始凭证就是经济业务发生时所填制或取得的、反映经济行为发生内容的一种凭证。它是会计事项唯一合法的书面凭证，也是会计核算工作的起点和基础。合法的原始凭证必须是套印了税务机关发票监制章的专用性票据和财政部门管理的行政性收费收据，以及经财政、税务部门认可的其他凭证。记账凭证是会计人员在认真审核原始凭证、并对原始凭证确认无误以后，按照会计科目、运用会计核算方法对原始凭证进行归类整理，以会计分录的形式反映经济业务内容的一种凭证，它为账簿登记提供资料。记账凭证依其所反映经济业务内容的不同可分为收款凭证、付款凭证和转账凭证。依填列科目的不同又可分为单式记账凭证和复式记账凭证。

二、账簿、凭证的日常管理

财簿是以会计凭证为依据，连续、全面、系统地记载纳税人业务活动内容的账册。它的意义在于首先，通过设置、登记账簿，可以把所有的经济活动按经济业务性质进行分类汇总，把分散的核算资料加以系统化，按照会计核算方法，提供有关资金来源、资金占用、经营收支的总体和明细核算资料，正确计算收入、成本和利润，有效地加工整理和提供必要的税务信息。其次，使政府有关职能部门通过账簿管理可以加强日常监督。

《税收征管法》第十九条规定，纳税人、扣缴义务人按照有关法律、行政法规和国务院财政、税务主管部门的规定设置账簿，根据合法有效的凭证记账，进行会计核算。

根据《税收征管法》规定，从事生产、经营的纳税人的财务、会计制度或财务、会计处理办法和会计核算软件应报送税务机关备案。纳税人、扣缴义务人的财务、会计制度或财务、会计处理办法与国务院财政、税务主管部门有关税收的规定抵触的，依照国务院或者国务院财政、税务主管部门有关税收的规定计算应纳税款、代扣代缴和代收代缴税款。对于纳税人未按规定设置、保管账簿、记账账簿和有关资料，或未按照规定将财务会计、会计制度或财务会计处理办法和核算软件报送税务机关备查的，由税务机关责令限期改正，可处以

2 000元以下的罚款，情节严重的，处以2 000元以上10 000元以下的罚款。扣缴义务人未按规定设置、保管代扣代缴、代收代缴税款记账凭证及有关资料的，由税务机关责令限期改正，可处以2 000元以下的罚款，情节严重的，处以2 000元以上5 000元以下的罚款。

1. 账簿设置

从事生产、经营的纳税人应当自领取营业执照或者发生纳税义务之日起15日内，按照国家有关规定设置账簿。生产、经营规模小又确无建账能力的纳税人，可以聘请经批准从事会计代理记账业务的专业机构或者经税务机关认可的财会人员代为建账和办理账务。聘请上述机构或者人员有实际困难的，经县以上税务机关批准，可以按照税务机关的规定，建立收支凭证粘贴簿、进货销货登记簿或者使用税控装置。

【例题2－8·单选题】下列属于审核原始凭证时效性的是（　　）。

A. 原始凭证所记录的经济业务应与实际情况相符

B. 原始凭证的各项内容应填写齐全

C. 原始凭证入账时间要与会计核算期间相符

D. 原始凭证的取得应符合现行财务和税收征管法的要求

【正确答案】C

【答案解析】选项A，属于真实性；选项B，属于完整性；选项D，属于合法性。

2. 账务管理

从事生产、经营的纳税人应当自领取税务登记证件之日起15日内，将其财务、会计制度或者财务、会计处理办法报送主管税务机关备案。

纳税人的账簿、会计凭证和报表，应当使用中文。民族自治地方可以同时使用当地通用的一种民族文字。外商投资企业和外国企业可以同时使用一种外国文字。

纳税人、扣缴义务人的财务、会计制度或者财务、会计处理办法与国务院或者国务院财政、税务主管部门有关税收的规定抵触的，依照国务院或者国务院财政、税务主管部门有关税收的规定计算应纳税款、代扣代缴和代收代缴税款。

【例题2－9·判断题】各种账簿必须按照国家统一规定的保存年限妥善保管，保管期满后可以销毁。（　　）

【正确答案】错误。

3. 账簿、凭证的保管

从事生产、经营的纳税人、扣缴义务人必须按照国务院财政、税务主管部门规定的保管期限保管账簿、记账凭证、完税凭证及其他有关资料。除法律、行政法规另有规定外，账簿、会计凭证、报表、完税凭证及其他有关纳税资料应当保存10年。纳税人、扣缴义务人不得伪造、变造或者擅自销毁账簿、记账凭证、完税凭证及其他有关资料。

【例题2－10·单选题】除法律、行政法规另有规定外，账簿、会计凭证、报表、完税凭证及其他有关资料应当保存（　　）年。

A. 10　　B. 15　　C. 1　　D. 5

【正确答案】A

【答案解析】除法律、行政法规另有规定外，账簿、会计凭证、报表、完税凭证及其他有关资料应当保存10年。

三、银行账户及税控装置管理

税收征管法规定，从事生产、经营的纳税人应当按照国家有关规定，持税务登记证件，在银行或者其他金融机构开立基本存款账户和其他存款账户，并将其全部账号向税务机关报告。

银行和其他金融机构应当在从事生产、经营的纳税人的账户中登录税务登记证件号码，并在税务登记证件中登录从事生产、经营纳税人的账户账号。

从事生产、经营的纳税人应当自开立基本存款账户或者其他存款账户之日起 15 日内，向主管税务机关书面报告其全部账号。发生变化的，应当自变化之日起 15 日内，向主管税务机关书面报告。

税控装置管理即《税收征管法》规定，国家根据税收征收管理的需要，积极推广使用税控装置。纳税人应当按照规定安装、使用税控装置，不得损毁或者擅自改动税控装置。纳税人应当按照税务机关的要求安装、使用税控装置，并按照税务机关的规定报送有关数据和资料。

四、完税凭证的管理

完税凭证，是指税务机关统一制定的，税务人员向纳税人征收税款或纳税人向国家金库缴纳税款时所使用的一种专用凭证。它是纳税人已按法律规定履行了纳税义务的书面证明，也是税务机关检查纳税人是否按期足额缴纳税款的依据之一。对扣缴义务人来讲，其使用的扣税凭证，一方面是凭以扣缴税款的依据，另一方面是证明其已履行扣缴税款义务的书面证明。

现行的完税凭证主要有以下几种：税收完税凭证、税收缴款书、印花税票、专用扣税凭证、税票调换证。

第3节　发票管理

一、发票的种类和管理内容

所谓发票，是指在购销商品、提供或接受劳务以及从事其他经济活动过程中，向对方开具或收取的一种收付款凭证。它既是企业据以会计核算的原始凭证，又是税务机关据以征税的重要依据。发票管理的意义在于有利于正确组织会计核算，加强财务收支监督有利于加强税务管理，确保国家税收收入有利于保障合法经营，维护社会经济秩序。

1. 发票的种类

（1）增值税专用发票。增值税专用发票只限于增值税一般纳税人领购使用，增值税小规模纳税人和非增值税纳税人不得领购使用。小规模纳税人可以由税务机关代开增值税专用发票，如图 2－2 所示。

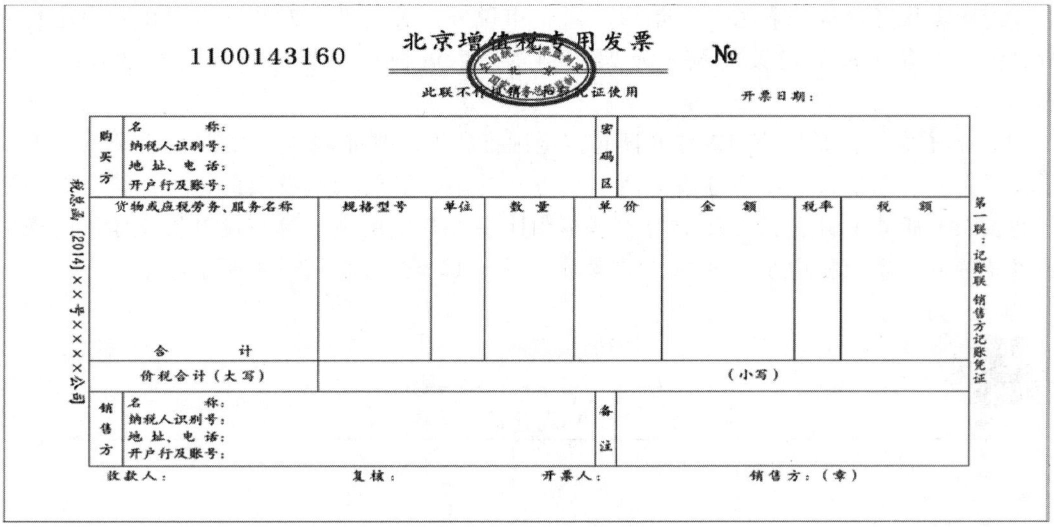
1100143160　北京增值税专用发票　№

此联不作报销、扣税凭证使用　开票日期：

购买方	名　称： 纳税人识别号： 地 址、电 话： 开户行及账号：				密码区			
货物或应税劳务、服务名称		规格型号	单位	数 量	单 价	金 额	税率	税 额
合　计								
价税合计（大写）						（小写）		
销售方	名　称： 纳税人识别号： 地 址、电 话： 开户行及账号：				备注			

收款人：　复核：　开票人：　销售方：（章）

税总函［2014］××号××××公司

第一联：记账联　销售方记账凭证

图 2－2　增值税专用发票

（2）普通发票。主要由增值税小规模纳税人使用，增值税一般纳税人在不能开具专用发票的情况下也可使用普通发票；2011 年起全国统一使用通用普通发票。

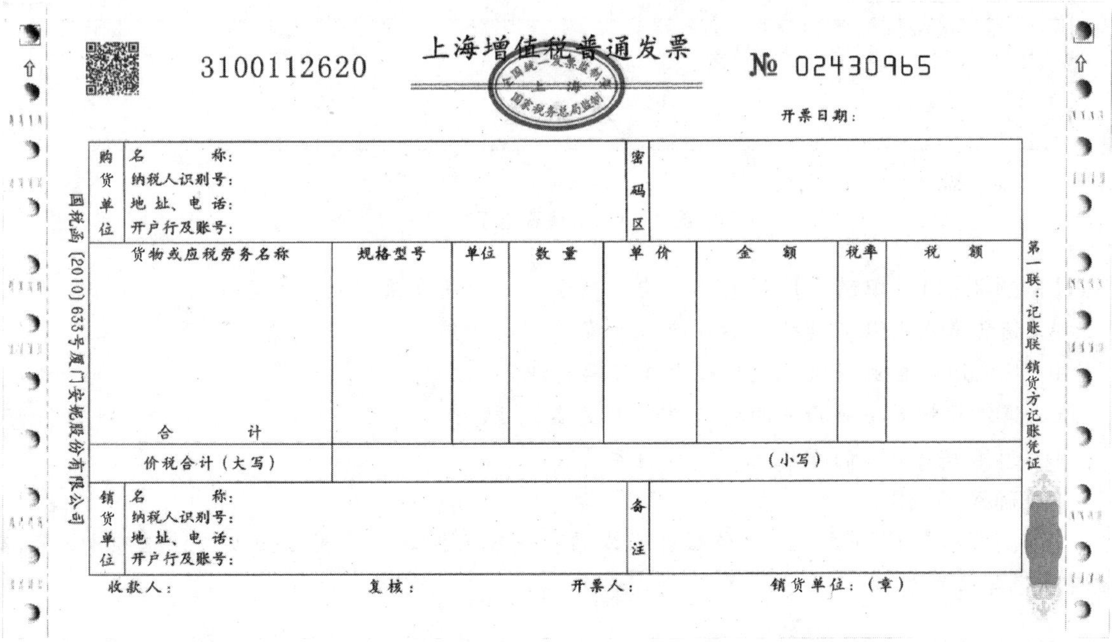
3100112620　上海增值税普通发票　№ 02430965

开票日期：

购货单位	名　称： 纳税人识别号： 地 址、电 话： 开户行及账号：				密码区			
货物或应税劳务名称		规格型号	单位	数 量	单 价	金 额	税率	税 额
合　计								
价税合计（大写）						（小写）		
销货单位	名　称： 纳税人识别号： 地 址、电 话： 开户行及账号：				备注			

收款人：　复核：　开票人：　销货单位：（章）

国税函［2010］633号厦门安妮股份有限公司

第一联：记账联　销货方记账凭证

图 2－3　增值税普通发票

（3）专业发票。

①国有金融、保险企业的存贷、汇兑、转账凭证，保险凭证；国有邮政、电信企业的邮票、邮单、话务、电报收据；国有铁路、民用航空企业和交通部门、国有公路、水上运输企业的客票、货票等；

②经国家税务总局或者省、自治区、直辖市税务机关批准，专业发票可由政府主管部门自行管理，不套印税务机关的统一发票监制章，也可根据税收征管的需要纳入统一发票管理。

（4）电子发票。2015 年 12 月 1 日起在全国推行通过增值税电子发票系统开具的增值税电子普通发票。增值税电子普通发票的开票方和受票方需要纸质发票的，可以自行打印增值税普通发票的版式文件，其法律效力、基本用途、基本使用规定等与税务机关监制的增值税普通发票等同；增值税电子普通发票的发票代码为12位，如图2－4所示。

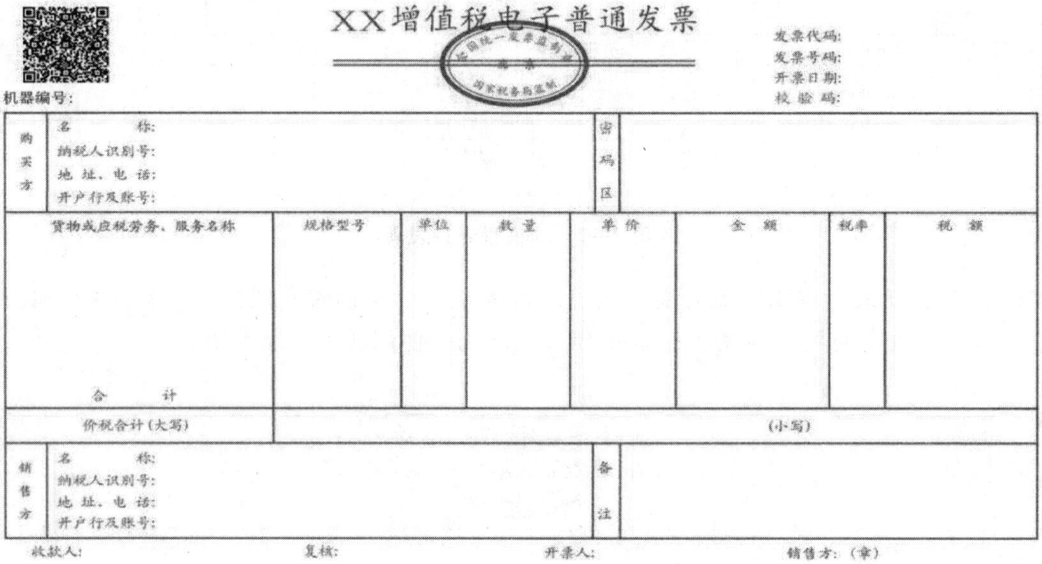
XX增值税电子普通发票
机器编号：
发票代码：
发票号码：
开票日期：
校验码：

购买方	名称： 纳税人识别号： 地址、电话： 开户行及账号：	密码区	

货物或应税劳务、服务名称	规格型号	单位	数量	单价	金额	税率	税额
合计							
价税合计（大写）	（小写）						

销售方	名称： 纳税人识别号： 地址、电话： 开户行及账号：	备注	

收款人：　复核：　开票人：　销售方：（章）

图2－4　增值税电子发票

【例题2－11·单选题】下列选项中，属于行业专业发票的是（　　）。

A. 销售家用电器开具给自然人个人的发票

B. 航空运输企业提供航空运输电子客票行程单

C. 销售货物给企业开具的增值税专用发票

D. 开具给消费者的增值税电子普通发票

【正确答案】B

【答案解析】选项A，是增值税普通发票；选项C，是增值税专用发票；选项D，是增值税电子普通发票。

二、发票管理内容

发票管理就是税务机关按照《税收征管法》《税收征管法实施细则》以及《发票管理办法》的规定，对发票印制、领购、开具、保管、缴销全过程进行组织、协调、控制和监督等各项活动的总称。发票管理是税收征管的重要组成部分，是进行税源监控的主要手段。

1. 发票的印制

（1）发票联次和内容。发票的基本联次包括：存根联、发票联、记账联。存根联由收款方或开票方留存备查；发票联由付款方或受票方作为付款原始凭证；记账联由收款方或开票方作为记账原始凭证。省以上税务机关可以根据发票管理情况和纳税人经营业务需要，对发票联以外的其他联次进行增减，并确定其用途。

发票的基本内容包括：发票名称、发票代码和号码、联次及用途、客户名称、开户银行及账号、商品名称或经营项目、计量单位、数量、单价、大小写金额、开票人、开票日期、开票单位（个人）名称（章）等。省以上税务机关可以根据经济活动和发票管理需要，确定发票的具体内容。

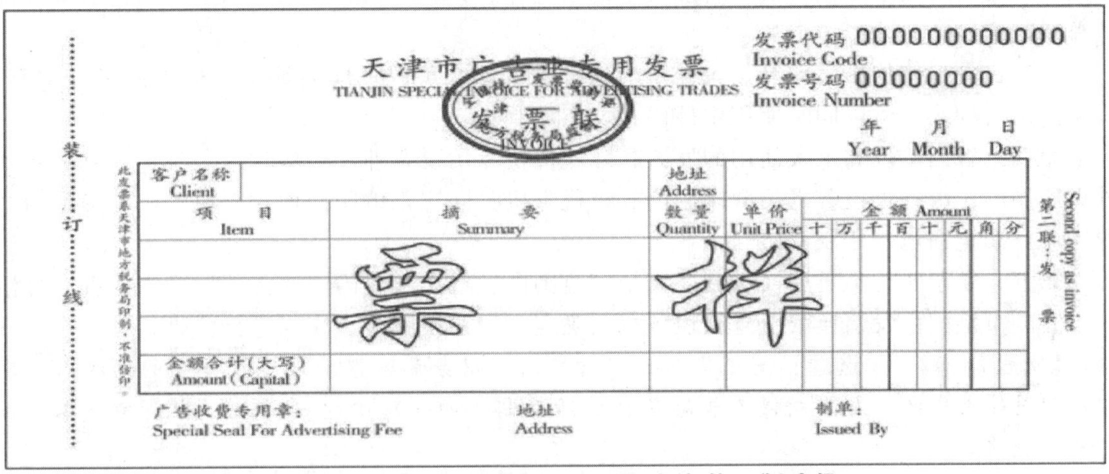

注：成品尺寸：175×92（毫米），此发票共三联，第一联印色黑；第二联印色棕；第三联印色绿。

图 2－5　第二联：发票

（2）发票的印制。增值税专用发票由国务院税务主管部门确定的企业印制；其他发票，按照国务院税务主管部门的规定，由省级税务机关确定的企业印制。禁止私自印制、伪造、变造发票。

①对印制企业的规定。

第一，印制发票的企业应当具备下列条件：取得印刷经营许可证和营业执照；设备、技术水平能够满足印制发票的需要；有健全的财务制度和严格的质量监督、安全管理、保密制度。

税务机关以招标方式确定印制发票的企业，并发给发票准印证。发票准印证由国家税务总局统一监制，省级税务机关核发。税务机关对印制发票企业实施监督管理，对不符合条件的，取消其印制发票的资格。

第二，印制发票的企业要按照税务机关的统一规定，建立发票印制管理制度和保管措施。发票监制章和发票防伪专用品的使用和管理，实行专人负责制度。

第三，印制发票的企业必须按照税务机关批准的式样和数量印制发票。监制发票的税务机关根据需要下达发票印制通知书，被指定的印制企业必须按照要求印制。发票印制通知书应当载明：印制发票企业名称、用票单位名称、发票名称、发票代码、种类、联次、规格、印色、印制数量、起止号码、交货时间、地点等内容。对印制完毕的成品，印制发票企业按照规定验收后专库保管，不得丢失。废品及时销毁。

②对发票印制的规定。

第一，印制发票使用国务院税务主管部门确定的全国统一的发票防伪专用品。禁止非法制造发票防伪专用品。全国统一的发票防伪措施由国家税务总局确定，省级税务机关可以根据需要增加本地区的发票防伪措施，并向国家税务总局备案。发票防伪专用品实行专库保管，不得丢失。次品、废品在税务机关监督下集中销毁。

第二，发票套印全国统一发票监制章。全国统一发票监制章的式样和发票版面印刷的要求，由国务院税务主管部门规定。发票监制章由省级税务机关制作。禁止伪造发票监制章。全国统一发票监制章是税务机关管理发票的法定标志，其形状、规格、内容、印色由国家税务总局规定。

第三，发票使用中文印制。民族自治地方的发票，可以加印当地一种通用的民族文字。有实际需要的，也可以同时使用中外两种文字印制。

第四，省内单位和个人使用的发票，除增值税专用发票外，在本省内印制；确有必要到外省印制的，由省级税务机关商印制的省级税务机关同意，由印制地省级税务机关确定的企业印制。禁止在境外印制发票。

第五，发票实行不定期换版制度。全国范围内发票换版由国家税务总局确定；省、自治区、直辖市范围内发票换版由省级税务机关确定。发票换版时，应当进行公告。

【例题 2－12·单选题】有固定生产经营场所、财务和发票管理制度健全的纳税人，发票使用量较大或统一发票式样不能满足经营活动需要的，可以向（　　）申请印有本单位名称的发票。

A. 县以上税务机关　　B. 省以上税务机关

C. 国家税务总局　　D. 国务院

【正确答案】B

【答案解析】有固定生产经营场所、财务和发票管理制度健全的纳税人，发票使用量较大或统一发票式样不能满足经营活动需要的，可以向省以上税务机关申请印有本单位名称的发票。

2. 发票领购管理规程

（1）发票的领购方式。

①批量供应。主要适用经营规模较大、经营范围单一、财务管理制度健全、依法履行纳税义务、发票管理规范的单位。

②交旧购新。主要适用个体工商户，但对外省、自治区、直辖市来本辖区从事临时性经营活动的纳税人除实行发售担保方式发售发票外，同时实行交旧购新。

③验旧购新。主要适用一些财务制度不健全、经营流动性大或无固定经营场所、较易发生短期经营行为、纳税意识不强、发票保管条件不具备的单位和个体工商户。

（2）发票领购的适用范围。

①已经完成了法定登记程序，领取了《统一社会信用代码的营业执照》或《税务登记证》的纳税人可以在所在地的国税局领购发票。

②不需办理税务登记的主体，临时发生经营业务时，如果需要使用发票的，可以凭单位介绍信和其他有效证件，到税务机关申请代开发票。

③临时到本省、自治区、直辖市以外从事经营活动的单位和个人，凭所在地税务机关开

具的《外出经营活动税收管理证明》，在办理纳税担保的前提下，可向经营地税务机关申请领购经营地的发票。所谓办理纳税担保，就是按税务机关的要求提供担保人或者缴纳不超过 1 万元的保证金，并限期缴销发票。

（3）发票领购手续。

①首次领取发票前须先到主管税务所办理发票票种核定、领取《发票领购簿》确定企业发票领购人员和税控机具注册发行及其他相关手续。

②纳税人须在领购发票前完成抄税、报税和清卡操作。

③非首次领购发票的纳税人在开完最后一张发票后，通过抄报、上传的发票明细电子数据自动完成发票验旧后领购发票。

④纳税人领购发票须携带以下证件和资料：《税务登记证（副本）》原件；发票专用章；购票员身份证原件；IC 卡或税控盘或金税盘；《发票领购簿》。

⑤纳税人申请经营的使用发票，应提供以下资料：《纳税人领用发票票种核定表》；《外出经营活动税收管理证明》；经办人身份证明原件及复印件（首次办理或经办人发生变化时提供）；发票专用章印模。

【例题 2－13·多选题】 主管税务机关接到纳税人领购普通发票的申请后，应根据纳税人生产经营等情况，确认纳税人使用发票的有（　　）。

A. 种类　　　　B. 联次

C. 版面金额　　　　D. 期限

E. 购票数量

【正确答案】 ABCE

【答案解析】 主管税务机关接到纳税人领购普通发票的申请后，应根据纳税人生产经营等情况，确认纳税人使用发票的种类、联次、版面金额、购票数量。

3. 发票的开具

（1）一般情况下，收款方应当向付款方开具发票。特殊情况下，由付款方向收款方开具发票。

（2）向消费者个人零售小额商品或提供零星服务的，是否可免予逐笔开具发票，由省税务机关确定。

（3）填开发票的单位和个人必须在发生经营业务并确认营业收入时，才能开具发票，未发生经营业务一律不得开具发票。

（4）发票的作废。

（5）红字增值税专用发票。

（6）开具发票时应当使用中文；民族自治地方可以同时使用当地通用的一种民族文字。

（7）发生发票丢失情形时，应当于发现丢失当日书面报告税务机关，并登报声明作废。

【例题 2－14·单选题】 下列关于发票开具的说法，错误的是（　　）。

A. 开具发票应按照号码顺序填开

B. 填开发票单位如有特殊要求，可以自行扩大专用发票的使用范围

C. 开具发票应该全部联次一次打印

D. 不符合规定的发票，不得作为财务报销凭证，任何单位和个人有权拒收

【正确答案】 B

【**答案解析**】任何单位和个人应当按照发票管理规定使用发票，不得扩大发票适用范围。

4. 发票的保管

（1）开具发票的单位和个人，应当建立发票使用登记制度，设置发票登记簿，并定期向主管税务机关报告发票使用情况。按照税务机关的规定存放和保管发票，不得擅自损毁；已经开具的发票存根联和发票登记簿，应当保存5年；保存期满，报经税务机关查验后销毁。开具发票的单位和个人办理变更或者注销税务登记的，应同时办理发票和发票领购簿的变更、缴销手续。

（2）使用发票的单位和个人，应当妥善保管发票。发生发票丢失情形时，应当于发现丢失当日书面报告税务机关，并登报声明作废。

5. 发票的检查

（1）发票换票证仅限于在本县（市）范围内使用。需要调出外县（市）发票查验时，应当提请该县（市）税务机关调取发票；

（2）用票单位和个人有权申请税务机关对发票的真伪进行鉴别。

6. 发票的缴销

发票的缴销是指用票单位和个人按照规定，向税务机关上缴使用或未使用的发票，经审核后注销。

三、增值税专用发票的使用和管理

增值税专用发票是为加强增值税的征收管理，根据增值税的特点而设计的，专供一般纳税人使用的一种特殊发票。专用发票与普通发票无论在作用、适用范围等方面，都存在较大的差异，突出表现在两种发票的作用有根本的区别：专用发票既是纳税人经营活动的商事凭证，又是一般纳税人从销项税额中抵扣进项税额的扣税凭证。一般纳税人应通过增值税发票管理系统使用专用发票。

1. 增值税专用发票使用的基本规定

（1）税控管理系统。

①税控装置的概念。税控装置指纳税人在生产经营过程中，在开具发票时所使用的具备税务机关能够监控应税收入功能的装置。税控装置产品包括税控发票机、外挂税控器以及其他具有多种功能的税控装置。税控装置是进行税收源泉控管的工具，目前，已推行的税控装置主要有四类：一是税控收款机，二是税控加油机，三是增值税防伪税控系统，四是出租车税控计价器。

②对违反税控装置管理规定的处罚。

第一，《税收征管法》规定，纳税人应当按照规定安装、使用税控装置，不得损毁或者擅自改动税控装置。对未按照规定安装、使用税控装置，或者损毁或者擅自改动税控装置的，由税务机关责令限期改正，可以处2 000元以下的罚款；情节严重的，处2 000元以上10 000元以下的罚款。

第二，《国家税务总局、财政部、信息产业部、国家质量监督检验检疫总局关于推广应用税控收款机加强税源监控的通知》规定，用户应当按期向主管税务机关报送税控收款机记录的经营数据及相关资料。《税收征管法实施细则》规定，纳税人应当按照税务机关的要求安装、使用税控装置，并按照税务机关的规定报送有关数据和资料。对未按规定使用税控收款机的，不如实录入销售或经营数据的，发生税控收款机丢失、被盗的，擅自拆卸、改动和破坏税控收款机的，造成用户申报的计税依据明显偏低，又无正当理由的，主管税务机关有权核定其应纳税额，责令缴纳，以此进行纳税申报的，按偷税处理。

（2）专用发票联次。专用发票由基本联次或者基本联次附加其他联次构成。基本联次为 3 联：发票联、抵扣联和记账联。发票联，作为购买方核算采购成本和增值税进项税额的记账凭证。抵扣联，作为购买方报送主管税务机关认证和留存备查的凭证。记账联，作为销售方核算销售收入和增值税销项税额的记账凭证。其他联次用途，由一般纳税人自行确定。

（3）最高开票限额管理。专用发票实行最高开票限额管理。最高开票限额，是指单份专用发票开具的销售额合计数不得达到的上限额度。

最高开票限额由一般纳税人申请，税务机关依法审批。最高开票限额为 10 万元及以下的，由区县级税务机关审批；最高开票限额为 100 万元的，由地市级税务机关审批；最高开票限额为 1 000 万元及以上的，由省级税务机关审批。税务机关审批最高开票限额应进行实地核查。

（4）办理初始发行。纳税人在初次使用或重新领购增值税税控系统专用设备开具发票之前，需要税务机关对增值税税控系统专用设备进行初始化发行，将开票所需的各种信息载入增值税税控系统专用设备。

一般纳税人领购专用设备后，凭《最高开票限额申请表》《发票领购簿》到主管税务机关办理初始发行。初始发行，是指主管税务机关将一般纳税人的下列信息载入空白金税卡和 IC 卡的行为：企业名称；税务登记代码；开票限额；购票限量；购票人员姓名、密码；开票机数量；国家税务总局规定的其他信息。

一般纳税人的税务登记代码发生变化，应向主管税务机关申请注销发行；其他各项信息发生变化，应向主管税务机关申请变更发行。

2. 增值税专用发票的领购与开具

一般纳税人凭《发票领购簿》、IC 卡和经办人身份证明领购专用发票。一般纳税人销售货物或者应税劳务，应当向索取增值税专用发票的购买方开具增值税专用发票，并在增值税专用发票上分别注明销售额和销项税额。

增值税专用发票的开具要求如下：①项目齐全，与实际交易相符；②字迹清楚，不得压线、错格；③发票联和抵扣联加盖财务专用章或者发票专用章；④按照增值税纳税义务的发生时间开具。

3. 增值税专用发票的报税与缴销

（1）报税。报税是指纳税人持专用设备向税务机关报送开票数据电文。一般纳税人开具专用发票应在增值税纳税申报期内向主管税务机关报税，在申报所属月份内可分次向主管税务机关报税。因硬盘损坏等原因不能正常报税的，应提供已开具未向税务机关报税的专用发票记账联原件或者复印件，由主管税务机关补采开票数据。

（2）专用发票的缴销。纳税人因信息变更或清税注销，跨区域经营活动结束，发票换版、损毁等原因按规定需要缴销发票的，到税务机关进行缴销处理。税务机关对纳税人领用的空白发票做剪角处理。

4. 增值税专用发票的认证与税额扣缴

（1）专用发票的认证。认证，是税务机关通过防伪税控系统对专用发票所列数据的识别、确认。认证相符，是指纳税人识别号无误，专用发票所列密文解译后与明文一致。用于抵扣增值税进项税额的专用发票应经税务机关认证相符（国家税务总局另有规定的除外）。认证相符的专用发票应作为购买方的记账凭证，不得退还销售方。专用发票抵扣联无法认证的，可使用专用发票的发票联到主管税务机关认证。专用发票的发票联复印件留存备查。

（2）经认证后不得作为抵扣的情形。经认证，有下列情形之一的，不得作为增值税进项税额的抵扣凭证，税务机关退还原件，购买方可要求销售方重新开具专用发票。

①无法认证。无法认证，是指专用发票所列密文或者明文不能辨认，无法产生认证结果。

②纳税人识别号认证不符。纳税人识别号认证不符，是指专用发票所列购买方纳税人识别号有误。

③专用发票代码、号码认证不符。专用发票代码、号码认证不符，是指专用发票所列密文解译后与明文的代码或者号码不一致。

（3）暂不得作为抵扣凭证的情形。经认证，有下列情形之一的，暂不得作为增值税进项税额的抵扣凭证，税务机关扣留原件，查明原因，分情况进行处理。

①重复认证。重复认证，是指已经认证相符的同一张专用发票再次认证。

②密文有误。密文有误，是指专用发票所列密文无法解译。

③认证不符。认证不符，是指纳税人识别号有误，或者专用发票所列密文解译后与明文不一致。

④列为失控专用发票。列为失控专用发票，是指认证时的专用发票已被登记为失控专用发票。

（4）已开具专用发票丢失的处理。

①一般纳税人丢失已开具专用发票的发票联和抵扣联，如果丢失前已认证相符，购买方凭销售方提供的相应专用发票记账联复印件及销售方所在地主管税务机关出具的《丢失增值税专用发票已报税证明单》，经购买方主管税务机关审核同意后，可作为增值税进项税额的抵扣凭证。

②一般纳税人丢失已开具专用发票的抵扣联，如果丢失前已认证相符，可使用专用发票的发票联复印件留存备查；如果丢失前未认证，可使用专用发票的发票联到主管税务机关认证，专用发票的发票联复印件留存备查。

③一般纳税人丢失已开具专用发票的发票联，可将专用发票的抵扣联作为记账凭证，专用发票的抵扣联复印件留存备查。

5. 增值税专用发票的违章处罚

纳税人私自印制、伪造、变造、倒买倒卖专用发票，私自制作专用发票监制章、专用发票防伪专用品的，由税务机关依法予以查封、扣押或销毁，没收非法所得和作案工具，并可处以1万元以上5万元以下的罚款。构成犯罪的，依法追究刑事责任。

纳税人不按规定保管专用发票的，除按有关规定给予处罚外，还可根据情况要求其一定期间内不得使用、领购发票，并收缴结存的专用发票。

纳税人虚开、代开增值税专用发票，或为其他纳税人、扣缴义务人非法提供专用发票，导致其他单位或个人未缴、少缴或者骗取税款的，由税务机关没收非法所得，并可处以未缴、少缴或者骗取税款1倍以下的罚款。情节严重触犯我国刑法的，应依照《中华人民共和国刑法》（以下简称《刑法》）的有关规定追究刑事责任。

四、增值税电子发票的广泛应用

1. 电子发票的广泛应用

目前增值税电子发票被广泛应用，纳税人可以用电子发票报销入账归档，纳税人应当按照《财政部 国家档案局关于规范电子会计凭证报销入账归档的通知》（财会〔2020〕6 号，以下简称《通知》）的相关规定执行。纳税人可以根据《通知》第三条的规定，仅使用电子发票进行报销入账归档。电子发票与纸质发票具有同等法律效力，按照《通知》第五条的规定，纳税人取得的电子发票，可不再另以纸质形式保存。纳税人如果需要以电子发票的纸质打印件作为报销入账归档依据的，应当根据《通知》第四条的规定，同时保存打印该纸质件的电子发票。

2. 红字发票开具

纳税人开具增值税专用发票后，发生销货退回、开票有误、应税服务中止以及发票抵扣联、发票联均无法认证等情形但不符合作废条件，或者因销货部分退回及发生销售折让，需要开具红字专用发票的，需取得税务机关系统校验通过的《开具红字增值税专用发票信息表》。

（1）专用发票已交付购买方的，购买方可在增值税发票系统升级版中填开并上传《开具红字增值税专用发票信息表》。专用发票尚未交付购买方或者购买方拒收的，销售方应于专用发票认证期限内在增值税发票系统升级版中填开并上传《开具红字增值税专用发票信息表》。

（2）主管税务机关通过网络接收纳税人上传的《开具红字增值税专用发票信息表》，系统自动校验通过后，生成带有“红字发票信息表编号”的《开具红字增值税专用发票信息表》，并将信息同步至纳税人端系统中。

（3）销售方凭税务机关系统校验通过的《开具红字增值税专用发票信息表》开具红字专用发票，在增值税发票系统升级版中以销项负数开具。红字专用发票应与《开具红字增值税专用发票信息表》一一对应。

（4）纳税人也可凭《开具红字增值税专用发票信息表》电子信息或纸质资料到税务机关对《开具红字增值税专用发票信息表》内容进行系统校验。

（5）已使用增值税税控系统的一般纳税人，在纳入升级版之前暂可继续使用《开具红字增值税专用发票申请单》。

【例题 2－15·案例综合分析题】 某服装商店是个体工商户，注册资金为 30 万元，在 2021 年 2 月 1 日领取了工商营业执照，至 2021 年 3 月 1 日仍未设立有关账簿，开业以来，第一个月销售额为 85 000 元。

根据上述资料，回答下列问题：

（1）该商店应设置复式账还是简易账，依据各是什么？

（2）该商店应按月向主管税务机关编报哪些报表？

（3）该商店未按规定设置账簿应受到哪些处罚？

【正确答案】

（1）该商店应当设置复式账。复式账建账建制的基本要求：

符合下列情形之一，个体户应建复式账：

①注册资金在20万元以上的；

②销售增值税应税劳务的纳税人月销售额在40 000元以上；从事货物生产的增值税纳税人月销售额在60 000元以上；从事货物批发或零售的增值税纳税人月销售额在80 000元以上的；

③省级税务机关确定应当设置复式账的其他情形。

(2) 按月编制资产负债表、应税所得表和留存利润表，报送主管财税机关。

(3) 未按照规定设置账簿的，由税务机关责令限期改正，可以处以2 000元以下的罚款，情节严重的，处以2 000元以上1万元以下的罚款。

本章小结

税务登记又称“纳税登记”，是税务机关对纳税人有关开业、变动、歇业以及注销等基本情况的变化实行法定登记的一项管理制度，也是纳税人履行纳税义务向税务机关办理的一项法定手续。税务登记种类包括开业登记，变更登记，停业、复业登记，注销登记，外出经营报验登记，纳税人税种登记，扣缴税款登记等。税务登记证件的违章处理。对纳税人、扣缴义务人的账簿、凭证管理是税源监控的基础，而账簿、凭证管理的基础是发票管理。发票管理包括发票种类及其领购、开具、保管、检查、缴销等内容。本章阐述了包括增值税专用发票使用的基本规定，增值税专用发票的违章处罚等内容。

关键术语

税务登记	停业税务登记	发票的缴销	“五证合一”	登记制度
变更登记	注销税务登记	复业登记报税	税控装置	延期纳税申报

复习思考题

1. 哪些纳税人需要办理设立登记？
2. 账簿设置和保管的要求有哪些？
3. 办理延期纳税申报，必须符合哪些条件？
4. 发票分为哪几类？一般纳税人在什么情况下不能开具增值税专用发票？

第3章　纳税申报、纳税评估及纳税信用管理

本章要点

1. 纳税申报内容、要求、方式及法律责任；
2. 纳税评估主要内容、方法及基本流程；
3. 纳税评估结果处理内容；
4. 纳税信用评价。

导入案例

某公司开业并办理了税务登记。两个月后的一天，税务机关发来一份税务处理通知书，称该公司未按规定期限办理纳税申报（每月1～7日为申报期限），并处罚款。公司经理对此很不理解，跑到税务机关辩称：本公司虽已开业两个月，但尚未做成一笔生意，没有收入又如何办理纳税申报呢？请你依照《税收征管法》分析并答出该公司的做法有无错误，如有错，错在哪里，应如何处理？

案例解析

有错误。依《税收征管法》的规定：纳税人必须依照法律、行政法规规定或者税务机关依照法律、行政法规的规定确定的申报期限、申报内容如实办理纳税申报，报送纳税申报表、财务会计报表以及税务机关根据实际需要要求纳税人报送的其他纳税资料。该公司虽未做生意，亦应申报零纳税申报。依《税收征管法》第六十二条规定：由税务机关责令限期改正，可以处2 000元以下的罚款。

第1节　纳税申报管理

纳税申报是纳税人在发生纳税义务后，按照税法规定的期限和内容向主管税务机关提交有关纳税书面报告的法律行为，是界定纳税人法律责任的主要依据，是税务机关税收管理信息的主要来源。纳税申报制度的实质是明确了纳税申报是纳税人必须履行的一项法定义务。纳税人、扣缴义务人必须依照税法规定办理纳税申报或税款扣缴报告，并承担相应的法律责任。

一、纳税申报对象

《税收征管法》第二十五条规定，纳税人必须依照法律、行政法规或者税务机关依照法律、行政法规的规定确定的申报期限、申报内容如实办理纳税申报，报送纳税申报表、财务会计报表以及税务机关根据实际需要要求纳税人报送的其他纳税资料。扣缴义务人必须依照法律、行政法规规定或者税务机关依照法律、行政法规确定的申报期限、申报内容如实报送代扣代缴、代收代缴税款报告表以及税务机关根据实际需要要求扣缴义务人报送的其他有关资料。

因此，纳税申报的对象为纳税人和扣缴义务人。纳税人包括：从事生产、经营活动负有纳税义务的企业、事业单位、其他组织和个人。临时取得应税收入或发生应税行为，以及其他不从事生产、经营活动但依照法律、行政法规的规定负有纳税义务的单位和个人。扣缴义务人是在经济活动中，与纳税人之间有支付和收入关系，由税务机关根据法律、行政法规，赋予代收、代扣代缴义务的单位和个人。

二、纳税申报内容

主要体现在各税种的纳税申报表和代扣代缴、代收代缴税款报告表中，还有的体现在随纳税申报表附报的财务报表和有关纳税资料中。纳税人、扣缴义务人的纳税申报或者代扣代缴、代收代缴税款报告表的主要内容包括：税种、税目，应纳税项目或者应代扣代缴、代收代缴税款项目，计税依据，扣除项目及标准，适用税率或者单位税额，应退税项目及税额、应减免税项目及税额，应纳税额或者应代扣代缴、代收代缴税额，税款所属期限，延期缴纳税款，欠税、滞纳金等。

三、纳税申报管理期限

（1）法律、行政法规明确规定的；

（2）税务机关按照法律、行政法规的原则规定，结合纳税人生产经营的实际情况及其所应缴纳的税种等相关问题予以确定的。

两种期限具有相同的法律效力。

四、延期纳税申报

延期纳税申报，是指纳税人、扣缴义务人基于法定原因，不能在法律、行政法规规定或者税务机关依照法律、行政法规的规定确定的申报期内办理纳税申报或者向税务机关报送代扣代缴、代收代缴报告表的，经税务机关核准，允许延长一定的时间，在核准的期限内办理申报的一项税务管理制度。办理延期纳税申报，必须符合下列条件：

（1）纳税人必须是办理了税务登记的固定从事生产经营的纳税人，且要有以下情况之一：

①在法定纳税申报期限内或者代扣代缴、代收代缴税款期限内，财务未处理完毕，不能计算应纳税额或者代扣、代收税额，无法按期办理纳税申报或者报送代扣代缴、代收代缴税款报告表的。

②在法定的纳税申报期限内或者报送代扣代缴、代收代缴税款报告期限内，纳税人、扣

缴义务人因不可抗力影响，不能按期办理纳税申报或者报送代扣代缴、代收代缴税款报告表的。

（2）纳税人、扣缴义务人申请延期纳税申报或者延期报送代扣代缴、代收代缴税款报告表的，必须在法定纳税申报期限内提出。对逾期提出的延期申请，税务机关不予受理。纳税人、扣缴义务人逾期不提出延期申请的，视为放弃延期申请的权利，对逾期未申报并造成拖欠税款的，税务机关要依法进行处罚。

（3）纳税人、扣缴义务人关于延期纳税申报的申请，必须经县以上税务局（分局）批准，不得擅自延期申报。获准延期申报的纳税人，应当在纳税期内按照上期实际缴纳税额或税务机关核定的税款预缴税款，并在核准的延期内办理税款结算。

【例题3-1·单选题】下列关于纳税申报的说法不正确的是（　　）。

A. 实行定期定额方式缴纳税款的纳税人，可以实行简易申报、简并征期等申报纳税方式

B. 纳税人在规定的期限办理纳税申报确有困难需要延期的，可以在规定的期限内向税务机关提出书面延期申请，延期纳税

C. 纳税人办理了延期纳税申报的，应当在纳税期限内先预缴税款

D. 纳税人享受定期减免税的，在减免税期间应当按照规定办理纳税申报

【正确答案】B

【答案解析】选项B，应该是延期申报，而不是延期纳税。

五、纳税申报要求

纳税人办理纳税申报时，应当如实填写纳税申报表，并根据不同的情况相应报送下列有关证件、资料：

（1）财务会计报表及其说明材料；

（2）与纳税有关的合同、协议书及凭证；

（3）税控装置的电子报税资料；

（4）外出经营活动税收管理证明和异地完税凭证；

（5）境内或者境外公证机构出具的有关证明文件；

（6）税务机关规定应当报送的其他有关证件、资料。

扣缴义务人办理代扣代缴、代收代缴税款报告时，应当如实填写代扣代缴、代收代缴税款报告表，并报送代扣代缴、代收代缴税款的合法凭证以及税务机关规定的其他有关证件、资料。

六、纳税申报的方式

1. 直接申报

直接申报，即上门申报，是指纳税人、扣缴义务人在规定的申报期限内，直接到主管税务机关办理纳税申报、代扣（收）代缴税款报告手续的一种方式。它是税收征管法所规定的主要申报方式。

2. 邮寄申报

邮寄申报，是指纳税人、扣缴义务人经税务机关批准在规定的申报期限内，通过邮寄方

式向主管税务机关报送纳税申报表、代扣（收）代缴税款报告及有关纳税资料，办理申报手续的一种申报方式。

3. 数据电文申报

数据电文申报，也称电子申报，是指纳税人、扣缴义务人经税务机关批准在规定的申报期限内，通过税务机关确定的电话语音、电子数据交换和网络传输等电子方式，向主管税务机关办理纳税申报、代扣（收）代缴税款报告的一种申报方式。

4. 自行申报

自行申报，是指由纳税人、扣缴义务人自行填写纳税申报表、代扣（收）代缴税款报告表，自行办理申报手续的一种申报方式。

5. 代理申报

代理申报，是指纳税人、扣缴义务人委托具有代理执业资格的税务代理人代为填写纳税申报表、代扣（收）代缴税款报告表，代为办理申报手续的一种申报方式。通过代理申报，可以帮助、指导纳税人正确履行纳税义务，维护国家利益和纳税人自身的合法权益。

6. 简易申报与简并征期

《税收征管法实施细则》第三十六条规定，实行定期定额缴纳税款的纳税人，可以实行简易申报、简并征期等纳税申报方式。简易申报是指实行定期定额缴纳税款的纳税人在法律、行政法规规定的期限或者在税务机关依照法律、行政法规的规定确定的期限内缴纳税款的，税务机关可以视同申报；简并征期是指实行定期定额缴纳税款的纳税人，经税务机关批准，可以采取将纳税期限合并为按季、半年、年的方式缴纳税款，具体期限由省级税务机关根据具体情况确定。

七、纳税申报的受理与审核

1. 受理申报

税务机关应及时受理纳税人、扣缴义务人报送的纳税申报表及有关资料，并记录受理时间，以此作为判断纳税人是否按时进行纳税申报、是否承担相应法律责任的法律依据。

2. 审核

对纳税人、扣缴义务人报送的申报表，税务机关应审核其逻辑性和合法性。具体审核申报时间是否及时，内容是否真实可靠，计算是否准确无误，填写是否完整有效等。税务机关对申报表的审核包括缴税前审核和缴税后审核两种方式。目前大多数地区都采用缴税前审核，审核后再开票征收。其优点是将申报表中出现的各种错误尽可能在缴税前予以纠正，方便事后对申报表的处理。缺点是征收期内申报表的审核工作量大，缴税时间长，容易出现纳税排长队的问题。在集中征收程度较高、征期纳税人较多的税务机关，为提高工作效率，并避免纳税人耗费过长时间，应采用先缴税、后集中录入申报表，由计算机自动审核的方法。

3. 资料移送

纳税申报表经审核无误，由税务机关加盖“已申报”印章后录入计算机，转送税款征收窗口征收税款，并按月装订成册，作为会计核算凭证。对经审核发现纳税申报表内逻辑关系不符或填写有误、项目不全的，应当通知纳税人限期改正，逾期不改正的，转交稽查部门处理。对纳税人连续申报无收入或申报零税额及负税额申报的，由税款核算部门提交税务稽查部门作为重点稽查的对象。

4. 纳税申报资料的分类管理

税务机关对纳税人报送的纳税申报资料进行定期整理、分析，依据纳税人申报税额的多少、业务处理能力的高低、纳税申报的真实程度、纳税申报态度的好坏以及税款征收部门、稽查部门反馈的信息资料等对纳税人进行分类，实行分类管理。

八、纳税申报的法律责任

《税收征管法》第六十二条规定，纳税人未按照规定的期限办理纳税申报和报送纳税资料的，或者扣缴义务人未按照规定的期限向税务机关报送代扣代缴、代收代缴税款报告表和有关资料的，由税务机关责令限期改正，可以处 2 000 元以下的罚款；情节严重的，可以处 2 000 元以上 10 000 元以下的罚款。

《税收征管法》第六十四条规定，纳税人、扣缴义务人编造虚假计税依据的，由税务机关责令限期改正，并处以 50 000 元以下的罚款。

纳税人不进行纳税申报，不缴或者少缴应纳税款的，由税务机关追缴其不缴或者少缴的税款、滞纳金，并处不缴或者少缴的税款 50% 以上 5 倍以下的罚款。

第 2 节 纳税评估管理

一、纳税评估概述

广义的纳税评估指相关主体（税务机关和中介服务机构甚至纳税人自己）对各种经济活动和涉税事项从税收角度进行的分析评析，包括涉税的资产评估、正常交易评估、税收遵从评估、税务风险评估等。

狭义的纳税评估，如 2005 年 3 月国家税务总局《纳税评估管理办法（试行）》（国税发〔2005〕43 号）的规定，所谓纳税评估，是指税务机关运用数据信息对比分析的方法，对纳税人和扣缴义务人纳税申报情况的真实性、准确性和合理性做出定性和定量的判断，并采取进一步征管措施的管理行为。

开展纳税评估工作，一般应在纳税申报期满之日起 3 年内进行。涉及少缴税款金额在 10 万元以上的，可以延长至 5 年内进行。纳税人未按期履行纳税申报义务的，税务机关也可以按本办法的规定实施纳税评估。税务机关可运用《税收征管法》赋予税务机关的职权组织实施纳税评估；发挥信息技术对纳税评估工作的支撑作用，不断提高纳税评估工作的质量和效率。

二、纳税评估主要内容

按照国家税务总局《纳税评估管理办法（试行）的通知》的规定，纳税评估主要工作内容包括：根据宏观税收分析和行业税负监控结果以及相关数据设立评估指标及其预警值；综合运用各类对比分析方法筛选评估对象；对所筛选出的异常情况进行深入分析并做出定性和定量的判断；对评估分析中发现的问题分别采取税务约谈、调查核实、处理处罚、提出管理建议、移交稽查部门查处等方法进行处理；维护更新税源管理数据，为税收宏观分析和行业税负监控提供基础信息等。

三、纳税评估与税务稽查的区别

（1）性质不同。税务稽查属于法定程序，侧重对涉税违法行为的打击和惩罚，带有明显的打击性。

（2）程序不同。税务稽查具有严密且施行了相当长时间的税务稽查工作规程，每一个环节都向纳税人或相关人员送达税务文书，从检查之前到结案，有《税务检查通知书》《调账通知书》《税务处理决定文书》等。

（3）处理方式不同。税务稽查中，相关人员违法行为一旦核实，依照《征管法》，不仅需要补税、加收滞纳金，对相关责任人处以查补税款50%以上5倍以下的罚款，必要时还可能移送司法部门追究刑事责任。

（4）不经评估、不得稽查。目前纳税评估是发达国家一种通行的日常税收管理方式，评估多、稽查少。纳税评估与稽查分界点为是否立案检查，是否涉嫌偷税、逃税、骗税和抗税犯罪。

四、纳税评估的方法

1. 案头审核

案头审核是指评估机构及人员对纳税人申报纳税资料进行案头的初步审核比对，以确定进一步评估分析的方向和重点的一种评估方法。

2. 指标比较

指标测算是指评估机构及人员通过各项指标与相关数据的测算，设置相应的预警值，将纳税人的申报数据与预警值相比较的一种评估方法。

3. 数据对比

数据对比包括横向对比与纵向对比。横向对比是指评估机构及人员将纳税人申报数据与财务会计报表数据进行比较、与同行业相关数据或类似行业同期相关数据进行横向比较的一种评估方法。纵向对比是指评估机构及人员将纳税人申报数据与历史同期相关数据进行纵向比较的一种评估方法。

4. 关联分析

关联分析是指评估机构及人员根据不同税种之间的关联性和钩稽关系，参照相关预警值进行税种之间的关联性分析，分析纳税人应纳相关税种的异常变化的一种评估方法。

5. 情况对照

情况对照是指评估机构及人员应用税收管理员日常管理中所掌握的情况和积累的经验，将纳税人申报情况与其生产经营实际情况相对照，分析其合理性，以确定纳税人申报纳税中存在的问题及其原因的一种评估方法。

6. 综合比照

综合比照是指评估机构及人员通过对纳税人生产经营结构，主要产品能耗、物耗等生产经营要素的当期数据、历史平均数据、同行业平均数据以及其他相关经济指标进行比较，推测纳税人实际纳税能力的一种评估方法。

五、纳税评估的基本流程

1. 初步审核

初步审核首先确定评估对象。可以是计算机批发式对碰数据发掘疑点，也可以人工根据税务登记、税源管理、申报征收、工商登记等内外部信息，初步分析收集到数据资料发掘疑点。

2. 案头审核

评估人员按照国家税收政策和法律法规，进一步细化人工案头分析数据，从逻辑关系公式、运用指标、模型，审核比对、综合分析上述采集到的纳税评估数据进行加工、筛选出疑点，求证预估风险是否存在。

3. 约谈举证

约谈举证是指纳税评估人员通过案头的比对分析和所取得外部信息交叉核实，初步认为属疑点问题但仍缺乏足够的证据，通过电话或约请纳税人到税务机关进行解释、说明，纳税人对疑点问题进行陈述申辩。

4. 实地核查

实地核查是评估人员针对评估对象的疑点问题，深入企业对其生产经营、财务核算及纳税等情况进行实地调查、核实和取得证据的过程。

【例题 3－2 · 多选题】下列纳税人应作为纳税评估重点分析对象的有（　　）。

A. 办理延期纳税申报的纳税人　　B. 税负异常变化的纳税人

C. 纳税信用等级低下的纳税人　　D. 重点税源户

E. 税务稽查中未发现问题的纳税人

【正确答案】BCD

【答案解析】综合审核对比分析中发现有问题或疑点的纳税人要作为重点评估分析对象；重点税源户、特殊行业的重点企业、税负异常变化、长时间零税负和负税负申报、纳税信用等级低下、日常管理和税务检查中发现较多问题的纳税人要列为纳税评估的重点分析对象。

六、纳税评估结果处理及纳税评估报告

1. 纳税评估结果处理

（1）自行改正。对纳税评估中发现的计算和填写错误、政策和程序理解偏差等一般性问题，或存在的疑点问题经约谈、举证、调查核实等程序认定事实清楚，不具有偷税等违法嫌疑，无需立案查处的，可提请纳税人自行改正。

（2）督促落实。需要纳税人自行补充的纳税资料，以及需要纳税人自行补正申报、补缴税款、调整账目的，税务机关应督促纳税人按照税法规定逐项落实。

（3）约谈。对纳税评估中发现的需要提请纳税人进行陈述说明、补充提供举证资料等问题，应由主管税务机关约谈纳税人。

①约谈的条件。税务约谈要经所在税源管理部门批准并事先发出《税务约谈通知书》，提前通知纳税人。

②约谈的对象。税务约谈的对象主要是企业财务会计人员。因评估工作需要，必须约谈

企业其他相关人员的，应经税源管理部门批准并通过企业财务部门进行安排。纳税人也可以委托具有执业资格的税务代理人进行税务约谈。税务代理人代表纳税人进行税务约谈时，应向税务机关提交纳税人委托代理合法证明。纳税人因特殊困难不能按时接受税务约谈的，可向税务机关说明情况，经批准后延期进行。

③对约谈中问题的处理。在纳税评估中，评估机构和人员对评估中所发现的问题可以采用调查核实、移交稽查部门、移交上级机关及做出评估报告等方式来处理。具体内容如下：调查核实；移交稽查部门；移交上级机关；做出评估报告。

2. 纳税评估工作报告

纳税评估工作报告应包括以下内容，纳税评估对象的基本情况，选案分析、案头分析和纳税评估估算情况及评估处理意见。

【例题 3－3 · 多选题】 关于纳税评估，下列说法正确的有（　　）。

A. 纳税评估工作主要由基层税务机关的稽查部门及其税务稽查员负责

B. 纳税评估的对象是综合审核对比分析中发现有问题或疑点的纳税人

C. 纳税评估中发现纳税人有偷税、逃避追缴欠税等税收违法行为嫌疑的，要移交税务稽查部门处理

D. 纳税评估分析报告和纳税评估工作底稿可以作为行政复议和诉讼依据

E. 纳税评估中，对重点税源户，要保证每年至少重点评估分析一次

【正确答案】 CE

【答案解析】 选项 A，纳税评估工作主要由基层税务机关的税源管理部门及其税收管理员负责；选项 B，纳税评估的对象为主管税务机关负责管理的所有纳税人及其应纳所有税种，发现有问题或疑点的纳税人要作为重点评估分析对象；选项 D，纳税评估分析报告和纳税评估工作底稿是税务机关内部资料，不发给纳税人，不作为行政复议和诉讼依据。

第 3 节　纳税信用管理

古语言：“人而无信，不知其可也”。随着纳税信用体系建设的不断完善，纳税信用的含金量越来越高，它成为纳税人参与市场竞争的重要的无形“资产”。纳税信用评价共分为 A 级、B 级、M 级、C 级、D 级。

一、纳税信用管理概述

纳税信用管理，是指税务机关对纳税人的纳税信用信息开展的采集、评价、确定、发布和应用等活动。纳税信用管理遵循客观公正、标准统一、分级分类、动态调整的原则。

已办理税务登记，从事生产、经营并适用查账征收的企业纳税人适用《纳税信用管理办法（试行）》（国家税务总局公告〔2014〕第 40 号）。扣缴义务人、自然人纳税信用管理办法由国家税务总局另行规定。个体工商户和其他类型纳税人的纳税信用管理办法由省税务机关制定。2019 年 11 月，国家税务总局发布《国家税务总局关于纳税信用修复有关事项的公告》，自 2020 年 1 月 1 日起，对纳入纳税信用管理的企业纳税人通过做出信用承诺、纠正

失信行为等方式开展纳税信用修复，进一步鼓励和引导纳税人增强依法诚信纳税意识，积极构建以信用为基础的新型税收监管机制。

二、纳税信用信息采集

纳税信用信息采集是指税务机关对纳税人纳税信用信息的记录和收集。纳税信用信息包括纳税人信用历史信息、税务内部信息、外部信息。纳税人信用历史信息包括基本信息和评价年度之前的纳税信用记录，以及相关部门评定的优良信用记录和不良信用记录。税务内部信息包括经常性指标信息和非经常性指标信息。外部信息包括外部参考信息和外部评价信息。纳税信用信息采集工作由国家税务总局和省税务机关组织实施，按月采集。

三、纳税信用评价

纳税信用评价采取年度评价指标得分和直接判级方式。年度评价指标得分采取扣分方式。纳税人评价年度内经常性指标和非经常性指标信息齐全的，从 100 分起评；非经常性指标缺失的，从 90 分起评。直接判级适用于有严重失信行为的纳税人。

评价指标包括税务内部信息和外部评价信息。外部参考信息在年度纳税信用评价结果中记录，与纳税信用评价信息形成联动机制，纳税信用评价周期为一个纳税年度。A 级年度评价指标得分 90 分以上；B 级年度评价指标得分 70 分以上不满 90 分；M 级新设立企业或评价年度内无生产经营业务收入且年度评价指标得分 70 分以上；C 级年度评价指标得分 40 分以上不满 70 分；D 级年度评价指标得分不满 40 分或者直接判级确定。

四、纳税信用评价结果的确定和发布

纳税信用评价结果的确定和发布遵循谁评价、谁确定、谁发布的原则。税务机关每年 4 月确定上一年度纳税信用评价结果，并为纳税人提供自我查询服务。纳税人对纳税信用评价结果有异议的，可以书面向作出评价的税务机关申请复评。作出评价的税务机关应按《纳税信用管理办法（试行）》第三章规定进行复核。

五、纳税信用评价结果的应用

税务机关按照守信激励、失信惩戒的原则，对不同信用级别的纳税人实施分类服务和管理。

（1）对纳税信用评价为 A 级的纳税人，税务机关给予激励措施。

（2）对纳税信用评价为 B 级的纳税人，税务机关实施正常管理，适时进行税收政策和管理规定的辅导，并视信用评价状态变化趋势选择性地提供《纳税信用管理办法（试行）》第二十九条的激励措施。

（3）对纳税信用评价为 C 级的纳税人，税务机关应依法从严管理，并视信用评价状态变化趋势选择性地采取《纳税信用管理办法（试行）》第三十二条的管理措施。

（4）对纳税信用评价为 D 级的纳税人，税务机关应采取相应惩罚措施。

目前税务总局与有关金融机构合作，开发“税易贷”产品，对诚信的纳税人提供融资便利，有效缓解了小微企业融资难问题。共青团中央与保险机构合作，对优秀青年志愿者提供更加便利的保险服务。

【例题 3-4·多选题】税务机关予以纳税信用评价为 A 级的纳税人的激励措施有（　）。

A. 主动向社会公告年度 A 级纳税人名单

B. 一般纳税人可单次领取 1 个月的增值税发票用量

C. 普通发票按需领用

D. 税务机关与相关部门实施的联合激励措施

【正确答案】ACD

六、重大税收违法案件信息公布制度

为维护正常的税收征收管理秩序，惩戒严重涉税违法行为，税务机关依照《重大税收违法失信案件信息公布办法》的规定，向社会公布重大税收违法案件信息，并将信息通报相关部门，共同实施严格监管和联合惩戒。公布重大税收违法案件信息和对当事人实施惩戒，应当遵循依法行政、公平公正、统一规范的原则。按照谁检查、谁负责的原则，对公布的案件实施检查的税务机关对公布案件信息的合法性、真实性和准确性负责。

【例题 3-5·多选题】下列属于"重大税收违法案件"的有（　）。

A. 纳税人通过少列收入少缴应纳税款，查补税款金额 98 万元，占当年各税种应纳税总额 15%

B. 纳税人欠缴税款金额 150 万元

C. 骗取国家出口退税款

D. 私自印制、伪造、变造发票

【正确答案】BCD

本章小结

纳税申报是纳税人在发生纳税义务后，按照税法规定的期限和内容向主管税务机关提交有关纳税书面报告的法律行为，是界定纳税人法律责任的主要依据，是税务机关税收管理信息的主要来源。纳税申报方式包括直接申报、邮寄申报、数据电文申报、自行申报、代理申报、简易申报与简并征期。纳税评估是指税务机关运用数据信息对比分析的方法，对纳税人和扣缴义务人纳税申报情况的真实性、准确性和合理性做出定性和定量的判断，并采取进一步征管措施的管理行为。纳税评估方法包括案头审核、指标比较、数据对比、关联分析、情况对照、综合比照。纳税评估基本流程包括初步审核、案头审核、约谈举证、实地核查。纳税评估结果处理包括自行改正、督促落实、约谈。纳税信用评价共分为 A 级、B 级、M 级、C 级、D 级。纳税信用管理是税务机关依照规定，向社会公布重大税收违法案件信息，并将信息通报相关部门，共同实施严格监管和联合惩戒。

关键术语

纳税评估　　纳税信用管理　　纳税申报　　数据电文申报　　关联分析

复习思考题

1. 纳税申报法律责任有哪些？
2. 纳税评估主要内容有哪些？
3. 纳税评估方法有哪些？
4. 纳税评估基本流程有哪些？
5. 纳税信用如何评价？

第4章　税款征收管理

本章要点

1. 核定征收的情形及方法；
2. 税收保全措施；
3. 税收强制执行措施；
4. 税款的退还、追征与补缴；
5. 延期纳税的适用条件；
6. 欠税管理的各项措施；
7. 减免税管理；
8. 相关税收法律责任。

导入案例

某税务所2020年第二季度对本辖区的纳税情况进行摸底后，6月底发出通知，决定对某纳税人7月至12月的定额税款由原来的3 000元调高为35 000元。该纳税人不服，在同行中散布说到7月底要离开此地，并不打算缴纳7月份的税款。该税务所得到消息责令纳税人在7月25日前缴纳税款。7月20日发现纳税人开始转移其货物，于是责令纳税人提供税务担保，纳税人不提供，随即税务所书面通知纳税人的开户银行从存款中扣缴税款2 000元入库。你认为税务所的行为恰当吗？请说明理由。

案例解析

①不应当采取税收强制执行措施；②其可以采取税收保全措施。经县以上税务局局长批准，可以采取保全措施，书面通知该纳税人开户银行暂停支付纳税人2 000元存款。

第1节　税款征收原则和方式

一、税款征收概述

税款征收是税务机关依照法律、行政法规的规定将纳税人应纳的税款组织入库的一系列活动的总称。从纳税人角度看，税款征收过程同时也是缴纳税款的过程。通过税款征收使征纳双方的权利和义务得以实现。

税款征收是税务管理的中心环节，是全部税收征管工作的目的和归宿。在整个税收工作中占有核心地位。

二、税款征收的原则

税款征收是税务管理工作的中心环节，有其应遵循的原则及方式如下：

（1）唯一主体原则。所谓唯一主体原则即指税务机关是征税的唯一行政主体的原则。《征管法》第五条明确了税收管理权，确立了税务机关征税主体的法律地位。在税款征收这一章中，进一步明确了税务机关是税款征收的唯一行政主体的地位。《征管法》第二十九条和第四十一条均有明确规定。

（2）税收法定原则。所谓税收法定原则是指税务机关只能依照法律、行政法规的规定征收税款，即税务机关必须依法治税。

（3）税务机关不得违反法律、行政法规的规定开征、停征、多征、少征、提前征收、延缓征收或者摊派税款。

（4）税务机关征收税款必须遵守法定权限和法定程序的原则。

（5）税务机关征收税款或扣押、查封商品、货物或其他财产时，必须向纳税人开具完税凭证或开付扣押、查封的收据或清单。

（6）税款、滞纳金、罚款统一由税务机关上缴国库。

（7）税款优先的原则。所谓税款优先原则即指纳税人缴纳税款优先于支付各种款项和偿还各种债务。征管法第一次在税收法律上确定了税款优先的地位，确定了税款征收在纳税人支付各种款项和偿还债务时的顺序。

三、税款征收方式

税款征收方式是指税务机关对纳税人应纳的税款从计算核定到征收入库所采取的具体征税形式或方法。它存在于税款的计算、核定、缴纳这一运动过程之中，是这一过程的程序和手续的总称。税务机关应根据纳税人的生产经营及财务管理情况，本着便于征收管理的原则，对不同的纳税人分别确定税款征收方式。税务部门一般采用如下征收方式进行税款征收。

1. 查账征收

查账征收是指税务机关对会计核算制度比较健全的纳税人，依据其报送的纳税申报表、财务会计报表和其他有关纳税资料，计算应纳税款，填写缴款书或完税凭证，由纳税人到银行划解税款的征收方式。这种方式一般适用于财务会计制度较为健全，能够认真履行纳税义务的纳税单位。

2. 查定征收

查定征收是指税务机关对财务不全，但能控制其材料、产量或进销货物的纳税单位和个人，根据纳税户正常条件下的生产能力，对其生产的应税产品确定产量、销售额并据以核算税款的一种征收方式。这种方式适用于生产规模较小、会计核算不健全的作坊式小企业。

3. 查验征收

查验征收是指税务机关对纳税人的应税商品、产品，通过查验数量，按市场一般销售单价计算其销售收入，并据以计算应纳税款的一种征收方式。这种方式适用于城乡集贸市场的临时经营以及场外如火车站、机场、码头、公路交通要道等地经销商品的课税，其灵活性较大。

4. 定期定额征收

定期定额征收是指对某些营业额、利润额不能准确计算的小型个体工商户，采取自报评议，由税务机关定期确定营业额和所得额附征率，多税种合并征收的一种征收方式。这种方式适用于一些无完整考核依据的纳税人。

5. 代扣代缴、代收代缴

（1）代扣代缴是指按照税法规定，负有扣缴税款义务的法定义务人负责对纳税人应纳的税款进行代扣代缴的方式。即由支付人在向纳税人支付款项时，从所支付的款项中依法直接扣收税款并代为缴纳，其目的在于对零星分散、不易控管的税源实行源泉控制。如目前我国对纳税人课征的个人所得税、预提所得税就是采取代扣代缴的源泉扣缴形式。

（2）代收代缴是指按照税法规定，负有收缴税款义务的法定义务人，负责对纳税人应纳的税款进行代收代缴的方式。即由与纳税人有经济业务往来的单位和个人在向纳税人收取款项时依法收取税款，并向税务机关解缴，其目的在于对税收网络覆盖不到或者难以征收的领域实行源泉控管。如委托加工应纳消费税产品的代收代缴税款。

6. 委托代征

委托代征是受委托的有关单位按照税务机关核发的代征证书的要求，以税务机关的名义向纳税人征收一些零星税款的方式。目前，各地对零散、不易控管的税源，大多是委托街道办事处、居委会、乡政府、村委会及交通管理部门等代征税款。但要注意的是，被委托人只能以税务机关的名义进行征收税款，并且没有行政处罚权。

7. 网上自报自缴

网上自报自缴指由纳税人在网上根据税法规定自行计算应纳税款，自行填入规定的申报表向税务机关申报，经税务机关审核后填发缴款书，由纳税人向国库或国库经收处缴纳税款的一种税款征收方法。

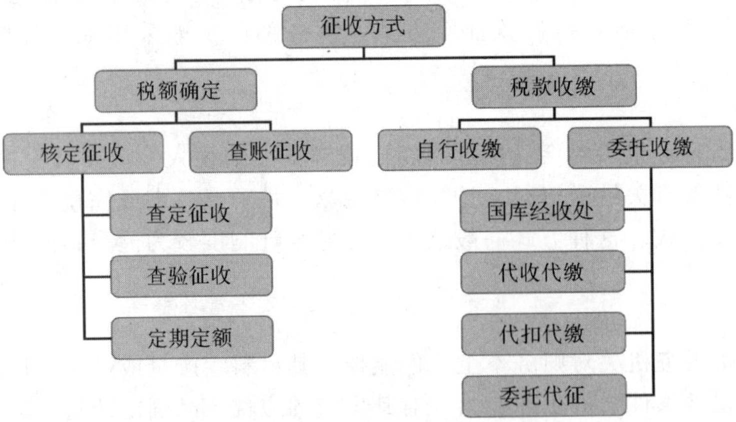

图 4－1　税款征收方式

【例题4-1·单选题】下列关于税款征收方式的陈述，不正确的是（　　）。

A. 查定征收一般适用于财务会计制度健全的纳税单位

B. 定期定额征收一般适用于小型个体工商户

C. 委托代征税款一般适用于零星、分散和异地缴纳的税款征收

D. 查验征收是指税务机关对纳税人的应税商品、产品，通过查验数量，按市场一般销售单价计算其销售收入，并据以计算应纳税款的一种征收方式

【正确答案】A

【答案解析】查定征收一般适用于账务不全，但能控制其材料、产量或进销货物的纳税单位或个人。

四、税款缴库方式

税款缴库方式是纳税人应纳税款和扣缴义务人扣收的税款缴入国库的具体方式。税务机关征收的税款都必须及时足额地缴入国库。国库是负责办理国家预算资金收入和支出的机构，是国家财政收支的保管和出纳机构。我国现行的税款缴库方式有：

1. 直接缴库

直接缴库是指纳税人或扣缴义务人直接向国库经收处缴纳税款的一种缴库方式。凡在银行开立账户的纳税人或扣缴义务人都应当根据不同的税款征收方式，自填和由税务机关填开税收缴款书，在规定的期限内直接向国库经收处缴纳税款。

2. 汇总缴库

汇总缴库是指税务机关直接向纳税人收取税款，并按照规定的期限向国库或国库经收处汇总解缴的一种缴库方式。这种方式主要适用于直接向国库经收处缴纳税款有困难，以及没有在银行开设结算账户的纳税人。如个体工商户、临时经营户或个人。

第2节　税款征收措施

税款征收措施是指税务机关为保证国家税收足量、及时征收，依据相关法律法规所采取的一系列具体征管制度、办法和措施。它的依据主要是《中华人民共和国税收征收管理法》及其《实施细则》。

税收征管法把税款征收过程中征纳双方应享有的权利、义务以及应遵循的制度、方式和措施以法律形式固定下来，对于税务机关依法征税、纳税人依法纳税，以及打击偷税、抗税等不法行为都有重要的作用。它是税务机关征收工作的行动指南，是征纳双方共同遵守的涉税行为规范。税款征收主要包括如下措施：

1. 核定税额征收

（1）核定税额的适用范围。根据《税收征管法》的规定，纳税人有下列情形之一的，税务机关有权核定其应纳税额：①依照法律、行政法规的规定可以不设置账簿的；②依照法律、行政法规的规定应当设置但未设置账簿的；③擅自销毁账簿或者拒不提供纳税资料的；④虽设置账簿，但账目混乱或者成本资料、收入凭证、费用凭证残缺不全，难以查账的；

⑤发生纳税义务，未按照规定的期限办理纳税申报，经税务机关责令限期申报，逾期仍不申报的；⑥纳税人申报的计税依据明显偏低，又无正当理由的。

（2）核定税额的方法及要求。根据《税收征管法》的规定，税务机关有权采用下列任何一种方法核定纳税人的应纳税额：①参照当地同类行业或者类似行业中经营规模和收入水平相近的纳税人的税负水平核定；②按照营业收入或者成本加合理的费用和利润的方法核定；③按照耗用的原材料、燃料、动力等推算或者测算核定；④按照其他合理方法核定。

采用前款所列一种方法不足以正确核定应纳税额时，可以同时采用两种以上的方法核定。

【例题4－2·多选题】税款征收措施中，下列情形税务机关有权核定其应纳税额的有（　　）。

A. 依照规定可以不设置账簿的

B. 依照规定应当设置但是没有设置账簿的

C. 虽设置账簿，但账目混乱或者成本资料、收入凭证、费用凭证残缺不全，难以查账的

D. 外国企业在中国境内设立的从事生产、经营的机构、场所与其关联企业之间的业务往来已按照独立企业之间的业务往来收取或者支付价款费用的

E. 规模较小，按查账征收征税成本较大的企业

【正确答案】ABC

【答案解析】选项D，关联企业间按独立企业业务往来收取或支付价款费用是符合税法规定的，税务机关不必核定其应纳税额；选项E，征税成本的大小不是核定应纳税额的理由。

2. 加收滞纳金制度

滞纳金是税务机关对未按规定期限缴纳税款的纳税人（包括扣缴义务人）按比例附加征收的金额，是税款的正常延伸。滞纳金制度是针对不按时履行纳税义务的当事人在欠缴国家税款时，自税款滞纳之日起加收滞纳金的制度。从立法意图上看，滞纳金制度不是一种处罚，而是纳税人占用国家税款所应支付的利息。因为，如果纳税人不按照纳税期限缴纳税款也不征收滞纳金的话，就等于纳税人无偿地占用了国家财政资金，这不仅有损于国家利益，也会造成纳税人之间的税负不公。

《税收征管法》第三十二条规定：纳税人未按照规定期限缴纳税款的，扣缴义务人未按照规定期限解缴税款的，税务机关除责令限期缴纳外，从滞纳税款之日起，按日加收滞纳税款万分之五的滞纳金。计算公式为：

应加收滞纳金数额＝滞纳税额×滞纳日期×加收率

滞纳税款是指超过纳税期限的最后一天应缴未缴的税款；滞纳天数是指纳税期限届满之次日到缴纳税款当天的天数；滞纳金加收率是指滞纳金占滞纳税款的比例，我国目前为万分之五。

3. 纳税担保

纳税担保是指经税务机关同意或确认，纳税人或其他自然人、法人、经济组织以保证、抵押、质押的方式，为纳税人应当缴纳的税款及滞纳金提供担保的行为。

纳税担保人包括以保证方式为纳税人提供纳税担保的纳税保证人和其他以未设置或者未

全部设置担保物权的财产为纳税人提供纳税担保的第三人。

（1）纳税担保范围。

①纳税担保适用范围。纳税人有下列情况之一，适用纳税担保：

第一，税务机关有根据认为从事生产、经营的纳税人有逃避纳税义务行为，在规定的纳税期之前应责令其限期缴纳应纳税款，在限期内发现纳税人有明显的转移、隐匿其应纳税的商品、货物以及其他财产或者应纳税收入的迹象，责成纳税人提供纳税担保的。

第二，欠缴税款、滞纳金的纳税人或者其法定代表人需要出境的。

第三，纳税人同税务机关在纳税上发生争议而未缴清税款，需要申请行政复议的。

第四，税收法律、行政法规规定可以提供纳税担保的其他情形。

②纳税担保范围。纳税担保的范围包括税款、滞纳金和实现税款、滞纳金的费用。费用包括抵押、质押登记费用，质押保管费用，以及保管、拍卖、变卖担保财产等相关费用支出。用于纳税担保的财产、权利的价值不得低于应当缴纳的税款、滞纳金，并考虑相关的费用。纳税担保的财产价值不足以抵缴税款、滞纳金的，税务机关应当向提供担保的纳税人或纳税担保人继续追缴。用于纳税担保的财产、权利的价格估算，除法律、行政法规另有规定外，由税务机关按照税收征管法实施细则的有关规定，参照同类商品的市场价、出厂价或者评估价估算。

（2）纳税保证。

①纳税保证人。纳税保证，是指纳税保证人向税务机关保证，当纳税人未按照税收法律、行政法规规定或者税务机关确定的期限缴清税款、滞纳金时，由纳税保证人按照约定履行缴纳税款及滞纳金的行为。

纳税保证必须经税务机关认可，税务机关认可的，保证成立；税务机关不认可的，保证不成立。

纳税保证为连带责任保证，纳税人和纳税保证人对所担保的税款及滞纳金承担连带责任。当纳税人在税收法律、行政法规或税务机关确定的期限届满未缴清税款及滞纳金的，税务机关即可要求纳税保证人在其担保范围内承担保证责任，缴纳担保的税款及滞纳金。

第一，纳税保证人，是指在中国境内具有纳税担保能力的自然人、法人或者其他经济组织。法人或其他经济组织财务报表资产净值超过需要担保的税额及滞纳金 2 倍以上的，自然人、法人或其他经济组织所拥有或者依法可以处分的未设置担保的财产的价值超过需要担保的税额及滞纳金的，为具有纳税担保能力。

国家机关，学校、幼儿园、医院等事业单位、社会团体不得作为纳税保证人。

企业法人的职能部门不得作为纳税保证人。企业法人的分支机构有法人书面授权的，可以在授权范围内提供纳税担保。

第二，不得作为纳税保证人的情形，有以下情形之一的，不得作为纳税保证人：有偷税、抗税、骗税、逃避追缴欠税行为被税务机关、司法机关追究过法律责任未满 2 年的；因有税收违法行为正在被税务机关立案处理或涉嫌刑事犯罪被司法机关立案侦查的；纳税信誉等级被评为 C 级以下的；在主管税务机关所在地的市（地、州）没有住所的自然人或税务登记不在本市（地、州）的企业；无民事行为能力或限制民事行为能力的自然人；纳税人存在担保关联关系的；有欠税行为的。

②纳税保证的办理。纳税保证人同意为纳税人提供纳税担保的，应当填写纳税担保书。

纳税担保书须经纳税人、纳税保证人签字盖章并经税务机关签字盖章同意方为有效。纳税担保从税务机关在纳税担保书签字盖章之日起生效。

③保证期限与保证责任。

第一，保证期限，保证期间为纳税人应缴纳税款期限届满之日起60日，即税务机关自纳税人应缴纳税款的期限届满之日起60日内有权要求纳税保证人承担保证责任，缴纳税款、滞纳金。

履行保证责任的期限为15日，即纳税保证人应当自收到税务机关的纳税通知书之日起15日内履行保证责任，缴纳税款及滞纳金。

纳税保证期间内税务机关未通知纳税保证人缴纳税款及滞纳金以承担担保责任的，纳税保证人免除担保责任。

第二，保证责任，纳税人在规定的期限届满未缴清税款及滞纳金，税务机关在保证期限内书面通知纳税保证人的，纳税保证人应按照纳税担保书约定的范围，自收到纳税通知书之日起15日内缴纳税款及滞纳金，履行担保责任。

纳税保证人未按照规定履行保证责任的期限缴纳税款及滞纳金的，由税务机关发出责令限期缴纳通知书，责令纳税保证人在限期15日内缴纳。

逾期仍未缴纳的，经县以上税务局（分局）局长批准，对纳税保证人采取强制执行措施，通知其开户银行或其他金融机构从其存款中扣缴所担保的纳税人应缴纳的税款、滞纳金，或扣押、查封、拍卖、变卖其价值相当于所担保的纳税人应缴纳的税款、滞纳金的商品、货物或者其他财产，以拍卖、变卖所得抵缴担保的税款、滞纳金。

（3）纳税抵押。纳税抵押，是指纳税人或纳税担保人不转移对财产的占有，将该财产作为税款及滞纳金的担保。纳税人逾期未缴清税款及滞纳金的，税务机关有权依法处置该财产以抵缴税款及滞纳金。在纳税抵押关系中，以财产作抵押的纳税人或者纳税担保人为抵押人，税务机关为抵押权人，提供担保的财产为抵押物。

①抵押物范围。下列财产可以抵押：抵押人所有的房屋和其他地上定着物；抵押人所有的机器、交通运输工具和其他财产；抵押人依法有权处分的国有的房屋和其他地上定着物；抵押人依法有权处分的国有的机器、交通运输工具和其他财产；经设区的市、自治州以上税务机关确认的其他可以抵押的合法财产。

下列财产不得抵押：

土地所有权；土地使用权，但本办法第十六条规定的除外；学校、幼儿园、医院等以公益为目的的事业单位、社会团体、民办非企业单位的教育设施、医疗卫生设施和其他社会公益设施（但可以其教育设施、医疗卫生设施和其他社会公益设施以外的财产为其应缴纳的税款及滞纳金提供抵押）；所有权、使用权不明或者有争议的财产；依法被查封、扣押、监管的财产；依法定程序确认为违法、违章的建筑物；法律、行政法规规定禁止流通的财产或者不可转让的财产；经设区的市、自治州以上税务机关确认的其他不予抵押的财产。

②纳税抵押的办理。

第一，填写纳税担保书和纳税担保财产清单。纳税人提供抵押担保的，应当填写纳税担保书和纳税担保财产清单。纳税担保财产清单应当写明财产价值以及相关事项。纳税担保书和纳税担保财产清单须经纳税人签字盖章并经税务机关确认。

第二，办理抵押物登记。纳税抵押财产应当办理抵押物登记。纳税抵押自抵押物登记之日起生效。

③抵押物转让或灭失的处理。

第一，抵押物转让的处理。抵押期间，经税务机关同意，纳税人可以转让已办理登记的抵押物，并告知受让人转让物已经抵押的情况。纳税人转让抵押物所得的价款，应当向税务机关提前缴纳所担保的税款、滞纳金。超过部分，归纳税人所有，不足部分由纳税人缴纳或提供相应的担保。

第二，抵押物灭失的处理。在抵押物灭失、毁损或者被征用的情况下，税务机关应该就该抵押物的保险金、赔偿金或者补偿金要求优先受偿，抵缴税款、滞纳金。抵押物灭失、毁损或者被征用的情况下，抵押权所担保的纳税义务履行期未满的，税务机关可以要求将保险金、赔偿金或补偿金等作为担保财产。

④抵押担保责任的履行。

第一，不存在纳税担保人情形下的担保责任。在不存在纳税担保人的情形下，纳税人在规定的期限内未缴清税款、滞纳金的，税务机关应当依法拍卖、变卖抵押物，变价抵缴税款、滞纳金。

第二，存在纳税担保人情形下的担保责任。在存在纳税担保人的情形下，纳税担保人以其财产为纳税人提供纳税抵押担保的，按照纳税人提供抵押担保的规定执行；纳税担保书和纳税担保财产清单须经纳税人、纳税担保人签字盖章并经税务机关确认。

（4）纳税质押。纳税质押，是指经税务机关同意，纳税人或纳税担保人将其动产或权利凭证移交税务机关占有，将该动产或权利凭证作为税款及滞纳金的担保。

纳税人逾期未缴清税款及滞纳金的，税务机关有权依法处置该动产或权利凭证以抵缴税款及滞纳金。

①纳税质押的种类。纳税质押分为动产质押和权利质押。动产质押包括现金以及其他除不动产以外的财产提供的质押。汇票、支票、本票、债券、存款单等权利凭证可以质押。对于实际价值波动很大的动产或权利凭证，经设区的市、自治州以上税务机关确认，税务机关可以不接受其作为纳税质押。纳税人逾期未缴清税款及滞纳金的，税务机关有权依法处置该动产或权利凭证以抵缴税款及滞纳金。

②纳税质押的办理。纳税人提供质押担保的，应当填写纳税担保书和纳税担保财产清单并签字盖章。纳税担保财产清单应当写明财产价值及相关事项。纳税质押自纳税担保书和纳税担保财产清单经税务机关确认和质物移交之日起生效。以汇票、支票、本票、公司债券出质的，税务机关应与纳税人背书清单记载“质押”字样。以存款单出质的，应由签发的金融机构核押。以载明兑现或者提货日期的汇票、支票、本票、债券、存款单出质的，汇票、支票、本票、债券、存款单兑现日期先于纳税义务履行期或者担保期的，税务机关与纳税人约定将兑现的价款用于缴纳或者抵缴所担保的税款及滞纳金。

③质押担保责任的履行。纳税担保人以其动产或财产权利为纳税人提供纳税质押担保的，按照纳税人提供质押担保的规定执行；纳税担保书和纳税担保财产清单须经纳税人、纳税担保人签字盖章并经税务机关确认。

纳税人在规定的期限内缴清税款、滞纳金的，税务机关应当在 3 个工作日内将质物返还给纳税担保人，解除质押关系。

纳税人在规定的期限内未缴清税款、滞纳金的，税务机关应当在期限届满之日起 15 日内书面通知纳税担保人自收到纳税通知书之日起 15 日内缴纳担保的税款、滞纳金。纳税担保人未按照规定的期限缴纳所担保的税款、滞纳金，由税务机关责令限期在 15 日内缴纳；缴清税款、滞纳金的，税务机关自纳税担保人缴清税款及滞纳金之日起 3 个工作日内返还质物、解除质押关系；逾期仍未缴纳的，经县以上税务局（分局）局长批准，税务机关依法拍卖、变卖质物，抵缴税款、滞纳金。

④税务机关的赔偿责任。税务机关对纳税质押物负有妥善保管的义务。因保管不善致使质物灭失或者毁损，或未经纳税人同意擅自使用、出租、处分质物而给纳税人造成损失的，税务机关应当对直接损失承担赔偿责任。

纳税义务期限届满或担保期间，纳税人或者纳税担保人请求税务机关及时行使权利，而税务机关怠于行使权利致使质物价格下跌造成损失的，税务机关应当对直接损失承担赔偿责任。

4. 税收保全措施

（1）税收保全措施的概念。税收保全措施是指税务机关有根据认为纳税人有逃避纳税义务的行为，可以在规定的纳税期之前，责令纳税人限期缴纳应缴纳税款、滞纳金或者责成纳税人提供纳税担保；对逾期未缴纳又不能提供纳税担保的纳税人，经县以上税务局（分局）局长批准可以采取限制纳税人处理或转移商品、货物或其他财产等预防性的保全税收收入的措施。

（2）税收保全措施的适用条件。税收保全措施的贯彻实施，具有很强的政策性，在具体操作上，必须重证据，谨慎把握，以避免对纳税人的生产经营产生不利影响，引起法律纠纷。根据征管法第三十八条的规定，税务机关采取税收保全措施时要满足如下条件：

①税收保全措施的对象仅限于从事生产、经营的纳税人，而对于从事生产、经营以外的纳税人以及扣缴义务人和纳税担保人均不适用此项措施；

②实施税收保全措施必须有根据地认为纳税人有明显的转移、隐匿其应纳税的商品、货物及其他财产或应税收入等行为或迹象；

③实施税收保全措施的时间必须严格限定在税法规定的纳税期之前或责令限期缴纳税款的限期之内，如果超过了纳税期或在责令限期缴纳税款期满之后，税务机关强制纳税人履行纳税义务的行为不再属于税收保全措施实施范围；

④税收保全措施的实施应首先要求纳税人提供纳税担保，只有在纳税人不肯或不能提供纳税担保，才可以采取其他的税收保全措施；

⑤税收保全措施的实施必须得到县以上税务局（分局）局长批准。

（3）实施税收保全措施的形式和内容。

①实施保全措施的形式：责成纳税人提供纳税担保；书面通知纳税人开户银行或者其他金融机构暂停支付纳税人相当于应纳税款的存款；扣押、查封纳税人的价值相当于应纳税款的商品、货物或其他财产；离境清税制度。

②实施保全措施的具体内容。

第一，责成纳税人提供纳税担保。在限期内纳税人有明显转移应纳税的商品、货物，以及其他财产或者应纳税的收入的迹象的，税务机关可以责成纳税人提供纳税担保。

第二，书面通知纳税人开户银行或者其他金融机构暂停支付纳税人相当于应纳税款的存款。其他金融机构是指信托投资公司、农村信用社、城市信用社以及经中国人民银行批准设立的其他金融机构。纳税人的存款包括从事生产经营的个体工商户的储蓄存款。

第三，扣押、查封纳税人的价值相当于应纳税款的商品、货物或其他财产。税务机关执行扣押、查封商品、货物或者其他财产时，必须由两名以上税务人员执行，并通知被执行人。

第四，被执行人是公民的，应当通知被执行人或者其成年家属到场；被执行人是法人或其他组织的，应当通知其法人代表或者主要负责人到场，拒不到场的，不影响执行。

第五，通知出入境管理机关阻止其出境。对出境前未结清所欠税款的，税务机关责成纳税人提供纳税担保，对于不能提供纳税担保的由税务机关通知出入境管理机关阻止其出境。

（4）实施税收保全措施的法定程序。

①责令纳税人提前缴纳税款。税务机关有根据认为从事生产、经营的纳税人有逃避纳税义务行为的，可以在规定的纳税期之前，责令限期缴纳应纳税款。

②责成纳税人提供纳税担保。纳税担保是纳税人为及时足额履行纳税义务而向税务机关作出的保证。纳税担保一般有两种情况，其一是提供纳税担保金，其二是提供纳税担保人。其中，纳税担保人是指在中国境内具有纳税担保能力的公民、法人或其他经济组织。但政府机关不得作为纳税担保人。

③冻结纳税人的存款。纳税人不能提供纳税担保的，经县以上税务局（分局）局长批准，书面通知其开户银行或者其他金融机构冻结纳税人的金额相当于应纳税款的存款。

④扣押、查封纳税人的商品、货物或其他财产。如果纳税人在开户银行或者其他金融机构没有存款，或者税务机关无法掌握其存款情况的，税务机关可以扣押、查封纳税人的价值相当于应纳税款的商品、货物或其他财产。

从税收保全措施的适用程序上看，必须是：责令限期缴纳在先，纳税担保居中，税收保全措施断后。税收保全措施的贯彻实施，具有很强的政策性，在具体操作上，必须重证据，谨慎把握，以避免对纳税人的生产经营产生不利影响，引起法律纠纷。根据《征管法》第三十八条的规定，税务机关采取税收保全措施时要满足如下条件：税收保全措施的对象仅限于从事生产、经营的纳税人，而对于从事生产、经营以外的纳税人以及扣缴义务人和纳税担保人均不适用此项措施；实施税收保全措施必须有根据地认为纳税人有明显的转移、隐匿其应纳税的商品、货物及其他财产或应税收入等行为或迹象；实施税收保全措施的时间必须严格限定在税法规定的纳税期之前或责令限期缴纳税款的限期之内，如果超过了纳税期或在责令限期缴纳税款期满之后，税务机关强制纳税人履行纳税义务的行为不再属于税收保全措施实施范围；税收保全措施的实施应首先要求纳税人提供纳税担保，只有在纳税人不肯或不能提供纳税担保，才可以采取其他的税收保全措施；税收保全措施的实施必须得到县以上税务局（分局）局长批准。

（5）采取税收保全措施应注意的问题。

①个人及其所扶养家属维持生活必需的住房和用品，不在税收保全措施的范围之内。税务机关对单价 5 000 元以下的其他生活用品，不采取税收保全措施和强制执行措施。

个人所扶养家属，是指与纳税人共同居住生活的配偶、直系亲属以及无生活来源并由纳税人扶养的其他亲属。

纳税人拥有的机动车辆、金银饰品、古玩字画、豪华住宅或者一处以外的住房不属于《税收征管法》所称个人及其所扶养家属维持生活必需的住房和用品。

②扣押、查封的商品、货物或其他财产的数量，参照同类商品的市场价、出厂价或者评估价估算，以相当于应纳税款和有关费用的数额为限。应扣押、查封的商品、货物或者其他财产的价值，应当包括应纳税款、滞纳金和扣押、查封、保管、拍卖、变卖所发生的费用。

对价值超过应纳税额且不可分割的商品、货物或者其他财产，税务机关在纳税人无其他可供强制执行的财产的情况下，可以整体扣押、查封、拍卖，以拍卖所得抵缴税款、滞纳金、罚款以及扣押、查封、保管、拍卖等费用。

③税务机关扣押商品、货物或者其他财产时，必须开付收据；查封商品、货物或者其他财产时，必须开付清单。

④税务机关执行扣押、查封商品、货物或者其他财产时，应当由两名以上税务人员执行，并通知被执行人。被执行人是自然人的，应当通知被执行人本人或者其成年家属到场；被执行人是法人或者其他组织的，应当通知其法定代表人或者主要负责人到场；拒不到场的，不影响执行。

⑤实施扣押、查封时，对有产权证件的动产或者不动产，税务机关可以责令当事人将产权证件交税务机关保管，同时可以向有关机关发出协助执行通知书，有关机关在扣押、查封期间不再办理该动产或者不动产的过户手续。

对查封的商品、货物或者其他财产，税务机关可以指令被执行人负责保管，保管责任由被执行人承担。

继续使用被查封的财产不会减少其价值的，税务机关可以允许被执行人继续使用；因被执行人保管或者使用的过错造成的损失，由被执行人承担。

（6）税收保全措施的解除及责任。

①税收保全措施的解除。纳税人在规定的限期内缴纳税款，税务机关必须立即解除税收保全措施。如果纳税人在限期期满仍未缴纳税款的，经县以上税务局（分局）局长批准，税务机关可以书面通知纳税人开户银行或者其他金融机构从其冻结的存款中扣缴税款，或者依法拍卖或者变卖所扣押、查封的商品、货物或者其他财产，以拍卖或者变卖所得抵缴税款。

②与采取税收保全措施相关的法律责任。如果因税务机关滥用职权违法采取税收保全措施，或者采取税收保全措施不当，或者纳税人在限期内已缴纳了税款，税务机关未立即解除税收保全措施，致使纳税人的合法利益遭受损失的，税务机关应当承担赔偿责任。

【例题4－3·简答题】2021年7月4日，某县级税务局A了解到辖区内经销新鲜水果的个体工商户B打算在月末收摊回外地老家，并存在逃避缴纳7月份税款1 200元的可能。B系定期定额征收业户，依法应于每月10日前缴纳上月税款。7月5日，A税务所向B下达了限7月31日前缴纳7月份税款1 200元的通知。7月27日，A税务所发现B正联系货车准备将货物运走，于是，当天以该税务所的名义，由所长签发向B下达了扣押文书，由本所税务人员C带两名办税人员，将B价值约1 200元的新鲜水果扣押存放在某仓库里。7月31日11时，B到税务所缴纳了7月份税款1 200元，并要求税务所返还所扣押的水果，因存放水果的仓库的保管员未在，未能当时返还。8月2日15时，税务所将扣押的水果返还给B。B收到水果后，发现部分水果已经腐烂，损失水果价值约500元。B向税务所提出赔偿请求，税务所以扣押时未开箱查验为由不予受理。税务所的执法行为有哪些过错？请简要说明。

【答案解析】 税务所采取税收保全措施时存在以下过错：第一，违反法定程序。根据《税收征管法》第三十八条，实施税收保全措施的程序是责令限期缴纳在先，纳税担保居中，税收保全措施在后。该所未要求 B 提供纳税担保，直接进行扣押货物，违反了法定程序。第二，超越法定权限。根据《税收征管法》，采取税收保全措施应经县以上税务局（分局）局长批准，该所向 B 下达扣押货物文书未经局长批准。第三，执法不当。根据《税收征管法实施细则》，税务机关执行查封、扣押商品、货物或者其他财产时，必须由两名以上税务人员执行。本案中只有税务人员 C。办税人员不能代替税务人员执法。扣押水果时未对水果进行查验，并由执行人与被执行人对水果现状进行确认，登记填制《扣押商品、货物、财产专用收据》。第四，解除税收保全措施超时。根据《国家税务总局关于贯彻税收征管法及其实施细则若干问题的规定》，税务机关采取税收保全措施后，纳税人在规定的期限缴纳税款的，税务机关应当在收到税款或银行转回的缴款书后 24 小时内解除税收保全。该税务所在收到 B 缴纳税款后 52 小时才返还扣押商品，违反规定。

5. 税收强制执行措施

（1）税收强制执行的概念。税收强制执行措施是指从事生产经营的纳税人、扣缴义务人未按照规定的期限缴纳或者解缴税款，纳税担保人未按照规定的期限缴纳所担保的税款，由税务机关责令限期缴纳，逾期仍未缴纳的，经县以上税务机关批准，可以采取税收强制执行措施。它是税收保全措施的延续，更充分地反映了税收强制性的特征。

（2）税收强制执行措施的适用条件。

①税收强制执行措施不仅适用于从事生产经营的纳税人，而且也适用于扣缴义务人和纳税担保人。

②税收强制执行措施应遵循“告诫在先，执行在后”的原则，即纳税人、扣缴义务人、纳税担保人未按规定的期限缴纳或者解缴税款的，应当先行告诫，责令限期缴纳；逾期仍未缴纳的，再采取税收强制执行措施。

③税收强制执行措施必须在责令纳税人限期缴纳期满后执行。在责令限期内，如果发现不履行的迹象，可考虑采取税收保全措施，而不能提前进入税收强制执行阶段。

④税收强制执行措施的采用必须得到县以上税务局（分局）局长的批准。

（3）税收强制执行措施的内容。

《征管法》第四十条规定：从事生产、经营的纳税人、扣缴义务人未按照规定的期限缴纳或者解缴税款，纳税担保人未按照规定的期限缴纳所担保的税款，税务机关责令限期缴纳，逾期仍未缴纳的，经县以上税务局（分局）局长批准，税务机关可以采取下列强制执行措施：书面通知其开户银行或者其他金融机构从其存款中扣缴税款；扣押、查封、依法拍卖或者变卖其价值相当于应纳税款的商品、货物或者其他财产，以拍卖或者变卖所得抵缴税款。

（4）实施税收强制执行措施的程序。

①税款的强制征收。纳税人、扣缴义务人、纳税担保人在规定的期限内未缴纳或者解缴税款或者提供纳税担保的，经主管税务机关责令限期缴纳，逾期仍未缴纳的，经县以上税务局（分局）局长批准，书面通知其开户银行或者其他金融机构，从其存款中扣缴税款。

在扣缴税款的同时，主管税务机关应按照《征管法》第六十八条的规定，可以处以不缴或者少缴的税款 5 倍以下的罚款。

②扣押、查封、拍卖或者变卖，以拍卖或者变卖所得抵缴税款。《征管法》第四十条规定：扣押、查封、拍卖或者变卖等行为具有连续性，即扣押、查封后，不再给纳税人自动履行纳税义务的期间，税务机关可以直接拍卖或者变卖其价值相当于应纳税款的商品、货物或者其他财产，以拍卖或者变卖所得抵缴税款。

6. 税款优先

（1）税收优先于无担保债权。税务机关征收税款，税收优先于无担保债权，但法律另有规定的除外。

（2）税收先于抵押权、质权、留置权。纳税人欠缴的税款发生在纳税人以其财产设定抵押、质押或者纳税人的财产被留置之前的，税收应当先于抵押权、质押权、留置权执行。

（3）税收优先于罚款、没收违法所得。纳税人欠缴税款，同时又被行政机关决定处以罚款、没收违法所得的，税收优先于罚款、没收违法所得。

【例题 4－4 · 简答题】某公司 2020 年 3 月应纳税额 8 万元，应于 4 月 10 日前缴纳，该公司未按规定的期限缴纳税款，其主管税务机关（县级）向其送达《催缴税款通知书》，责令其 10 日内缴纳上述税款，至当月 25 日，该公司仍然未缴税款，5 月 26 日税务机关填发了《查封扣押证》。以纳税人应缴税款、滞纳金、罚款和相关费用为基础，扣押了一辆 10 万元的小轿车和一辆生产载货用的货车，价值约 5 万元。你认为税务机关的执法行为恰当吗？请说明理由。

【答案解析】（1）采取了强制执行措施未经县以上税务局局长批准；

（2）强制执行的款项不应该包括罚款；

（3）不应该扣押纳税人生产用的货车。

【例题 4－5 · 简答题】定期定额纳税户广林酒店的老板王某，2020 年 1 月，将酒店承包给李某经营，李某每月向甲某交承包费 3 000 元，有关承包经营事项，王某未向税务机关报告。自 2020 年 1 月起该酒店一直未向税务机关申报纳税，税务机关多次催缴无效，2020 年 5 月 20 日税务所找到王某，责令其在 5 月 31 日前缴纳欠缴的税款 10 000 元，责令期限已过，王某仍未缴纳税款，6 月 1 日经主管税务机关某区国税分局局长批准，采取税收强制执行措施，但广林酒店已经在 5 月底关门停业，李某不知去向，税务机关扣押了王某的小汽车一辆，6 月 10 日小汽车以 150 000 元被拍卖，税务机关将拍卖所得抵扣税款 10 000 元、罚款 20 000 元、滞纳金及各项拍卖费用 10 000 元后，剩余款项于 6 月 20 日退还王某。王某不服，于 6 月 25 日向市国税局申请税务行政复议，市国税局复议后维持某区国税分局的决定。

问题：1. 税务机关是否可以对王某采取税收强制执行措施？

2. 是否可以扣押并拍卖王某的小汽车？

【答案解析】（1）税务机关可以对王某采取税收强制执行措施。本案中王某并未向税务机关报告承包经营的有关事项，应该承担纳税的连带责任。经税务机关责令限期缴纳税款，王某逾期仍未缴纳，税务机关可以依照《税收征管法》第四十条的规定，采取税收强制执行措施。

（2）税务机关可以扣押并拍卖王某的小汽车。本案中广林酒店已经关门停业，无其他可供执行的财产，税务机关可以依法对王某的小汽车采取税收强制执行措施。

7. 欠税清缴制度

欠税是指纳税人未按照规定期限缴纳税款，扣缴义务人未按照规定期限解缴税款的行为。欠税清缴制度是指税务机关根据法律、行政法规的规定，对纳税人欠缴的税款进行清算并组织入库而建立的各种制度的总称。征管法规定：从纳税人、扣缴义务人应缴纳或者解缴税款期满次日起到纳税人、扣缴义务人实际缴纳税款的当日，每日按滞纳税款的万分之五加收滞纳金。滞纳税款是指纳税人、扣缴义务人到期应缴纳或者解缴税款的全部金额与纳税人、扣缴义务人到期实际缴纳或者实际解缴的税款之间的差额。

第 3 节　延期纳税和减免退税

一、延期纳税制度

延期纳税制度是指在保障国家财政收入的前提下，对纳税人的合法权益进行保护的一种制度。由于在履行纳税义务的过程中，纳税人可能会遇到特殊的暂时困难，如不可抗力形成的灾害、意外事故、国家经济政策的调整及行政指令的颁布造成的短期贷款拖欠等。为了帮助纳税人渡过难关，我国《税收征管法》第三十一条第二款规定：纳税人因有特殊困难，不能按期缴纳税款的，经省、自治区、直辖市税务局批准，可以延期缴纳税款，但最长不得超过 3 个月。

延期纳税制度在执行过程中，应该注意以下几个方面的问题：

（1）纳税人所遇到的是客观上的特殊困难；

（2）纳税人须以书面的形式提出延期纳税的申请；

（3）延期纳税的申请必须得到省、自治区、直辖市税务局批准，方为有效；

（4）延期期限最长不得超过 3 个月，而且同一笔税款不得滚动审批；

（5）在批准的延期期限内，不加收滞纳金。

【例题 4－6・多选题】 纳税人发生如下情况可以申请延期缴纳税款（　　）。

A. 甲企业因受水灾影响严重，损失较大，正常经营不能维持

B. 乙企业因资金周转暂时受限，在扣除应付职工工资及社会保险费后不足以缴纳税款

C. 当期流动资产小于流动负债

D. 丁公司领导人对当期应纳税款有质疑，要求会计机构负责人核算清楚前延期缴纳

E. 戊公司欠 A 公司货款，被 A 公司告上法庭，法庭按规定查封了戊公司银行账户

【正确答案】 AB

【答案解析】 属于延期缴纳税款的情形包括因不可抗力，导致纳税人发生较大损失，正常生产经营活动受到较大影响的；当期货币资金在扣除应付工资、社会保险费后，不足以缴纳税款的。

二、减免税制度

1. 减免税管理概述

减税、免税是国家根据一定时期的政治、经济、社会政策的要求，对某些纳税人给予免除部分或全部税收负担的一种特殊措施。减税、免税一般可分为法定减免、特定减免

和临时减免。法定减免是指税收法律（法规）中直接规定的对某些项目给予的减免。特定减免是指根据社会、经济发展需要，由国务院或其授权的机关颁布法规、规章特别规定的减免。临时减免是指法定减免和特定减免以外的其他减免，主要是对某个纳税人由于特殊原因临时给予的减免，通常由国家财政、税务主管部门或地方政府依照税收管理权限作出规定。

2. 减免税管理的一般规定

（1）减免税的分类。

第一，报批类减免税。报批类减免税是指应由税务机关审批的减免税项目。纳税人享受报批类减免税，应提交相应资料，提出申请，经具有审批权限的税务机关（以下简称有权税务机关）审批确认后执行。未按规定申请或虽申请但未经有权税务机关审批确认的，纳税人不得享受减免税。

第二，备案类减免税。备案类减免税是指取消审批手续的减免税项目和不需税务机关审批的减免税项目。纳税人享受备案类减免税，应提请备案，经税务机关登记备案后，自登记备案之日起执行。纳税人未按规定备案的，一律不得减免税。

（2）减免税审批机关。减免税审批机关由税收法律、行政法规、规章设定。凡规定应由国家税务总局审批的，经由各省、自治区、直辖市和计划单列市税务机关上报国家税务总局。凡规定应由省级税务机关及省级以下税务机关审批的，由各省级税务机关审批或确定审批权限，原则上由纳税人所在地的县（区）税务机关审批。对减免税金额较大或减免税条件复杂的项目，各省、自治区、直辖市和计划单列市税务机关可根据效能与便民、监督与责任的原则适当划分审批权限。各级税务机关应按照规定的权限和程序进行减免税审批，禁止越权和违规审批减免税。

（3）对纳税人会计核算的要求。纳税人同时从事减免项目与非减免项目的，应分别核算，独立计算减免项目的计税依据以及减免税额度。不能分别核算的，不能享受减免税；核算不清的，由税务机关按合理方法核定。

（4）未享受减免待遇而多缴税款的处理。纳税人依法可以享受减免税待遇，但未享受而多缴税款的，凡属于无明确规定需经税务机关审批或没有规定申请期限的，纳税人可以自结算缴纳税款之日起 3 年内申请减免税，要求退还多缴的税款，但不加算银行同期存款利息。

3. 减免税的申请与审批

（1）纳税人申请报批类减免税。在政策规定的减免税期限内，向主管税务机关提出书面申请，并报送相关资料。纳税人可以向主管税务机关申请减免税，也可以直接向有权审批的税务机关申请。在执行中，由纳税人所在地主管税务机关受理、应当由上级税务机关审批的减免税申请，主管税务机关应当自受理申请之日起 10 个工作日内直接上报有权审批的上级税务机关。

减免税审批是有权税务机关对纳税人提供的资料与减免税法定条件的相关性进行的审核，不改变纳税人真实申报责任。税务机关需要对申请材料的内容进行实地核实的，应指派 2 名以上工作人员按规定程序进行实地核查，并将核查情况记录在案。上级税务机关对减免税实地核查工作量大、耗时长的，可委托企业所在地区县级税务机关具体组织实施。

（2）备案类减免税的备案工作。纳税人在执行备案类减免税之前，必须向主管税务机关申报以下资料备案：减免税政策的执行情况；主管税务机关要求提供的有关资料。

主管税务机关应在受理纳税人减免税备案后 7 个工作日内完成登记备案工作，并告知纳税人执行。

三、税款的退还、追征及补缴制度

1. 税款的退还制度

（1）税款的退还制度概念。税款的退还制度是指纳税人由于某种原因所缴税款超过了应纳税额，由税务机关按照规定予以退还的制度。这种原因是指：第一，由于计算错误或错用税率等原因形成的多缴税款的情况；第二，政策上的退税，如规定纳税人先按应纳税额如数缴纳税款，经核实后再进行退库，例如出口退税。

（2）多缴税款退还。第一，关于利息计算。加算银行同期存款利息的多缴税款退税，不包括依法预缴税款形成的结算退税、出口退税和各种减免退税。退税利息按照税务机关办理退税手续当天中国人民银行规定的活期存款利率计算。若纳税人自结算缴款之日起 3 年后申请退还的，税务机关不予受理。

第二，退税时间或办法。税务机关发现纳税人多缴税款的，应当自发现之日起 10 日内办理退还手续。纳税人发现多缴税款，要求退还的，税务机关应当自接到纳税人退还申请之日起 30 日内查实并办理退还手续。

【例题 4－7·单选题】纳税人超过应纳税额多缴纳的税款，自结算税款之日起（　　）年内发现的，可以向税务机关要求退还多缴的税款，并加算银行同期存款利息。

A. 7　　　　B. 10

C. 5　　　　D. 3

【正确答案】D

【答案解析】纳税人超过应纳税额多缴纳的税款，自结算税款之日起 3 年内发现的，可以向税务机关要求退还多缴的税款，并加算银行同期存款利息。

2. 税款的追征制度

税款的追征制度是指纳税人、扣缴义务人未缴或少缴税款，税务机关依法追征的制度。其中未缴或少缴税款是指纳税人、扣缴义务人并非主观故意而没有缴纳（解缴）或缴纳（解缴）不足的税款。《征管法》第五十二条规定：

因税务机关责任，致使纳税人、扣缴义务人未缴或者少缴税款的，税务机关在 3 年内可要求纳税人、扣缴义务人补缴税款，但是不得加收滞纳金。

因纳税人、扣缴义务人计算等失误，未缴或者少缴税款的，税务机关在 3 年内可以追征税款、滞纳金；有特殊情况的，追征期可以延长到 5 年。

偷税、抗税、骗税的，税务机关在追征其未缴或者少缴的税款、滞纳金或者所骗取的税款时，不受前款规定期限的限制，即可以无限期追征。

3. 税款补缴

税收征管法第五十二条第一款规定："因税务机关的责任，致使纳税人、扣缴义务人未缴或者少缴税款的，税务机关在 3 年内可以要求纳税人、扣缴义务人补缴税款，但是不得加收滞纳金。"

这里所称税务机关的责任，是指税务机关适用税收法律、行政法规不当或者执法行为违法。

【例题4-8·单选题】关于追征纳税人未缴、少缴税款的说法，正确的是（　　）。

A. 因税务机关的责任，造成少缴税款，税务机关可以在5年内要求纳税人补缴税款

B. 对骗税行为，税务机关可以在10年内追征纳税人所骗取的税款

C. 因纳税人非主观故意造成少缴税款，一般情况下税务机关追征期限为2年

D. 纳税人因计算错误造成少缴税款，一般情况下税务机关追征期限为3年，同时加收滞纳金

【正确答案】D

【答案解析】选项A，因税务机关的责任，致使纳税人、扣缴义务人未缴或者少缴税款的，税务机关在3年内可以要求纳税人、扣缴义务人补缴税款，但是不得加收滞纳金；选项B，对偷税、抗税、骗税的，税务机关追征其未缴或者少缴的税款、滞纳金或者所骗取的税款，税务机关可以无限期追征；选项C，因纳税人、扣缴义务人计算错误等失误，未缴或者少缴税款的，税务机关在3年内可以追征税款、滞纳金；有特殊情况的，追征期可以延长到5年。

第4节　违反税款征收制度的行为及法律责任

一、纳税人的税务违法行为及其法律责任

1. 欠税及其法律责任

（1）欠税。欠税是指纳税人、扣缴义务人等纳税主体在法定的纳税期限内由于主客观原因而未缴或者少缴应纳或应解缴税款的行为。

①一般欠税。一般欠税是指纳税人、扣缴义务人等纳税主体在法定的纳税期限内由于客观原因而未缴或者少缴应解缴税款的行为。

一般欠税的法律责任：从滞纳之日起，按日加收万分之五的滞纳金；责令限期缴纳或解缴税款，但最长期限为15日；责令限期缴纳，逾期仍未缴纳的，经县以上税务局（分局）局长批准，税务机关可以采取强制执行措施；欠缴税款的纳税人在出境前未按规定结清应纳税款，或提供纳税担保的，税务机关可以通知出入境管理机关阻止其出境。

②逃避追缴欠税。逃避追缴欠税，是指纳税人欠缴应纳税款，采取转移或者隐匿财产的手段，妨碍税务机关追缴所欠税款的行为。

逃避追缴欠税的法律责任：纳税人欠缴应纳税款，或者采取转移、隐匿财产的手段，妨碍税务机关追缴欠缴的税款的，由税务机关追缴欠缴的税款、滞纳金，并处欠缴税款50%以上5倍以下的罚款；纳税人欠缴应纳税款，采取转移或者隐匿财产的手段，致使税务机关无法追缴欠缴的税款，数额在1万元以上不足10万元的，处3年以下有期徒刑或者拘役，并处或者单处欠缴税款1倍以上5倍以下罚金；数额在10万元以上的，处3年以上7年以下有期徒刑，并处欠缴税款1倍以上5倍以下罚金。

（2）偷税及其法律责任。

①偷税。偷税是指纳税人伪造、变造、隐匿、擅自销毁账簿和记账凭证，或者在账簿上多列支出或者不列、少列收入，或者经税务机关通知申报而拒不申报或进行虚假的纳税申报，不缴或少缴应纳税款的行为。

②偷税的法律责任。对纳税人偷税的，由税务机关追缴其不缴或者少缴的税款、滞纳金，并处不缴或者少缴的税款 50% 以上 5 倍以下的罚款；构成犯罪的，依法追究刑事责任。

扣缴义务人采取上述所列手段，不缴或者少缴已扣、已收税款，由税务机关追缴其不缴或者少缴的税款、滞纳金，并处不缴或者少缴的税款 50% 以上 5 倍以下的罚款；构成犯罪的，依法追究刑事责任。

纳税人采取欺骗、隐瞒手段进行虚假纳税申报或者不申报，逃避缴纳税款数额较大并且占应纳税额 10% 以上的，处 3 年以下有期徒刑或者拘役，并处罚金；数额巨大并且占应纳税额 30% 以上的，处 3 年以上 7 年以下有期徒刑，并处罚金。扣缴义务人采取上述所列手段，不缴或者少缴已扣、已收税款，数额较大的，依照上述的规定处罚。

对多次实施偷税行为，未经处理的，按照累计数额计算。有上述行为，经税务机关依法下达追缴通知后，补缴应纳税款，缴纳滞纳金，已受行政处罚的，不予追究刑事责任；但是，5 年内因逃避缴纳税款受过刑事处罚或者被税务机关给予两次以上行政处罚的除外。

（3）抗税及其法律责任。纳税人抗税情节严重的，税务机关追缴其拒缴的税款、滞纳金，处 3 年以上 7 年以下有期徒刑，并处拒缴税款 1 倍以上 5 倍以下的罚金。纳税人抗税，情节轻微，未构成犯罪的，由税务机关追缴其拒缴的税款、滞纳金，处以拒缴税款 1 倍以上 5 倍以下的罚款。

（4）骗取出口退税及其法律责任。

①骗取出口退税的行为特征。骗取出口退税（简称“骗税”）是指纳税人以假报出口或者其他欺骗手段骗取国家出口退税款的行为。

②骗取出口退税的法律责任。由税务机关追缴其骗取的退税款，并处骗取税款 1 倍以上 5 倍以下的罚款；构成犯罪的，依法追究刑事责任。对骗取国家出口退税款的，税务机关可以在规定期间内停止为其办理出口退税。

【例题 4－9・简答题】刘某系星乐儿童玩具进出口公司第三业务部经理。2020 年 5 月，刘某经他人介绍与深圳不法分子李某认识。同年 10 月，李某专程从深圳来到星乐儿童玩具进出口公司第三业务部找刘某，谎称自己手中有一批出口儿童电子玩具，求助有出口经营权的刘某所在星乐儿童玩具业务部提供代理。之后，刘某持海关报关单、外汇核销单到深圳与李某接头。见到李某后，刘某提出到厂家看货。李某见瞒不过，便向刘某说出了实情，原来，李某手中根本没有什么儿童玩具可供出口，找刘某做出口代理人更无从谈起，只是想借助刘某的进出口公司业务部享有的出口经营权这一便利条件，假报出口，以从中获取不法利益。刘某在得知实情后，决定与李合作。先由李某出面，采取弄虚作假的手段在当地办理了出口商品报关手续，继而李某又将刘某介绍给兴达电子公司经理高某，之后，经高某、刘某二人密谋，由高某按刘某提供的所谓“购销合同”、报关单等开具了金额为 449.13 万元的假发票六套。最后，兴达公司从中获取代开发票“手续费”25 万元，刘某于 2020 年 12 月从税务机关骗取国家出口退税款总额为64.23万元。试分析该案件中行为人行为的性质及其可能的处理结果。

【答案解析】 刘某、李某与高某的行为属于骗取国家出口退税行为。根据《税收征管法》第四十四条、《关于惩治偷税、抗税犯罪的补充规定》第五条及《刑法》第二百零四条的规定，刘某、李某与高某的行为具备骗取国家出口退税的要件，而且骗税数额巨大，情节严重，已构成骗取国家出口退税罪。税务机关应将此案移交司法机关，以追究其刑事责任。

2. 纳税人其他税务违法行为及其法律责任

（1）违反税务登记制度的行为及其法律责任。

①违反税务登记制度的行为。违反税务登记制度的行为包括：未按规定期限申报办理税务登记、变更或者注销税务登记的行为；未按规定将其全部银行账号向税务机关报告的行为；未按规定办理税务登记证件验证或者换证手续的行为；未按规定使用税务登记证件的，或者转借、涂改、损毁、买卖、伪造税务登记证件的行为；不办理税务登记的行为。

②违反税务登记制度的法律责任。纳税人未按规定期限申报办理税务登记、变更或者注销税务登记的，未按规定将其全部银行账号向税务机关报告的，未按照规定办理税务登记证件验证或者换证手续的行为，由税务机关责令限期改正，可处以2 000元以下的罚款；情节严重的，处2 000元以上10 000元以下的罚款。

纳税人未按规定使用税务登记证件的，或者转借、涂改、损毁、买卖、伪造税务登记证件的，处2 000元以上10 000元以下的罚款；情节严重的，处10 000元以上50 000元以下的罚款。

纳税人不办理税务登记的，由税务机关责令限期改正；逾期不改正的，经税务机关提请，由工商行政管理机关吊销其营业执照。

（2）违反账簿、凭证管理制度的行为及其法律责任。

①违反账簿、凭证管理制度的行为。违反账簿、凭证管理制度的行为包括：未按规定设置、保管账簿、记账凭证和有关资料的行为；未按规定将财务、会计制度或者财务会计处理办法和会计核算软件报送税务机关备查的行为；未按规定安装、使用税控装置，损毁或者擅自改动税控装置的行为。

②违反账簿、凭证管理制度的法律责任。纳税人发生违反账簿、凭证管理制度的行为，由税务机关责令限期改正，可以处2 000元以下的罚款；情节严重的，处2 000元以上10 000元以下的罚款。

（3）违反纳税申报制度的行为及其法律责任。

①违反纳税申报制度的行为。违反纳税申报制度的行为包括：纳税人未按照规定的期限办理纳税申报和报送纳税资料的；纳税人编造虚假计税依据的行为；纳税人不进行纳税申报，不缴或者少缴应纳税款的行为。

②违反纳税申报制度的法律责任。纳税人未按照规定的期限办理纳税申报和报送纳税资料的，由税务机关责令限期改正，可以处2 000元以下的罚款；情节严重的，处2 000元以上10 000元以下的罚款。纳税人编造虚假计税依据的，由税务机关责令限期改正，并处50 000元以下的罚款。

二、征税人的税务违法行为及其法律责任

严格执行国家的税收法律、法规，维护国家的税收利益和纳税人的合法权益，既是法律赋予税务机关和税务人员的神圣职责，也是每个税务人员必须履行的法定义务。在税收征管工作中，如果税务人员不能依法征税，甚至进行违法行为，不仅会使国家利益遭受损失，而且还会严重损害税务机关的形象，在社会上造成不良影响。因此，《税收征管法》规定："税务人员必须秉公执法，忠于职守；不得索贿、徇私舞弊、玩忽职守、不征或少征应征税款；不得滥用职权多征税款或者故意刁难纳税人和扣缴义务人。"为了确保有法必依，执法必严，《税收征管法》还专门规定了税务人员的违法行为及其法律责任。

《税收征管法》第八十一条规定："税务人员利用职务上的便利，收受或者索取纳税人、扣缴义务人财物或者谋取其他不正当利益，构成犯罪的，依法追究刑事责任；尚不构成犯罪的，依法给予行政处分。"

《税收征管法》第八十二条规定："税务人员徇私舞弊或者玩忽职守，不征收或者少征应征税款，致使国家税收遭受重大损失，构成犯罪的，依法追究刑事责任；尚不构成犯罪的，依法给予行政处分。税务人员滥用职权，故意刁难纳税人、扣缴义务人的，调离税收工作岗位，并依法给予行政处分。税务人员对控告、检举税收违法违纪行为的纳税人、扣缴义务人以及其他检举人进行打击报复的，依法给予行政处分；构成犯罪的，依法追究刑事责任。"

根据《刑法》第四百零四条规定："税务机关的工作人员徇私舞弊，不征或者少征应征税款，致使国家税收遭受重大损失的，处 5 年以下有期徒刑或者拘役；造成特别重大损失的，处 5 年以上有期徒刑。"

《刑法》第四百零五条规定："税务机关的工作人员违反法律、行政法规的规定，在办理发售发票、抵扣税款、出口退税工作中，徇私舞弊，致使国家利益遭受重大损失的，处 5 年以下有期徒刑或者拘役；致使国家利益遭受特别重大损失的，处 5 年以上有期徒刑。"

三、扣缴义务人、税务代理人和金融机构的违法行为及其法律责任

1. 扣缴义务人的税务违法行为及其法律责任

（1）扣缴义务人未按规定设置、保管代扣代缴、代收代缴税款账簿或者保管代扣代缴、代收代缴税款记账凭证及有关资料的，由税务机关责令限期改正，可处以 2 000 元以下的罚款；情节严重的，处以 2 000 元以上 5 000 元以下的罚款。

（2）扣缴义务人采取偷税手段，不缴或少缴已扣、已收税款，由税务机关追缴其不缴或者少缴的税款、滞纳金，并处不缴或者少缴的税款 50% 以上 5 倍以下的罚款；构成犯罪的，依法追究刑事责任。

（3）扣缴义务人应扣未扣、应收而不收税款的，由税务机关向纳税人追缴税款，对扣缴义务人处应扣未扣、应收未收税款 50% 以上 3 倍以下的罚款。

（4）扣缴义务人在规定期限内不缴或者少缴应解税款，经税务机关责令限期缴纳，逾期仍未缴纳的，税务机关除依照《税收征管法》第四十条的规定采取强制执行措施追缴其不缴或者少缴的税款外，可以处不缴或者少缴的税款 50% 以上 5 倍以下的罚款。

（5）扣缴义务人未按规定的期限向税务机关报送代扣代缴、代收代缴税款报告表和有

关资料的，由税务机关责令限期改正，可以处以 2 000 元以下的罚款；情节严重的，可以处以 2 000 元以上 10 000 元以下的罚款。

(6) 扣缴义务人逃避、拒绝或者以其他方式阻挠税务机关检查的，由税务机关责令改正，可以处 10 000 元以下的罚款；情节严重的，处 10 000 元以上 50 000 元以下的罚款。

总之明确规定税收法律责任，不仅有利于维护正常的税收征纳秩序，确保国家的税收收入及时足额入库，而且有利于增强税法的威慑力，为预防和打击税收违法犯罪行为提供有力的法律武器，也有利于维护纳税人的合法权益。

2. 开户银行的税务违法行为及其法律责任

纳税人、扣缴义务人的开户银行或者其他金融机构拒绝接受税务机关依法检查纳税人、扣缴义务人存款账户，或者拒绝执行税务机关作出的冻结存款或者扣缴税款的决定，或者在接到税务机关的书面通知后帮助纳税人、扣缴义务人转移存款，造成税款流失的，由税务机关处以 10 万元以上 50 万元以下的罚款，对直接负责的主管人员和其他直接责任人员处 1 000元以上 10 000 元以下的罚款。银行和其他金融机构未依照《税收征管法》的规定在从事生产、经营的纳税人的账户中登录税务登记证件号码，或者未按规定在税务登记证件中登录从事生产、经营的纳税人的账户账号的，由税务机关责令其限期改正，处 2 000 元以上 20 000元以下的罚款；情节严重的，处 20 000 元以上 50 000 元以下的罚款。

3. 税务代理人的税务违法行为及其法律责任

税务代理人违反税收法律、行政法规，造成纳税人未缴或者少缴税款的，除由纳税人缴纳或者补缴应纳税款、滞纳金外，对税务代理人处纳税人未缴或者少缴税款 50% 以上 3 倍以下的罚款。

本章小结

税款征收方式包括查账征收、查定征收、查验征收、定期定额征收、委托代征、代收代缴、代扣代缴和网上自行申报，缴库方式包括直接缴库和汇总缴库；税款征收措施包括核定税额征收、加收滞纳金制度、纳税担保制度、税收保全措施、税收强制执行措施、税款优先、欠税清缴制度；税款征收还包括延期纳税、减免税、税款退还、税款追征及税款补缴；纳税人的税务违法行为包括欠税、偷税、抗税、骗取出口退税及其法律责任。

关键术语

税款征收　税款缴库　核定税额　纳税担保　税收保全　税收强制执行
税款入库　欠税

复习思考题

1. 税款征收方式有哪些？
2. 税收缴库方式有哪些？

3. 纳税担保的适用条件有哪些？
4. 税收保全措施的程序是什么？
5. 税收强制执行措施的程序是什么？
6. 偷税的法律责任有哪些？
7. 扣缴义务人的税务违法行为及其法律责任有哪些？
8. 税收保全措施的适用条件是什么？
9. 税收强制执行措施的适用条件是什么？

第5章　税务稽查

本章要点

1. 税务稽查内涵及权限范围；
2. 税务稽查的程序；
3. 税务稽查方法；
4. 错账及纳税调整方法。

导入案例

某县国税稽查局在税务检查中，分别对两个经营规模、偷税数额及情节相当的私营企业的偷税行为进行了处罚。一家企业被处以偷税数额2倍的罚款。而另一家企业因“认错态度较好，处所偷税款1/2的罚款”。

请问：认错态度能否作为判定税务行政处罚轻重的标准？

案例解析

纳税人的态度不能作为决定处罚轻重的依据。

第1节　税务稽查概述

税务稽查是伴随着税收分配活动的产生而产生的。纳税人不照章纳税，国家就没有稳定的财政收入，国家履行各项职能就没有财力保证，国家的宏观经济目标就难以实现。从历史的发展过程看，税务稽查是伴随税收的发展而发展起来的。在不同的历史发展时期，只要税收存在，税务稽查则必然存在。

一、税务稽查内涵

1. 税务稽查定义

税务稽查是税务机关依据国家税收政策、法规和财务会计制度的规定，对纳税人、扣缴义务人和其他税务当事人履行纳税义务、扣缴义务及税法规定的其他义务等情况进行监督检查的一种管理活动。税务稽查是税收管理的重要环节，是对税收日常征收管理工作的重要补充，是国家监督管理的重要组成部分。

2. 税务稽查和会计检查的区别

税务稽查和会计检查都是经济管理的工作内容，从学科划分角度看，两者没有本质的区别，但是在实际工作中两者存在明显的区别。

（1）检查主体不同。税务稽查是政府的行政行为，稽查的主体是依据法律规定具有行使税收稽查权力的政府行政机关。会计检查不是政府的专门行政行为，检查的主体也不仅仅是政府权力机关。

（2）检查的依据不同。税务稽查的根本依据是税收法律规定。会计法、财务管理法、其他经济法规也是税务稽查的依据，但是当这些法规与税收法规产生冲突时，税法是唯一的稽查依据。会计检查的依据主要是会计法及相关的财务制度，只有在特殊的稽查目的下，其他经济法规才能成为会计稽查的依据。

（3）检查的内容不同。税务稽查的主要内容是被稽查对象的纳税行为。会计检查的主要内容是与被检查主体会计核算有关的行为。

（4）检查的目的和结果不同。税务稽查的根本目的是通过稽查纳税人的有关纳税资料确定纳税人的纳税行为是否合法。稽查的最终结果是要求纳税人依法正确、及时、足额地缴纳税款。在税务稽查过程中也会涉及纳税人的会计处理问题，但与会计检查的目的和角度不同。会计检查的目的是通过核实账簿，查清财产物资和被查对象的财务管理的情况。会计检查的一般目的是清产核资。

二、税务稽查的权限范围

（1）检查纳税人的账簿、记账凭证、报表和有关资料，检查扣缴义务人代扣代缴、代收代缴税款的账簿、记账凭证和有关资料。

（2）到纳税人的生产经营场所和货物存放地检查纳税人应纳税的商品、货物或者其他财产，检查扣缴义务人与代扣代缴、代收代缴税款有关的经营情况。

（3）责成纳税人、扣缴义务人提供与纳税或者代扣代缴、代收代缴税款有关的文件、证明材料和有关资料。

（4）询问纳税人、扣缴义务人与纳税或者代扣代缴、代收代缴税款有关的问题和情况。

（5）到车站、码头、机场、邮政企业及其分支机构检查纳税人托运、邮寄应纳税商品、货物或者其他财产的有关单据、凭证和有关资料。

（6）经县以上税务局（分局）局长批准，凭全国统一格式的检查存款账户许可证明，查询从事生产、经营的纳税人、扣缴义务人在银行或者其他金融机构的存款账户。

第 2 节　税务稽查程序及方法

税务稽查的任务是根据国家税收法律、法规、查处税收违法行为，保障税收收入，维护税收秩序，促进依法纳税，保证税法的实施。为此税务稽查必须以事实为依据，以国家发布的税收法律、法规、规章为准绳，依靠人民群众，加强与司法机关和其他有关部门的配合。

税务稽查的范围包括税务法律、法规、制度等的贯彻执行情况，纳税人生产经营活动及税务活动的合法性，偷、逃、抗、骗、漏税及滞纳情况。税务稽查应按照一定的程序进行。

一、税务稽查程序

1. 选案

选案是税务稽查工作的一个重要环节，这个环节的工作在一定程度上决定税务稽查工作的结果。根据相关法律法规的规定，选案工作这个环节的主要任务是确定税务稽查的对象，经过选案部门的工作，将选定的被查对象移交稽查部门实施稽查。

目前选案包括人工选案、计算机选案、举报、其他等。人工选案的基本方法是抽样。实施抽样又分为随机抽样和非随机抽样。在实行抽查选案时，一般都采用随机抽样法，它是按照概率规律抽取稽查对象的一种方法；计算机选案的指标主要包括分行业生产经营指标平均增长值分析、分行业财务比率分析、企业常用财务指标分析、流转税类选案分析、企业所得税税前限制列支项目指标分析、进出口税收指标分析、税收管理指标分析等；举报是税务机关发现案源最多的一种途径；其他选案方法包括转办、交办等。

执法检查人员的选择，各级税务局建立税务稽查执法检查人员分类名录库，实施动态管理。名录库应录入执法检查人员基本信息及其专长、业绩等情况，并按照执法检查人员擅长检查的行业、领域、税种、案件等进行分类。实施抽查的执法检查人员，通过摇号方式，从税务稽查执法检查人员分类名录库中随机选派，也可以采取竞标等方式选派。执法检查人员应根据抽查内容，结合其专长进行选派。在一定周期内对同一抽查对象不得由同一执法检查人员实施检查。对同一抽查对象实施检查，选派执法检查人员不得少于两人。执法检查人员与抽查对象有利害关系的，应依法回避。

2. 实施

税务稽查实施阶段是税务稽查工作的核心和关键环节。税务稽查必须依照法律规定权限实施。

（1）实施的准备。

①法律准备。在该阶段税务机关应该根据具体稽查对象，查找并明确相关的适用法律，以保证稽查工作顺利进行。

②资料准备。为了提高税务稽查的效率和效果，税务稽查机关和稽查人员在准备阶段可以分析相关的会计报表，找出疑点，确定实施稽查的目标。

③技术准备。全面分析纳税人的情况，拟定稽查的提纲和重点。每个被稽查对象的具体情况不同，作技术准备时除了分析纳税人的财务报表外还要分析纳税人生产经营的特点和现状，确定稽查的目标和重点。

④送达税务稽查通知书。根据有关法律的规定，税务机关进行税务稽查时必须以法律允许的形式提前告知纳税人，下达税务稽查通知书是税务机关实施稽查的必经程序。

（2）税务稽查的实施。税务稽查的实施是整个纳税稽查的核心环节。当稽查的准备工作就绪，稽查人员按照组织分工情况，根据稽查提纲的要求，深入到纳税户，开始进行具体细致的纳税稽查。实施税务稽查人员应当由两人及以上税务人员组成，并向被稽查人出示税务检查证和《税务检查通知书》。否则，被检查人有权拒绝稽查。稽查应当自实施检查之日起 60 日内完成，确需延长检查时间的，应当经稽查局长批准。

①税务稽查工作内容。这个阶段的主要工作内容包括：出示有关法律证件，明确稽查人员的执法身份；在法律允许的范围内进行实物稽查，包括稽查会计凭证、会计账簿、会计报表，银行对账单和各类发票的存根和未使用发票，纳税人签订的各类合同，库存现金、各种银行支票的存根，库存产品和材料，经营场地等。

②稽查人员回避。稽查人员与被查对象有下列关系之一，应当自行回避，被检查对象也有权要求其回避：稽查人员与被检查当事人有近亲属关系的；稽查人员与被检查当事人有利害关系的；稽查人员与被检查对象有其他关系可能影响公正执法的；对被检查对象认为应当回避的，稽查人员是否回避，由本级税务机关的局长审定。

③稽查取证。稽查取证包括调账检查、实地检查及异地协查。

④填写《税务稽查工作底稿》。根据需要采取法律允许的手段记录、录音、录像、照相和复制纳税人的有关资料包括财务资料；向被稽查对象解释有关的政策法律；根据法律规定编制并保管《税务稽查工作底稿》；根据法律规定向其他部门提出行政协助的要求，并完成行政协助事宜；依法实施税收保全性措施。

3. 出具报告

稽查结束后，稽查人员应当认真整理稽查资料，归集相关证据，分析稽查结果，提出处理意见，编制《税务稽查报告》，连同《税务稽查工作底稿》及其他证据提交审理部门审理。

4. 稽查审理

稽查审理是指税务机关的专门机构按照规定的职责和程序，对稽查终结的涉税案件依法进行审核和作出处理决定的过程。

（1）审理。税务稽查案件的审理一般由稽查部门内设的专门组织和人员受理。案情复杂的，稽查局应当集体审理；案情重大的，稽查局应当依照国家税务总局有关规定，报请所属税务局集体审理。审理人员在接到税务稽查人员提交的《税务稽查报告》及有关资料后，应当在15日内审理完毕。审理人员应当认真审理税务稽查人员提供的《税务稽查报告》及所有与案件有关的资料，并对报告中的内容进行确认。

（2）税务稽查审理完毕后，审理人员应当制作《税务稽查审理报告》。审理部门区分下列情形分别作出处理：①认为有税收违法行为，应当进行税务处理的，拟制《税务处理决定书》；②认为有税收违法行为，应当进行行政处罚的，拟制《税务行政处罚决定书》；③认为税收违法行为轻微，依法可以不予税务行政处罚的，拟制《不予税务行政处罚决定书》；④认为没有税收违法行为的，拟制《税务稽查结论》。

5. 税务稽查的执行

税务稽查的执行是指税务机关依照法定程序和权限，督促检查对象履行税务处理（罚）决定的过程。稽查执行是案件查处必不可少的重要环节，对维护税收法律法规的严肃性、增强打击税收违法活动的力度、挽回国家税款的损失、保护当事人的合法权益、保证税务稽查成果的真正实现都有非常重要的作用。税务稽查机构应指定专人负责税务处理决定的执行。

（1）税务处理文书的送达。税务执行人员接到批准的《税务处理决定书》《税务行政处罚决定书》《不予税务行政处罚决定书》《税务稽查结论》等税务文书后，应当依法及时送达被执行人。如果税务文书不能直接送达，税务机关可采取邮寄送达、公告送达、委托送达等方式。

(2) 税务处理决定的执行。税务处理决定的执行包括两种情况：自动执行和强制执行。自动执行是指纳税人在接到税务机关的处理决定书及处罚决定书后，自动到征收部门缴纳税款、滞纳金和罚款。强制执行分为税务强制执行和司法强制执行。被执行人未按照《税务处理决定书》确定的期限缴纳或者解缴税款、滞纳金的，稽查局经所属税务局局长批准，可以依法采取强制执行措施，或者依法申请人民法院强制执行。

税务执行人员在各项事项执行完毕后，应当编制《税务稽查执行报告》移交审理部门整理归档。

6. 案卷管理

在管理税务稽查案卷过程中要严格遵循以下规定：

(1)《税务处理决定书》《税务行政处罚决定书》《不予行政处罚决定书》《税务稽查结论》执行完毕，或者依照《税务稽查工作规程》第四十五条进行终结稽查或者依照第七十一条终结执行的，审理部门应当在60日内收集稽查各环节与案件有关的全部资料，整理成税务稽查案卷，归档保管。

(2) 税务稽查案卷应当按照被查对象分别立卷，统一编号，做到一案一卷、目录清晰、资料齐全、分类规范、装订整齐。税务稽查案卷分别立为正卷和副卷。正卷主要列入各类证据材料、税务文书等可以对外公开的稽查材料；副卷主要列入检举及奖励材料、案件讨论记录、法定秘密材料等不宜对外公开的稽查材料。如无不宜公开的内容，可以不立副卷。副卷作为密卷管理。

【例题5-1·单选题】 实施税务稽查时，税务人员不得少于（　　）名。

A. 1　　B. 2　　C. 3　　D. 4

【正确答案】 B

【例题5-2·简答题】 甲单位自2017年9月起从事摩托车修理，已经申请取得个体营业执照和税务登记证，但一直未申报纳税。2017年底，某县税务局根据举报对其进行核查，直接核定10月至12月修理收入含税为5 000元，应纳增值税3 000元，城建及其教育税附加240元。并于2018年1月14日下达《限期缴款通知书》，甲在限期内未缴纳。1月18日，税务局对甲下达了《税务处罚决定书》，罚款3 240元。甲拒绝签收，在无其他现场证人的情况下，送达人邀请其他税务人员在送达回证上签字后，将处罚决定书留置甲处。2月28日，甲逾期仍然未缴上述税款和罚款，国税局遂申请法院强制执行。2018年3月1日，甲缴纳税款和罚款6 480元。税务局将其作为增值税入库。甲不服申请复议。请分析税务人员在税务稽查中有何不妥？

【正确答案】 ①未立案；②12月的收入未到征收期限不应核定应纳税额；③稽查局罚款不能超过2 000元；④未送达《税务行政处罚事项告知书》并且告知被查人；⑤邀请其他税务人员在送达回证的签字无效；⑥未依法征收滞纳金；⑦税收收入应当分别入库。

【例题5-3·简答题】 县税务稽查局接群众举报称某大酒店有采取少列收入进行偷税的情况，县稽查局于2020年3月25日派两名稽查员对该酒店实施了检查，稽查员在出示税务检查证后，对账簿及记账凭证进行核查；同时经县税务局局长批准，对案件涉嫌人员的储蓄存款进行了查询。查实了该酒店1月至2月份利用收入不入账方式偷税9 500元的事实。在取得证据后，税务稽查局于3月30日作出了补税、加收滞纳金的税务处理决定和处以1倍即9 500元罚款的行政处罚决定。该酒店在依法提供纳税担保后，于4月5日向该县税务局提起行政复议。县税务局在接到复议申请书后的第 10 天以未缴纳税款、滞纳金及罚款为由作出不予受理的决定。

请问：(1) 税务部门在该案处理中有哪些违法行为，并说明理由。

(2) 如该酒店对不予受理的裁决不服，可通过什么途径寻求帮助。

【正确答案】税务部门存在以下违法行为：

(1) 未出示税务检查通知书。《税收征管法》第五十九条规定，“税务机关派出的人员进行税务检查时，应当出示税务检查证和税务检查通知书。”该案中，稽查局既未下达稽查通知书，又未出示税务检查通知书。

(2) 查询储蓄存款没有合法手续。《税收征管法》第五十四条第六款规定：查询案件涉嫌人员的储蓄存款，必须经设区的市、自治州以上税务局（分局）局长批准，凭全国统一格式的检查存款账户许可证明进行查询。县税务局局长无权批准查询案件涉嫌人员的储蓄存款。

(3) 处罚程序违法。《行政处罚法》第三十一条规定：在作出行政处罚决定之前，应告知当事人作出行政处罚的事实、依据及理由，并告知当事人依法享有的陈述申辩权。本案中，稽查局未履行这一法定程序。

(4) 县税务局超越法定期限作出复议申请是否受理的裁决。税务行政复议规则规定，税务机关应自收到复议申请之日起 5 日内作出受理或不予受理的决定，5 日内不作出不予受理的决定，可推定为已受理。县税务局在接到复议申请书后的第 10 天才作出不予受理的决定属无效决定。

(5) 县税务局不予受理复议申请的理由不成立。《税务行政复议规则》第三十三条规定，申请人对税务机关作出的征税行为不服申请行政复议的，必须依照税务机关根据法律、法规确定的税额、期限，先行缴纳或者解缴税款和滞纳金，或者提供相应的担保，才可以在缴清税款和滞纳金以后或者所提供的担保得到作出具体行政行为的税务机关确认之日起 60 日内提出行政复议申请。

二、税务稽查方法

1. 全查法和抽查法

全查法是指税务机关对纳税人进行税务稽查时，对其被稽查期内的全部会计资料进行稽查，进而发现有关纳税问题的一种方法。由于全查法稽查的内容全面，因而，全查法的稽查效果比较好。但是采用全查法进行税收稽查需要投入较多的人力物力，税务稽查的成本较高。全查法一般适用于稽查财务制度不健全、纳税态度不端正、纳税行为不守法的纳税人。

抽查法也称选查法，是税务机关对被查的纳税人一定时期的会计凭证、账簿、报表及有关纳税资料有针对性地抽取一部分进行稽查的一种方法。该方法的优点是针对性强，稽查重点突出，效率较高，稽查效果较明显；缺点是由于抽查的范围有限，未查部分容易漏掉问题，而且以抽样结果推断总体的结论，会有一定的误差。抽查法通常是在分析报表或通过其他途径取得了一定的稽查线索的前提下采用的，一般适用于规模比较大、会计核算比较健全的纳税人。

2. 顺查法和逆查法

顺查法是指税务机关对纳税人进行税务稽查时，顺着会计核算的程序稽查会计资料，即先稽查会计凭证，再稽查会计账簿，最后稽查会计报表的稽查方法。采用顺查法稽查纳税人的纳税资料可以从会计核算的起源上，根据会计核算的逻辑关系逐步缜密地发现问题，稽查的效果好。但是这种方法的稽查成本较高，一般适用于稽查经营规模小、财务核算混乱的纳税人。

逆查法又称倒查法，是指税务机关在稽查时，逆着会计核算的顺序，依次稽查会计报表、账簿、凭证，并将其相互核对的一种稽查方法，通常与抽查法结合使用。运用这种方法时，先审阅会计报表，从中发现问题和线索，然后有针对性地核对审查账簿记录，再有重点、有目的地审查记账凭证和原始凭证。这种方法便于抓住重点，省时省力，检查效果较为显著。缺点是稽查面窄，如果稽查人员业务技术和分析判断能力差，一些在报表上反映不了、反映不出的问题和违法记录通常无法检查出来。因此，这种方法通常适用于会计核算制度和财务管理比较健全的纳税单位。

3. 联系查法和侧面查法

联系查法是指税务机关对纳税人进行税务稽查时，以纳税人的财务会计资料为稽查对象，利用财务资料之间的勾稽关系发现纳税人的有关纳税问题。

侧面查法是根据平时掌握的征管、信访资料和职工群众反映的情况，对有关账簿记录进行核查的一种检查方法。采用这种方法，能够有针对性地发现问题，但是由于信息是片面的，发现的问题也有局限性。

运用联系查法和侧面查法，可以不就账查账，做到账内账外结合、内查和外调结合，有利于推动查账工作的不断深化。

4. 分析法

在税务稽查中，通常需要对获得的材料进行整理和分析以发现问题。分析法就是对被稽查的会计报表、账簿、凭证等纳税资料进行审查分析，以查证落实或确定进一步稽查线索的一种稽查方法。分析法主要包括下列三种方法：

（1）控制计算法。控制计算法是指运用可靠的或科学测定的数据，利用数学等式原理来推测、证实账面资料是否正确，从而发现问题的一种检查方法。常用的方法有以产核销、以耗计产。控制计算法的基本程序为：

①确定需要进行分析的事项或目标。

②确定事项分析的参考数据和采集进行事项分析的数据。需要进行分析的事项或目标确定后，必须根据被分析事项的特征，确定相应的参数，同时采集供分析实体的相关数据。确定事项分析的参考数据，可以是企业同期比较值，也可以是行业平均值。

③建立事项分析的数学模型。

④数据分析结果比较。根据控制计算法所得到的数据，与企业实际数据进行比较而出现的差异，需要通过进一步检查和核实才能确定是否对税收构成实际影响。

（2）比较分析法。比较分析法是根据企业的会计报表与账面的数据，同企业的有关计划指标、历史资料或同类企业的相关数据进行动态和静态对比的一种分析方式。按照参照物的不同，可以分为纵向比较和横向比较。按照比较指标的形式不同，又可分为绝对数比较分析和相对数比较分析。运用比较分析法，要注意指标的可比性、对比口径的一致性，否则，比较的结果不能说明问题。还应注意的是，对比分析的结果只能是为检查提供线索，并不意味着经济活动的分析可以替代实际检查，更不能以对比分析的结果作为定案的依据。

(3) 相关分析法。相关分析法是指将存在关联关系的被查项目进行对比，揭示其中的差异，并且判明经济业务可能存在问题的一种分析方法。对于稽查对象而言，一项经济业务的发生，必然会引起一连串相关活动的变动，这既是由经济活动的相关性决定的，同时，也是由经济活动的规律决定的。

5. 查账法、查询法和外调法

按照信息来源的途径不同，税务稽查方法可分为查账法、查询法和外调法。

(1) 查账法。查账法是税务机关通过直接稽查企业账簿发现问题，并确定纳税人是否正确履行纳税义务的方法。

(2) 查询法。查询法是税务机关根据审查过程中发现的疑点和问题，通过直接询问或调查的方式，取得必要的证据资料或证实有关问题的方法。根据查询方式的不同，查询法分为面询法和函询法。

(3) 外调法。外调法就是指对纳税人被怀疑的或已掌握一定线索的经济事项，通过向与其有经济联系的单位或个人进行调查，予以查证核实的一种方法。外调法主要用于对外来凭证和往来款项进行调查，包括函调和派人外调。函调应文字简练，派人外调人员应熟悉案情。

6. 盘存法

盘存法主要包括下列两种方式：

(1) 实物量盘存。实物量盘存是对以实物数量计算的流动资产进行盘存检查的一种方式，如对工业企业的原材料、包装物、低值易耗品、在产品、产成品，以及对商品流通企业的库存商品受托代销商品、材料物资等进行实物量的盘存。

(2) 价值量盘存。价值量盘存是对货币资金或对实物进行价值盘存的一种方式。在盘存货币资金时，若发现未达账项调整后的企业存款余额与开户银行对账单的期末余额不符，或以白条抵充现金的结存数，应注意审查企业有无收入不入账或资金账外活动等问题。

在实际工作中，实物量盘存和价值量盘存是相互作用的，根据税务稽查的要求，实物量盘存通常还应计算出价值量，而有些价值量盘存也必须先计算出实物量后再确定价值量。

【例题5-4·单选题】 逆查法应该从（　　）开始查起。

A. 原始凭证　　B. 记账凭证

C. 会计账簿　　D. 财务报表

【正确答案】 D

【答案解析】 逆查法是以会计核算的相反顺序，从分析审查会计报表开始，对于有疑点的地方再进一步审查账簿和凭证。

第3节 错账更正及纳税调整

税务稽查账务调整，是指纳税人在被依法税务稽查后，根据《税务处理决定书》或《税务行政处罚决定书》，对存在问题的错漏账项进行更正和调整。它是执行税务稽查处理决定的一项重要内容。

在税务稽查中，查出来的大量错漏税问题，多数情况是因为账务处理错误造成的，一般都和会计核算资料相关，并在查补纠正过程中必然涉及收入、成本、费用、利润和税金的调整问题。如果稽查后仅仅只补回税款，不将纳税人错漏的账项纠正调整过来，使错误延续下去，随着时间的推移，势必会导致新的错误，明补暗退或重复征税的现象必然发生，账面资料数据与征收金额不相衔接。

因此，税务稽查账务调整，实质上是税务稽查工作的继续。不督促纳税人及时正确地调整账务，就不能真实地反映企业的财务状况和经营成果，也不能防止新的错误发生，也就没有实现稽查目的，完成稽查任务。

1. 错账类型

错账类型主要有两种情况：

（1）会计分录错误，不符合会计制度又违反税法规定。

（2）未做纳税调整，虽然符合会计制度但不符合税法规定而未做相应调整，如税法有标准的扣除项目，多见于企业所得税。

2. 账务调整要求

税务稽查后纳税人账务调整要能反映原错漏账项的来龙去脉，调账分录要正确、分明，严格体现国家税收政策，有利于加强企业财务管理，其基本要求是：

（1）账务处理的调整要与现行财务会计准则相一致，要与税法的有关会计核算相一致。

（2）账务处理的调整要与会计原理相符合。调整错账，需要做出新的账务处理来纠正原错账。因此，新的账务处理业务必须符合会计原理和核算程序，反映错账的来龙去脉，清晰表达调整的思路；还应做到核算准确，数字可靠，正确反映企业的财务状况和生产经营情况，并使会计期间上下期保持连续性和整体性；同时还要坚持平行调整，在调整总账的同时调整它所属的明细账户。

（3）调整错账的方法应从实际出发，简便易行。既要做到账实一致，反映查账的结果，又要坚持从简账务调整的原则。在账务调整方法的运用上，能用补充调整法则不用冲销调整法，尽量做到从简适宜。

3. 账务调整方法

财务调整方法根据错账所处时段的不同可分为年度内调账和跨年度调账两大类。

（1）年度内调账方法。在一个会计年度结账前，查出纳税人的错账或漏账，可以在当期的有关账户直接进行调整。调整方法主要有以下三种：

①红字冲销法。红字冲销法是采取先用红字冲销原错误会计分录，然后再用蓝字编制正确的会计分录的错账更正方法。这种方法适用于会计科目用错，或会计科目虽未错，但实际记账金额大于应记金额的错误账项。

【例题5－5·简答题】某企业5月份将一笔应计入其他业务收入的款项误计入营业外收入科目，财务人员于当月发现了这一问题。

调整分录如下：

借：银行存款　　6 000（红字）

　　贷：营业外收入　　6 000（红字）

借：银行存款　　6 000

　　贷：其他业务收入　　6 000

②补充登记法。补充登记法是通过编制转账分录，将调整金额直接入账，以更正错账。它主要适用于漏记，或错账所涉及的会计科目没有错误，而实际记账金额小于应记金额的情况。

【例题 5－6·简答题】 某企业采用托收承付方式销售一批产品，不含税价格为 30 000 元，当日已办妥托收手续。账务处理如下：

借：应收账款　　3 390

　　贷：主营业务收入　　3 000

　　　　应交税费——应交增值税（销项税额）　　390

③综合调账法。综合调账法是指将红字冲销法与补充登记法加以综合运用，它一般适用于错用会计科目这种情况，而且主要用于所得税纳税审查后的账务调整，如果涉及会计所得，可以直接调整“本年利润”账户。

综合调账法一般运用于会计分录的借贷方中，有一方会计科目用错，而另一方会计科目没用错的情况。正确的一方不调整，错误的一方用原科目转账，同时使用正确的科目调整。

【例题 5－7·单选题】 一般运用于会计分录借贷方，有一方会计科目用错，而另一方会计科目没有错的情况下的调账的方法是（　　）。

A. 红字冲销法　　B. 补充登记法

C. 综合账务调整法　　D. 核销重记法

【正确答案】 C

【答案解析】 综合账务调整法一般运用于会计分录借贷方，有一方会计科目用错，而另一方会计科目没有错的情况。

【例题 5－8·简答题】 某企业将职工福利耗用的外购原材料列入管理费用 5 000 元。企业账务处理为：

借：管理费用　　5 000

　　贷：原材料　　5 000

调整分录为：

借：应付职工薪酬　　5 850

　　贷：管理费用　　5 000

　　应交税费——应交增值税（进项税额转出）　　850

（2）跨年度调账方法。

①对上一年度错账且对上一年度税收产生影响的，分以下两种情况：

第一，如果在上一年度决算报表编制前发现的，可直接调整上年度账项，这样可以应用上述几种方法加以调整，对于影响利润的错误金额须一并调整“本年利润”账户核算的内容。

第二，如果在上一年度决算报表编制之后发现的，一般不能应用上述方法，而应按正常的会计核算对有关账户进行一一调整，这时须区别不同情况，以简便实用的原则进行调整：对于不影响上年利润的项目，可以直接进行调整；对于影响上年利润的项目，由于企业在会计年度内已结账，所有的损益账户在当期都结转至“本年利润”账户，凡涉及调整会计利润的，不能用正常的核算程序对“本年利润”进行调整，而应通过“以前年度损益调整”

账户进行调整。

【例题 5-9·单选题】2021 年 1 月初，税务稽查发现 A 企业进行 2020 年度纳税审核（该企业年终已结账），发现2020 年11 月用抵债的方式收到一台设备，用于管理部门，但未进行账务处理，其涉及的调账分录不包括（　　）。（本题不考虑增值税）

A. 借：固定资产
　　贷：应收账款

B. 借：以前年度损益调整
　　贷：累计折旧

C. 借：利润分配——未分配利润
　　贷：以前年度损益调整

D. 借：累计折旧
　　贷：本年利润

【正确答案】D

【答案解析】根据题意，涉及的会计处理为：

借：固定资产
　　贷：应收账款

借：以前年度损益调整
　　贷：累计折旧

借：应交税费——应交所得税
　　贷：以前年度损益调整

借：利润分配——未分配利润
　　贷：以前年度损益调整

【例题 5-10·简答题】某税务局 2021 年 3 月对甲公司 2020 年纳税情况进行稽查，发现甲公司多计提厂房折旧 20 000 元，应予以冲回。假设税法折旧与会计折旧相同，2020 年度已经结账，所得税税率为 25%。请作出相关调账分录。

【正确答案】

第一，借：累计折旧　　20 000
　　　　贷：以前年度损益调整　　20 000

第二，应补所得税 = 20 000 × 25% = 5 000（元）

借：以前年度损益调整　　5 000
　　贷：应交税费——应交所得税　　5 000

第三，将以前年度损益调整余额转入未分配利润

借：以前年度损益调整　　15 000
　　贷：利润分配——未分配利润　　15 000

②对上一年度错账且不影响上一年度税收，但与本年度核算和税收有关的，可以根据上一年度账项的错漏金额影响本年度税收的情况，相应调整本年度有关账项。

【例题 5-11·简答题】在对某企业 2018 年度纳税情况进行稽查时，发现该企业 11 月份多结转材料成本差异 2 000 元（借方超支数），而消耗该材料的产品已完工入库，该产品于 2019 年全部售出。

如果在决算报表编制前发现的，可应用转账调整法调整上年度账项，即：

借：材料成本差异　　2 000
　　贷：本年利润　　2 000

如果在决算报表编制后发现的，由于上一年度账项已结平，这时可做如下调整分录：

借：材料成本差异　　2 000
　　贷：以前年度损益调整　　2 000

本章小结

税务稽查和会计检查区别包括检查主体不同、检查的内容不同、检查的依据不同和检查的目的不同。税务稽查方法具体包括：详查法、抽查法、顺查法、逆查法、控制计算法、比较分析法、相关分析法、查账法、查询法、外调法、联系查法、侧面查法、盘存法等。税务稽查后纳税人账务调整主要包括年度内调账方法及跨年度调账方法。

关键术语

税务稽查　　稽查审理　　税务稽查执行　　抽查法　　比较分析法　　逆查法
查账法　　税务稽查账务调整

复习思考题

1. 什么是税务稽查？税务稽查方法有哪些？
2. 税务稽查与会计检查有哪些区别？
3. 税务稽查的程序包括哪些？
4. 税务稽查的权限范围是什么？
5. 税务稽查的工作内容包括哪些？
6. 税务稽查后纳税人采用何种方法进行账务调整？

第 6 章　增值税的税务稽查

本章要点

1. 增值税纳税人划分的稽查；
2. 增值税征税范围的稽查；
3. 增值税销项税额的稽查；
4. 增值税进项税额的稽查。

导入案例

国家税务总局曝光三起增值税发票虚开骗税典型案例

青海警税破获虚开机动车销售统一发票案件。2020 年 9 月，西宁市税务部门在工作中运用增值税发票数据分析发现，有多家汽车销售公司涉嫌虚开机动车销售统一发票，随即会同公安部门组成警税联合专案组开展查办工作。2020 年 10 月，警税联合开展抓捕行动，抓获犯罪嫌疑人 6 名。经查，犯罪嫌疑人利用虚假身份信息注册成立空壳企业 21 户，向汽车购买人虚开机动车销售统一发票 839 份，虚开金额 1.7 亿元。

湖北警税破获某化工企业发票虚开案件。2021 年 6 月，湖北十堰警税联合行动，成功打掉十堰市某化工企业虚开发票团伙，抓获犯罪嫌疑人 14 名。经查，该团伙涉嫌控制 18 户空壳企业，采取变换品名的方式虚开增值税专用发票 5 147 份，虚开金额 7.1 亿元。

安徽破获利用“阴阳合同”隐瞒股权转让收入逃税案。安徽省淮南市税务稽查部门根据举报线索，查实安徽某药业公司股东鲍某与殷某签订《股权转让协议》，将其实际持有的该药业公司 51.09% 的股权转让给殷某，实际转让价格为 7 000 万元。后鲍某为偷逃相关税款另行伪造《股权转让协议》进行纳税申报，少缴税款合计 1 175.48 万元。淮南市税务稽查部门依法作出对鲍某追缴税款、加收滞纳金并处罚款的处理处罚决定后，鲍某未按期补缴税款、滞纳金和罚款。税务部门随即依法将该案移送公安机关立案侦查，后鲍某被检察院提起公诉。进入司法程序后，鲍某补缴全部税款。2021 年 3 月，安徽省某区人民法院判决认定，鲍某将其持有的某公司股权转让他人后采取欺骗、隐瞒手段进行虚假纳税申报，且涉及金额巨大，其行为已构成逃税罪，依法判处鲍某有期徒刑四年，并处罚金人民币 50 万元。

下一步，税务部门将深入贯彻落实中办、国办印发的《关于进一步深化税收征管改革的意见》，结合正在开展的文娱领域税收综合治理，持续加大“双随机、一公开”抽查力度，联合有关部门严厉查处和打击各类恶意偷逃税行为，切实保障国家税收安全，维护守法纳税人的合法权益，推动构建公平有序的税收营商环境。

（注：资料来源于人民网）

第 1 节　增值税纳税人划分的稽查

增值税稽查时应注意增值税税率正确与否，增值税税率一直处于不断调整之中，最近几年的调整包括 2018 年 5 月 1 日，增值税一般纳税人发生增值税应税销售行为或者进口货物，原适用 17% 税率，税率调整为 16%，原适用 11% 税率，税率调整为 10%。从 2019 年 4 月 1 日起，增值税一般纳税人发生增值税应税销售行为或者进口货物，原适用 16% 税率的，税率调整为 13%，原适用 10% 税率的，税率调整为 9%。2019 年 4 月 1 日至 2021 年 12 月 31 日，允许生产、生活性服务业纳税人按照当期可抵扣进项税额加计 10%，抵减应纳税额。现行增值税税率一共有 4 档：13%，9%，6%，0%。

根据《财政部 税务总局关于支持个体工商户复工复业增值税政策的公告》（财政部 税务总局公告 2020 年第 13 号）规定，自 2020 年 3 月 1 日至 5 月 31 日，对湖北省增值税小规模纳税人，适用 3% 征收率的应税销售收入，免征增值税；适用 3% 预征率的预缴增值税项目，暂停预缴增值税。除湖北省外，其他省、自治区、直辖市的增值税小规模纳税人，适用 3% 征收率的应税销售收入，减按 1% 征收率征收增值税；适用 3% 预征率的预缴增值税项目，减按 1% 预征率预缴增值税。

同时，根据《财政部 税务总局关于延长小规模纳税人减免增值税政策执行期限的公告》（财政部 税务总局公告 2020 年第 24 号）规定，《财政部 税务总局关于支持个体工商户复工复业增值税政策的公告》（财政部 税务总局公告 2020 年第 13 号）规定的税收优惠政策实施期限延长到 2020 年 12 月 31 日。

《财政部 税务总局关于支持个体工商户复工复业增值税政策的公告》（财政部 税务总局公告 2020 年第 13 号）规定的税收优惠政策，执行期限延长至 2021 年 12 月 31 日。其中，自 2021 年 4 月 1 日至 2021 年 12 月 31 日，湖北省增值税小规模纳税人适用 3% 征收率的应税销售收入，减按 1% 征收率征收增值税；适用 3% 预征率的预缴增值税项目，减按 1% 预征率预缴增值税。

一、增值税稽查的特点

增值税属商品及劳务税，是对在我国境内销售货物或者提供加工、修理修配业务以及进口货物的单位和个人，就其增值额为计税依据而征收的一种税。增值额是纳税人在货物生产和流通或应税劳务中新增加的价值。增值税的稽查有如下几个特点：

1. 稽查的环节多

其他产品（商品）及劳务税一般只稽查应税产品（商品）项目的销售收入和营业收入，主要是对销售环节的稽查，而增值税对一般纳税人除稽查销售环节销售收入的销项税额外，还要稽查购进或转入货物的进项税额。此外，还要从进项税额中界定不得从销项税额中抵扣有关项目的税额，据以计算应纳增值税额。可见，不仅增值税的计算、稽查的环节多，而且它所涉及的财务处理环节也多。

2. 发票管理难度大

实行凭增值税专用发票抵扣税金制度，就是以货物的不含增值税销售收入为计税依据，以发票扣税为手段，对销项税额和进项税额进行分别核算，据以计算征收增值税的办法。在零售以前各环节销售产品（商品）时，均须按照规定在增值税专用发票上分别注明增值税额和不含增值税的价格，凡发票未注明税额的，以及所使用发票不符合规定或发票填写内容等不符合要求的，均不得抵扣税款。因此，发票的印刷、领购、开具和保管各环节都涉及税源的管理和稽查。

3. 税金的核算、调整和处理比较复杂

增值税实行价外税，产品（商品）有不含增值税销售额的核算，也有含增值税销售额的核算，还有销项税额、进项税额和应交税金的核算。销项税额的核算和调整，不同的业务又有不同的规定，销售货物一般在“银行存款”“应收账款”等科目核算调整。自用产品（商品）一般在“在建工程”“应付福利费”等科目作为追加税金核算调整。进项税额的核算调整，既有可以抵扣销项税额的，也有不准抵扣销项税额的，有关的规定及其调整处理比较复杂。由此可见，对增值税的稽查较之其他商品及劳务税的稽查难度大得多。认真查核增值税的销项税额、进项税额和应交税金，既是增值税稽查的重点，也是增值税稽查的难点。

二、增值税纳税人划分的稽查

增值税的税收制度规范了纳税人的管理，将增值税的纳税人划分为一般纳税人和小规模纳税人两种。由于一般纳税人和小规模纳税人在税额计算、税款缴纳和会计处理等方面有较大的区别。因此，对增值税进行税务稽查，必须首先对不同纳税人的划分进行稽查。

1. 一般纳税人和小规模纳税人划分的稽查

小规模纳税人和一般纳税人划分标准由主管税务机关根据税法规定的标准进行认定，见表6－1。

表6－1　小规模纳税人和一般纳税人

生产类型	小规模纳税人	一般纳税人
1. 生产企业（含加工、修理修配企业）	年应税销售额≤50万元	>50万元
2. 提供应税服务（营改增）	年应税销售额<500万元	≥500万元
3. 批发或零售货物纳税人（流通企业）	年应税销售额≤80万元	>80万元
4. 年应税销售额超过小规模纳税人标准的其他个人（个体工商户除外）	按小规模纳税人	—
5. 非企业性单位，不经常发生应税行为的单位和个体工商户	可选择按小规模纳税人纳税	—
6. 年应税销售额未超过小规模纳税人标准以及新开业的纳税人，可以向主管税务机关申请一般纳税人资格登记。条件：能够按照国家统一的会计制度设置账簿，根据合法、有效凭证核算，能够提供准确税务资料。		

2. 小规模纳税人和一般纳税人稽查内容

在资格认定的基础上，实施稽查时，应稽查如下内容：

（1）稽查增值税一般纳税人认定手续是否完备。根据规定，凡符合增值税一般纳税人条件的纳税人，都必须按规定的时限，并如实提供有关证件和资料，向其企业所在地主管税务机关申请办理一般纳税人的认定手续。纳税人在递交申请报告和提供有关证件和资料后，经审核提供的证件和资料齐全，申请资料内容属实后，填报《增值税一般纳税人申请认定表》方能成为一般纳税人。同时，在其《税务登记证》副本首页上方加盖“增值税一般纳税人”确认专章。稽查时，应重点审核纳税人的“税务登记证”副本首页上方是否盖有“增值税一般纳税人”确认专章，查对各项手续是否完备、真实，有无伪造、涂改和借用等方面的问题。

（2）稽查纳税人的年应税销售额是否达到一般纳税人规定的标准。稽查时，应重点查核纳税人的《增值税一般纳税人申请认定表》，核对企业申请的有关年度的年应税销售额是否达到了规定的标准。稽查纳税人的损益表，进一步核实年应税销售额，查明企业有无弄虚作假，冒名顶替，谎报多报年应税销售额而骗取一般纳税人资格的问题。应注意的是，对年应税销售额在规定标准以上的，还需稽查企业财务会计核算是否健全，若财务会计核算不健全，不能向税务机关提供准确的税务资料的一般纳税人，不准使用增值税专用发票，其销售额应依照增值税税率计算应纳税额，不准抵扣进项税额。

（3）小规模纳税人划分的稽查。小规模纳税人是指年应税销售额达不到前述一般纳税人规定的量化标准。稽查时，应注意年应税销售额达不到一般纳税人所规定的标准，或虽已超过标准符合一般纳税人条件，但未申请办理一般纳税人认定手续的，错按一般纳税人计算纳税的情况。如发现错将小规模纳税人按一般纳税人计算纳税的，应及时予以纠正，造成少缴的增值税应如数进行追补。

3. 一般纳税人和小规模纳税人的区别

（1）税率不同。增值税一般纳税人有四档税率，分别为 13%、9%、6%、0。而增值税小规模纳税人征收率一般为 3%，特殊行业为 5%。

（2）发票不同。小规模纳税人销售时只能使用增值税普通发票，不能使用增值税专用发票，在购买货物时则可以收取普通发票和专用发票，但是二者收取票据后的账务处理方式不同，一般纳税人按价款部分入成本，税款部分入“应交税金——应交增值税——进项税额”账户。小规模纳税人则按全额计入成本。

（3）申报不同。一般纳税人的纳税申报是按月，而小规模纳税人的纳税申报一般是按季度（也可申请按月纳税申报）。

【例题 6－1·多选题】 下列关于增值税一般纳税人登记的陈述，正确的有（　　）。

A. 增值税纳税人，年应税销售额超过小规模纳税人标准的，除另有规定外，应当向主管税务机关办理一般纳税人登记

B. 年应税销售额，是指纳税人在连续不超过 12 个月或四个季度的经营期内累计应征增值税销售额

C. 纳税人未按规定时限办理一般纳税人登记的，主管税务机关应当在规定时限结束后 5 日内制作《税务事项通知书》

D. 自 2018 年 5 月 1 日起，增值税一般纳税人标准为年应征增值税销售额 500 万元以上

E. 年应税销售额未超过规定标准的，一律不得登记为一般纳税人

【正确答案】 ABCD

【答案解析】 选项 E，年应税销售额未超过规定标准的纳税人，会计核算健全，能够提供准确税务资料的，可以向主管税务机关申请办理一般纳税人登记。

4. 小规模纳税人应纳税额的稽查

小规模纳税人进行稽查时，计算销售货物或者应税劳务，实行按照销售额和征收率计算应纳税额的简易办法，并不得抵扣进项税额。其应纳税额计算公式为：

应纳税额 = 销售额 × 征收率

销售额是指小规模纳税人销售货物所开出普通发票上所注明的含税销售金额。

由于小规模纳税人在销售货物或应税劳务时，一般只能开具普通发票，取得的销售收入均为含税销售额。当小规模纳税人销售货物或者应税劳务采用销售额和应纳税额合并定价方法的，按下列公式计算销售额：

销售额 = 含税销售额 ÷ （1 + 征收率）

征收率是指对特定的货物或特定的纳税人销售的货物、应税劳务在某一生产流通环节应纳税额与销售额的比率。

与增值税税率不同，征收率只是计算纳税人应纳增值税税额的一种尺度，不能体现货物或劳务的整体税收负担水平。适用征收率的货物和劳务，应纳增值税税额计算公式为：应纳税额 = 销售额 × 征收率，不得抵扣进项税额。

第2节　增值税销项税额的稽查

增值税销项税额的稽查是增值税稽查最重要的一环，也是进行税务稽查的关键所在。

一、增值税征税范围的稽查

1. 对于视同销售行为的稽查

（1）对于委托代销业务没有申报纳税的稽查。

第一，应确认委托代销业务的真实性，查阅委托方与受托方签订的委托代销合同或协议，重点检查是否构成代销业务，核实纳税人是否将直销业务作为委托代销业务进行核算。

第二，检查收到代销清单前是否收取货款，收到清单后是否及时结转销售，审查发出代销商品是否超过180天，核实有无延迟纳税义务发生时间和不计销售的问题。检查“应收账款”“应付账款”“其他应付款”“销售费用（或营业费用）”等账户，核查“库存商品——委托代销商品”账户贷方发生额的对应账户是否发生错误。

第三，审查代销商品账户、销售资料和往来明细账，查阅相关合同、协议，了解被查单位是否存在代销业务，必要时对受托代销商品采用发函协查或实地盘存的方法进行检查，核实是否存在代销收入不入账、隐匿销售收入或延缓实现销售收入时间的问题。

【例题6－2·单选题】下列行为应视同销售征收增值税的是（　　）。

A. 将自产的办公桌用于财务部门办公使用

B. 将外购的服装作为春节福利发给企业员工

C. 将委托加工收回的卷烟用于赠送客户

D. 某单位将自有不动产用于公益事业捐赠

【正确答案】C

【答案解析】选项 A，属于正常的生产经营，不视同销售；选项 B，属于不得抵扣进项税的情形；选项 D，单位或者个人向其他单位或者个人无偿转让无形资产或者不动产视同销售，但用于公益事业或者以社会公众为对象的除外。

（2）在不同县（市）间移送货物用于销售没有申报纳税的稽查。审查工商登记情况，了解企业经营机构尤其是异地分支机构的设立情况。检查“库存商品”等存货类账户，核实机构间是否存在移送货物的情况。核对机构间的往来明细账和银行资金往来凭据；审查销售部门的销售台账、仓库部门的实物账等情况。

（3）对于将自产或委托加工的货物用于集体福利和个人消费，无偿提供服务，无偿转让无形资产或者不动产未视同销售申报纳税问题的稽查。

第一，实地询问自产或委托加工货物的用途，分析有无用于集体福利和个人消费，无偿提供服务，无偿转让无形资产或者不动产。

第二，查看“应付职工薪酬”账户的借方发生额，从而检查“库存商品”“自制半成品”账户的贷方发生额，若发生额大于当期结转的主营业务成本，说明有可能将自制或委托加工的货物用于非应税项目或集体福利、个人消费，应对“应付职工薪酬”账户进行逆向反查，对这些账户的借方发生额的对应账户进行审核，检查其是否使用了自产或委托加工的货物。检查仓库发货单，审核是否存在集体福利和个人消费领用自产、委托加工货物的情况。审核计税价格，核实有无以成本价作为计税依据的情况。

（4）对于将自产、委托加工或购买的货物用于对外投资、分配给股东或无偿赠送他人，未视同销售申报纳税的稽查。

查看“长期股权投资”“应付股利”“库存商品”“营业外支出”等账户借方的对应账户是不是“原材料”“库存商品”等存货类账户，核实企业有无将自产、委托加工或购买的货物用于对外投资和分配给股东以及无偿赠送他人等事项。如果有，查阅相应业务的记账凭证，再对应“应交税费——应交增值税（销项税额）”账户，检查纳税人用于投资、赠送或分配的货物是否按规定核算了销项税额。

2. 对于兼营的稽查

查看工商登记情况，采取询问、实地观察等方法，了解企业的实际经营范围，核实其是否有兼营不同税率应税货物和服务的情况。检查“其他业务收入”“营业外收入”“其他业务支出”“营业外支出”以及费用类账户，审核不同税率应税货物和服务是否分别核算，不分别核算或者不能准确核算的，税务机关可核定其应税销售额。

3. 对于混合销售行为的稽查

（1）查看工商营业执照和税务登记证件，了解企业的经营范围，检查纳税人的生产经营场所，了解有无混合销售业务。

（2）检查“主营业务收入”“其他业务收入”账户，核实混合销售行为中各项目是否一并申报缴纳增值税，有无将一项混合销售业务分割分别核算的情况。

（3）审查有关成本、费用账户，核实是否存在将收取的混合销售收入直接冲减成本、费用。

4. 对于处理个人使用过的固定资产的稽查

在检查账户时着重检查“固定资产”“固定资产清理”“营业外收入”“应交税费——应交增值税”账户，核实销售自己使用过的应缴纳增值税的固定资产是否已申报缴纳增值税。

5. 对于加工劳务的稽查

查看加工合同或协议，审核加工业务的资金流动，检查受托方与委托方、原材料供应商之间的资金往来，核查受托方是否存在代垫原料及主要材料价款或代购原材料的情况。如果有必要，则到委托方进行调查，以判断是否存在将购销业务作为委托加工业务进行核算、纳税的问题。

二、销项税额的稽查

销项税额是指纳税人销售货物或者提供应税劳务，按照销售额或提供应税劳务收入和规定的税率计算并向购买方收取的增值税税额。销项税额的计算公式为：

销项税额 = 销售额 × 适用税率

1. 纳税义务发生时间

销售货物或者应税劳务，纳税义务发生时间为收讫销售款或者取得索取销售款凭据的当天；先开具发票的，为开具发票的当天；进口货物纳税义务发生时间为报关进口的当天。按销售结算方式的不同，具体为：

①采取直接收款方式销售货物，不论货物是否发出，均为收到销售额或取得索取销售额凭据的当天；

②采取托收承付和委托银行收款方式销售货物，为发出货物并办妥托收手续的当天；

③采取赊销和分期收款方式销售货物，为书面合同约定的收款日期的当天，无书面合同的或者书面合同没有约定收款日期的，为货物发出的当天；

④采取预收货款方式销售货物，为货物发出的当天，但销售生产工期超过 12 个月的大型机械设备、船舶、飞机等货物，为收到预收款或者书面合同约定的收款日期的当天；

⑤纳税人提供建筑服务、租赁服务采取预收款方式的，其纳税义务发生时间为收到预收款的当天。

【例题 6－3·多选题】下列选项中，以发出货物并办妥托收手续的当天为增值税纳税义务发生时间的有（　　）。

A. 直接收款方式销售货物　　B. 分期收款方式销售货物

C. 预收货款方式销售货物　　D. 托收承付方式销售货物

E. 委托银行收款方式销售货物

【正确答案】DE

【答案解析】选项 A，采取直接收款方式销售货物，不论货物是否发出，均为收到销售款或取得索取销售款凭据的当天；选项 B，采取分期收款方式销售货物，为书面合同约定收款日期的当天；选项 C，采取预收货款方式销售货物，为货物发出的当天，但生产销售生产工期超过 12 个月的大型机械设备、船舶、飞机等货物，为收到预收款或者书面合同约定的收款日期的当天。

2. 特别规定

委托其他纳税人代销货物，为收到代销单位销售的代销清单的当天。纳税人以代销方式销售货物，在收到代销清单前已收到全部或部分货款的，其纳税义务发生时间为收到全部或部分货款的当天；对于发出代销商品超过 180 天仍未收到代销清单及货款的，视同销售实现，其纳税义务发生时间为发出代销商品满 180 天的当天。其他视同销售货物行为，为货物移送的当天。纳税人从事金融商品转让，为金融商品所有权转移的当天。视同销售服务、无形资产或者不动产的，其纳税义务发生时间为服务、无形资产转让完成的当天或者不动产权属变更的当天。增值税扣缴义务发生时间为纳税人增值税纳税义务发生的当天。

3. 销售额

销售额是指纳税人销售货物或者提供应税劳务向购买方（承受应税劳务也视为购买方）收取的全部价款和价外费用。销售额中不包括向购买方收取的销项税额。

（1）价外费用。价外费用，包括价外向购买方收取的手续费、补贴、基金、集资费、返还利润、奖励费、违约金、滞纳金、延期付款利息、赔偿金、代收款项、代垫款项、包装费、包装物租金、储备费、优质费、运输装卸费以及其他各种性质的价外收费。但下列项目不包括在内：

①受托加工应征消费税的消费品所代收代缴的消费税；

②同时符合以下条件的代垫运输费用：承运部门的运输费用发票开具给购买方的；纳税人将该项发票转交给购买方的。

③同时符合以下条件代为收取的政府性基金或者行政事业性收费：由国务院或者财政部批准设立的政府性基金，由国务院或者省级人民政府及其财政、价格主管部门批准设立的行政事业性收费；收取时开具省级以上财政部门印制的财政票据；所收款项全额上缴财政。

④销售货物的同时代办保险等而向购买方收取的保险费，以及向购买方收取的代购买方缴纳的车辆购置税、车辆牌照费。

（2）包装物及其押金。根据税法规定，纳税人为销售货物而出租出借包装物收取的押金，单独记账核算的，时间在 1 年以内，又未逾期的，不并入销售额征税，但对因逾期未收回包装物不再退还的押金，应按所包装货物的适用税率计算销项税额。

包装物押金不应混同于包装物租金，包装物租金在销货时作为价外费用并入销售额计算销项税额。

对销售除啤酒、黄酒外的其他酒类产品而收取的包装物押金，无论是否返还以及会计上如何核算，均应并入当期销售额征税。对销售啤酒、黄酒所收取的押金，按上述一般押金的规定处理。

（3）销售折扣与折让。纳税人采取折扣方式销售货物，如果销售额和折扣额在同一张发票上分别注明的，可按折扣后的销售额征收增值税；如果将折扣额另开发票，不论其在财务上如何处理，均不得从销售额中减除折扣额。

纳税人销售货物并向购买方开具增值税专用发票后，由于购货方在一定时期内累计购买货物达到一定数量，或者由于市场价格下降等原因，销货方给予购货方相应的价格优惠或补偿等折扣、折让行为，销货方可按现行《增值税专用发票使用规定》的有关规定开具红字增值税专用发票。

【例题 6－4·单选题】 甲公司为增值税一般纳税企业，适用的增值税税率为 13%。2020 年 1 月 1 日，甲公司向乙公司销售一批商品，按价目表上标明的价格计算，其不含增值税的售价总额为 20 000 元。因属批量销售，甲公司同意给予乙公司 10% 的商业折扣；同时，为鼓励乙公司及早付清货款，甲公司规定的现金折扣条件（按含增值税的售价计算）为：2/10，1/20，n/30。假定甲公司 1 月 8 日收到该笔销售的价款（含增值税税额），则实际收到的价款为（　　）元。

A. 19 933.2　　B. 21 060　　C. 22 932　　D. 23 400

【正确答案】 A

【答案解析】 实际收到的价款 =（20 000 - 20 000 × 10%）×（1 + 13%）-（20 000 - 20 000 × 10%）×（1 + 13%）× 2% = 19 933.2（元）。

（4）核定销售额。纳税人销售货物或者应税劳务的价格明显偏低并无正当理由的，由主管税务机关核定其销售额。其核定顺序如下：

按纳税人最近时期同类货物应税服务的平均销售价格确定；按其他纳税人最近时期同类货物应税服务的平均销售价格确定；按组成计税价格确定，组成计税价格的公式为：

组成计税价格 = 成本 ×（1 + 成本利润率）

属于应征消费税的货物，其组成计税价格中应加计消费税额。

（5）特殊销售方式。

第一，以旧换新。以旧换新是指纳税人在销售自己的货物时，有偿收回旧货物的行为。采取以旧换新方式销售货物的，应按新货物的同期销售价格确定销售额，不得扣减旧货物的收购价格。考虑到金银首饰以旧换新业务的特殊情况，对金银首饰以旧换新业务，可以按销售方实际收取的不含增值税的全部价款征收增值税。

第二，还本销售。还本销售是指纳税人在销售货物后，到一定期限由销售方一次或分次退还给购货方全部或部分价款。这种方式实际上是一种筹资，是以货物换取资金的使用价值，到期还本不付息的方法。税法规定，采取还本销售方式销售货物，其销售额就是货物的销售价格，不得从销售额中减除还本支出。

第三，以物易物。以物易物是一种较为特殊的购销活动，是指购销双方不是以货币结算，而是以同等价款的货物相互结算，实现货物购销的一种方式。以物易物双方都应作购销处理，以各自发出的货物核算销售额并计算销项税额，以各自收到的货物按规定核算购货额并计算进项税额。在以物易物活动中，应分别开具合法的票据，如收到的货物不能取得相应的增值税专用发票或其他合法票据的，不能抵扣进项税额。

【例题 6-5 · 简答题】 某家电商场（增值税一般纳税人），8 月份销售家用电器商品。当月销售新家用电器商品，实际取得含税现金收入共 50 万元，协定半个月后将其中 10 万元返还给消费者。则计算该业务计税销售额。

【答案解析】 还本销售属于筹资行为，还本部分不应从销售额中减除，则含税销售额为 50 万元。

【例题 6-6 · 多选题】 下列关于增值税特殊销售方式的表述，正确的有（　　）。

A. 销售折扣发生在销货之后，是一种融资性质的理财费用，销售折扣不得从销售额中扣除

B. 直销企业通过直销员向消费者销售货物，直接向消费者收取货款，直销企业的销售额为其向消费者收取的全部价款和价外费用

C. 金银首饰以旧换新业务，应按新货物的同期销售价格作为计税依据

D. 贷款服务，以提供贷款服务取得的全部利息及利息性质的收入为销售额

E. 经批准的纳税人从事融资性售后回租服务，以收取的全部价款和价外费用（不含本金），扣除对外支付的借款利息（包括外汇借款和人民币借款利息）、发行债券利息后的余

额作为销售额

【正确答案】 ABDE

【答案解析】 选项 C，以旧换新，应按新货物的同期销售价格确定销售额，不得扣减旧货物的收购价格，但是金银首饰除外，对于金银首饰以旧换新业务，可以按销售方实际收取的不含增值税的全部价款征收增值税。

【例题 6－7·计算题】 2021 年 8 月，稽查人员对某公司 2020 年 1 月至 2021 年 6 月的纳税情况进行检查，发现该企业销售黏合剂产品，同时有包装物出借业务，并收取押金。稽查人员核对企业包装物账面数量与库存实物数量时，发现存在一定的差异。进一步采用直查法检查企业的有关账证资料，查实 2020 年 1 月销售产品并收取包装物押金 150 000 元，在 2021 年 4 月 25 日将这笔逾期的包装物押金转入了"营业外收入"，未计提销项税额的税收违法事实。企业应如何进行财税处理？

【答案解析】 企业在收取押金 1 年后，若依然没有退回包装物，则押金也不再退还，转作销售收入。账务调整如下：

借：本年利润　　17 256.44

　　贷：应交税费——增值税检查调整　　17 256.44

【例题 6－8·计算题】 甲公司为一家生产电视的企业，共有职工 200 名。2021 年 2 月，公司以其生产的成本为 2 000 元的液晶电视和外购的每台不含税价格为 1 000 元的电暖器作为春节福利发放给公司每名职工。该型号液晶电视的不含增值税售价为每台 2 800 元；此外甲公司以银行存款支付了购买电暖器的价款和增值税款，并取得了普通发票。假定 200 名职工中有 170 名为直接参加生产的职工，30 名为总部管理人员。税务人员对企业进行稽查，企业应如何进行财税处理？

【答案解析】 在其账税处理中，最关键之处：①将自产电视分发给本厂职工，视同销售计算销项税额，因此生产电视的原材料的进项税额允许抵扣；②将外购电暖器分发给本厂职工，不允许抵扣进项税额，直接按价税合一记账。

1. 发放自产液晶电视

（1）决定发放非货币性福利

借：生产成本　　537 880（2 800 × 200 × 1.13 × 85%）

　　管理费用　　94 920（2 800 × 200 × 1.13 × 15%）

　　贷：应付职工薪酬——非货币性福利　　632 800

（2）实际发放

借：应付职工薪酬——非货币性福利　　632 800

　　贷：主营业务收入　　560 000

　　　　应交税费——应交增值税（销项税额）　　72 800

借：主营业务成本　　400 000

　　贷：库存商品　　400 000

3. 发放外购电暖器

（1）决定发放非货币性福利

借：生产成本　　192 100

　　管理费用　　33 900

贷：应付职工薪酬——非货币性福利　　226 000

（2）购买时

借：库存商品　　226 000

贷：银行存款　　226 000

（3）实际发放

借：应付职工薪酬——非货币性福利　　226 000

贷：库存商品　　226 000

第3节　增值税进项税额的稽查

进项税额是指纳税人购进货物或应税劳务所支付或者承担的增值税税额。所说购进货物或应税劳务包括外购（含进口）货物或应税劳务、以物易物换入货物、抵偿债务收入货物、接受投资转入的货物、接受捐赠转入的货物以及在购销货物过程当中支付的运费。

进项税额是与销项税额相对应的另一个概念。在开具增值税专用发票的情况下，它们之间的对应关系是，销售方收取的销项税额，就是购买方支付的进项税额。

一、增值税进项税额的稽查方法

1. 对于购进环节的稽查

检查时，需审查“库存商品”“应交税费——应交增值税（进项税额）”账户借方发生额，对照增值税专用发票，看是否相符。审查购入免税农产品的买价是否真实，有无将一些进货费用，如收购人员的差旅费、奖金、雇用人员的手续费以及运杂费等采购费用计入买价计算进项税额进行扣税；有无擅自扩大收购凭证的使用范围或错用扣除税率的问题。

在检查时，可采用审阅法、核对法、分析法、盘存法等多种方法，核实纳税人是否发生非正常损失，重点审查“物资采购”“原材料”“待处理财产损溢”和“应交增值税”明细账户，结合收料单，查明进项税额核算是否正确，有无压低入库原材料价格、不扣除损耗短缺、按购入货物全额计列了进项税额等问题。

2. 对于存货保管使用环节的稽查

在检查时，原材料用于非应税项目、非正常损失进项税额转出需要检查。检查“原材料”“包装物”“低值易耗品”“库存商品”等会计账户，看其贷方的对应账户是否为生产成本、制造费用和销售费用，检查“材料分配单”“领料单”，查看去向，审查有无非应税项目领料直接计入成本、费用的情况；对用于集体福利、个人消费领用的或非正常损失的，审核是否贷记“应交税费——应交增值税（进项税额转出）”账户；从能确定外购货物批次的单位成本或当期实际成本，核实应由非应税项目（非正常损失）承担的材料物资成本金额，按规定的税率计算进项税额转出是否正确，有无故意降低应付职工薪酬领用材料的成本，少计进项税额转出的情况。

而企业生产耗用存货主要通过“生产成本”和“制造费用”账户汇集和核算。对这两个账户主要检查是否存在属资本性支出的耗材计入生产成本，非正常的存货损失直接计入生产成本，属在建工程核算的固定资产改良支出中的实物消耗和修理费支出记入“制造费用”账户，未作增值税进项税额转出处理。

3. 对于返利和折让的稽查

在检查时，应查看经济合同或协议，调查了解企业供应商或同业的其他供应商是否向购货方支付返利，如果都支付，但被查企业账面没有任何返利记录，说明被查企业很可能存在账外账，可采用检查账外账的方法对其取得的返利收入进行进一步检查。

检查企业的往来账户，看“其他应付款”或“其他应收款”账户有无将销售返利挂账，且未作进项税额转出。存在这种情况的企业，由于把返利挂入往来账，“其他应付款”或“其他应收款”账户余额会明显增加。

检查企业费用类账户，看是否将收取的进货返利冲减了相关的费用，未作进项税额转出。存在这种情况的企业，容易造成相关费用比上期明显下降。

检查企业“库存商品”账户和进货发票，看是否存在以进货返利冲减进货成本，未作进项税额转出的问题。有这种情况的，往往表现为企业购入的应税货物成本与进项税额不匹配。

4. 对于受让应税劳务进项税额的稽查

在检查时，主要审查“其他业务支出”“制造费用”“原材料”等账户，查阅增值税专用发票，结合加工合同或协议所载明的加工品名、性质和用途，有无将发生的应税劳务支出用于免税项目、集体福利和个人消费，作增值税进项税额抵扣的；有无提供劳务的单位与收款的单位及开具发票的单位不相符的情况；有无虚构加工业务，让他人为自己虚开增值税专用发票的行为。

5. 对于一般纳税人资格登记前的进项税额的稽查

在检查时，查看一般纳税人的认定时间、经济业务事项的发生时间，查阅购销合同、协议、货物入库单、仓库保管记录等，核实是否存在小规模纳税人转为一般纳税人后抵扣其小规模纳税人期间发生的进项税额。

6. 不得从销项税额中抵扣的进项税额稽查

纳税人购进货物或者应税劳务，取得的增值税扣税凭证不符合法律、行政法规或者国务院税务主管部门有关规定的，其进项税额不得从销项税额中抵扣。

根据《中华人民共和国增值税暂行条例》规定，下列项目的进项税额不得从销项税额中抵扣：

（1）用于非增值税应税项目、免征增值税项目、集体福利或者个人消费的购进货物或者应税劳务。

（2）非正常损失的购进货物及相关的应税劳务。所称非正常损失，是指因管理不善造成被盗、丢失、霉烂变质的损失。

（3）非正常损失的在产品、产成品所耗用的购进货物或者应税劳务。

（4）上述第（1）项至第（3）项规定的货物的运输费用和销售免税货物的运输费用。

（5）一般纳税人兼营免税项目或者非增值税应税劳务而无法划分不得抵扣的进项税额的，按下列公式计算不得抵扣的进项税额：

不得抵扣的进项税额 = 当月无法划分的全部进项税额 × 当月免税项目销售额、非增值税应税劳务营业额合计 ÷ 当月全部销售额、营业额合计

【例题 6-9·多选题】慧明设计服务公司 2021 年 3 月发生了下列业务（均取得了合法的扣税凭证），其中，相应的进项税额不得从销项税额中抵扣的有（ ）。

A. 购进职工茶水间饮用的咖啡

B. 组织职工春游，接受某公司提供的客运服务

C. 周末组织员工参加卡拉 OK 娱乐

D. 外购一批蔬菜用于职工食堂

E. 购进设计用绘图纸一批

【正确答案】ABCD

【答案解析】选项 E，购进设计用绘图纸，取得增值税专用发票，可以抵扣进项税额。

7. 购买服务、无形资产、不动产的问题

在稽查时，查看增值税专用发票所记载项目与实际纳税人经营项目是否相符，税率是否与规定一致。看有无虚假记载，以低税率应税行为代替高税率行为的情况。有无虚构应税行为，让他人为自己虚开增值税专用发票的行为。纳税人购进服务、无形资产或者不动产（不包括其他权益性无形资产），如果专用于简易计税方法计税项目、免征增值税项目、集体福利或者个人消费项目的，其进项税额不得从销项税额中抵扣。对属于兼用于允许抵扣项目和上述不允许抵扣项目情况的，其进项税额准予全部抵扣。

【例题 6-10·计算题】北方某电视机厂为增值税一般纳税人，2021 年 6 月份发生以下业务：

（1）在本地销售 A 型彩电 950 台，每台不含税价款 2 000 元，另发送给本企业职工活动中心 50 台。

（2）月末向外省分支机构发出 300 台彩电，支付给运输企业运费 5 000 元，其中装卸搬运费 800 元，运输企业将运费发票开给外地分支机构。

（3）本月外购原材料，取得防伪税控系统开具的增值税专用发票上注明税金 34 000 元，货已入库，但发票尚未到税务机关认证；另有上月底接受投资的一批显像管，取得投资方开来的防伪税控系统增值税专用发票上注明税金 85 000 元，本月发票经税务机关认证。

（4）本月公益性捐赠自产 A 型彩电 10 台。

（5）本月外购生产经营用设备，取得增值税专用发票上注明价款 150 000 元，用电取得电厂开具专用发票上注明价款 350 000 元，发票均经过税务机关认证；生产经营共消耗外购原材料成本 100 000 元。

要求：

（1）计算该企业当月销项税额；

（2）计算该企业当月进项税额；

（3）计算该企业当月应纳增值税额。

【正确答案】①当月销项税额 = (950 + 50 + 300 + 10) × 2 000 × 13% = 340 600（元）

②当月进项税额 = 85 000 + 150 000 × 13% + 350 000 × 13% = 150 000（元）

③当月应纳增值税 = 340 600 − 150 000 = 190 600（元）

【例题 6-11·综合分析题】甲公司是“营改增”增值税一般纳税人，2021 年 6 月 1 日，稽查时发生相关业务如下：

（1）6 月 5 日，初次购买增值税税控系统专用设备和支付技术维护费共计 10 000 元，其

中专用设备6 000元，服务费用4 000元。该设备按平均年限法计提折旧，折旧年限为5年、无残值。经统计，6月发生咨询收入价税合计120万元，购买纸张等耗材，取得增值税专用发票，注明价款2.8万元，税金0.364万元。

（2）7月5日，向国税上交6月份的增值税款项。

（3）7月份共取得咨询收入不含税82万元；涉税鉴证不含税收入80万元；7月购进计算机50台，取得增值税专用发票，注明价款42万元，税金5.46万元。

上述取得的增值税专用发票取得当月均通过了认证。（单位元，保留两位小数）

要求：根据上述资料，做出2021年6、7月份甲公司上述业务的相关增值税稽查后会计处理。

【正确答案】 甲公司会计处理如下：

（1）6月份：

①购入增值税税控系统专用设备时：

借：固定资产——增值税税控系统　6 000

　　贷：银行存款　6 000

借：应交税费——应交增值税（减免税款）　6 000

　　贷：管理费用　6 000

②支付技术维护费时：

借：管理费用——税控系统技术维护费　4 000

　　贷：银行存款　4 000

借：应交税费——应交增值税（减免税款）　4 000

　　贷：管理费用——税控系统技术维护费　4 000

③咨询收入：

借：银行存款　1 200 000

　　贷：应交税费——应交增值税（销项税额）　67 924.53

　　　　主营业务收入　1 132 075.47

④购买纸张耗材等：

借：原材料　28 000

　　应交税费——应交增值税（进项税额）　3 640

　　贷：银行存款　31 640

⑤月末将“应交税费——应交增值税”科目余额结转至“应交税费——未交增值税”科目：

借：应交税费——应交增值税（转出未交增值税）　54 284.53

　　贷：应交税费——未交增值税　54 284.53

备注：67 924.53－3 640－6 000－4 000＝54 284.53（元）。

（2）7月份：

①缴纳上月的增值税：

借：应交税费——未交增值税　54 284.53

　　贷：银行存款　54 284.53

②咨询收入、涉税鉴证收入：

借：银行存款　　1 717 200

　　贷：主营业务收入　　1 620 000

　　　　应交税费——应交增值税（销项税额）　　97 200

③购进计算机价款42万元，税金5.46万元：

借：固定资产　　420 000

　　应交税费——应交增值税（进项税额）　　54 600

　　贷：银行存款　　474 600

④税控系统专用设备的后续折旧处理：

借：管理费用——折旧费　　100

　　贷：累计折旧——增值税税控系统　　100

税控系统专用设备的月折旧额 =6 000/（5×12）=100（元）。

⑤月末将"应交税费——应交增值税"科目余额结转至"应交税费——未交增值税"科目：

借：应交税费——应交增值税（转出未交增值税）　　42 600

　　贷：应交税费——未交增值税　　42 600

备注：97 200 - 54 600 =42 600（元）

本章小结

增值税的税收制度规范了纳税人的管理，将增值税的纳税人划分为一般纳税人和小规模纳税人两种。增值税稽查主要内容包括对纳税人的稽查，对征税范围的稽查，对销项税额、进项税额稽查，对纳税时间的稽查等。

关键术语

增值税　　进项税额　　销项税额　　价外费用

复习思考题

1. 增值税一般纳税人和小规模纳税人的判定标准是什么？
2. 增值税一般纳税人和小规模纳税人的区别是什么？
3. 对于特殊销售方式进行增值税稽查时应注意些什么问题？
4. 增值税法对价外费用是如何规定的？
5. 增值税法对包装物押金是如何规定的？

第7章 所得税及消费税的税务稽查

本章要点

1. 企业所得税纳税人的稽查；
2. 企业所得税应纳税所得额的稽查；
3. 企业税务资产的稽查；
4. 个人所得税纳税人的稽查；
5. 个人所得税应税所得项目的稽查；
6. 消费税税目、税率的稽查，特别是烟酒产品税目、税率的稽查；
7. 消费税计税依据和应纳税额的稽查。

导入案例

某药企3年餐费估计高达近8亿元的税务风险

在税务稽查中，医药企业将餐费作为会议费税前列支的情况较为普遍。

某税务机关对大型医药制造企业A企业开展例行检查，发现该企业“销售费用”下的二级科目“会议费”列支金额占其“销售费用”70%以上。经过进一步调查，稽查人员发现，企业员工在“会议费”中报销的餐费，竟占该二级科目金额的80%以上，而与会议相关的场地、交通、住宿和设备租赁等费用合计不到20%。检查人员按照该企业年均会议费发生额估算，该医药企业近3年的餐费竟高达近8亿元，直接将50%的药品制造毛利率水平拉低了近20个百分点，对此，检查人员提出了质疑。

该企业负责人解释，此类会议是由本企业医药代表或营销人员组织，由医疗卫生专业人士参加的，旨在向与会人士提供产品信息或学术及医教信息。费用包括场地设备租金、交通费、住宿费和会议餐费等。之所以餐费占比过高，主要是此类会议大多为小型学术会议，召开地点大多在医疗机构附近的餐馆。虽然形式上是用餐，但实质是借用餐馆场地向被邀请的医生介绍产品的药效和临床经验等，属于与经营相关的正常业务宣传，不属于业务招待，因此在申报纳税时做了全额列支处理。

检查人员认为，虽然餐费并不等同于业务招待费，更不能简单地理解其与正常经营无关。但是，被查企业以餐费发票作为核算会议费的报销凭据，会议的真实性难以解释。同时，企业邀请函上注明的会议地点均在医院科室内部，举办时间在正常办公时间内，但餐费的刷卡支付凭单中的时间基本为晚餐时间。另外，当检查人员试图向被邀请的医院科室求证时，均无法取得第三方能够证明会议真实性的证据资料。

风控建议：针对A企业的情况，税务专家建议相关医药企业在列支会议费时，要高度重视会议费列支的相关要求。

虽然企业在会计处理时遵循“实质重于形式”的原则，但税务机关在执法过程中更注重形式要件，即列支会议费的相关凭证应反映会议时间、地点、出席人员、内容和费用标准等，且作为原始凭证的发票是非常重要的证据。根据《发票管理办法》第二十一条和《发票管理办法实施细则》第二十六条的规定，发票开具必须反映真实的经济业务，而餐费发票只能证明用餐的事实，却无法反映其他内容。因此，在医药企业基于此类情况核算会议费时，应附上医疗机构参会的第三方证明材料，且出具的材料能够证明会议的时间、地点和内容等相关要件，以此来佐证“此用餐非彼用餐”。同时，医药企业应加强财务报销制度的管理。医药代表等业务人员报销时，财务人员除了审核发票真伪以外，还应审核发票反映的业务实质，以避免形式和事实的矛盾。

（注：案例源自《中国税务报》）

第1节 企业所得税税务稽查

一、企业所得税政策依据

1. 纳税人

企业所得税的纳税义务人是指在中华人民共和国境内的企业和其他取得收入的组织。《企业所得税法》第一条规定，除个人独资企业、合伙企业外，凡在我国境内，企业和其他取得收入的组织都是企业所得税的纳税人。按照纳税义务的不同，企业所得税的纳税人分为居民企业和非居民企业。根据国际上的通行做法，我国企业所得税采用了“登记注册地标准”和“实际管理机构所在地标准”两个衡量标准，对居民企业和非居民企业做了明确界定。

（1）居民企业。居民企业，是指依法在中国境内成立，或者依照外国（地区）法律成立但实际管理机构在中国境内的企业。这里的企业包括国有企业、集体企业、私营企业、联营企业、股份制企业、外商投资企业、外国企业以及有生产、经营所得和其他所得的其他组织。其中，有生产、经营所得和其他所得的其他组织，是指经国家有关部门批准，依法注册、登记的事业单位、社会团体等组织。

（2）非居民企业。非居民企业，是指依照外国（地区）法律成立且实际管理机构不在中国境内，但在中国境内设立机构、场所的，或者在中国境内未设立机构、场所，但有来源于中国境内所得的企业。

上述所称机构、场所，是指在中国境内从事生产经营活动的机构、场所，包括：①管理机构、营业机构、办事机构；②工厂、农场、开采自然资源的场所；③提供劳务的场所；④从事建筑、安装、装配、修理、勘探等工程作业的场所；⑤其他从事生产经营活动的机构、场所。

如果非居民企业委托营业代理人在中国境内从事生产经营活动，包括委托单位或者个人经常代其签订合同，或者储存、交付货物等，该营业代理人视为非居民企业在中国境内设立的机构、场所。

【例题7-1·多选题】 依据企业所得税法的规定，判定居民企业的标准有（　　）。

A. 登记注册地标准　　B. 所得来源地标准

C. 实际管理机构所在地标准　　D. 经营行为实际发生地标准

【正确答案】 AC

2. 征税对象

企业所得税的征税对象，是指纳税人每一纳税年度取得的生产经营所得、其他所得和清算所得。

（1）居民企业的征税对象。居民企业应当就其来源于中国境内、境外的所得缴纳企业所得税。所得包括销售货物所得、提供劳务所得、转让财产所得、股息红利等权益性投资所得、利息所得、租金所得、特许权使用费所得、接受捐赠所得和其他所得。

（2）非居民企业的征税对象。非居民企业在中国境内设立机构、场所的，应当就其所设机构、场所取得的来源于中国境内的所得，以及发生在中国境外但与其所设机构、场所有实际联系的所得，缴纳企业所得税。非居民企业在中国境内未设立机构、场所的，或者虽设立机构、场所但取得的所得与其所设机构、场所没有实际联系的，应当就其来源于中国境内的所得缴纳企业所得税。

上述所称"实际联系"，是指非居民企业在中国境内设立的机构、场所拥有的据以取得所得的股权、债权，以及拥有、管理、控制据以取得所得的财产。

（3）所得来源的确定：

①销售货物所得，按照交易活动发生地确定。

②提供劳务所得，按照劳务发生地确定。

③转让财产所得。第一，不动产转让所得按照不动产所在地确定。第二，动产转让所得按照转让动产的企业或者机构、场所所在地确定。第三，权益性投资资产转让所得按照被投资企业所在地确定。

④股息、红利等权益性投资所得，按照分配所得的企业所在地确定。

⑤利息所得、租金所得、特许权使用费所得，按照负担、支付所得的企业或者机构、场所所在地确定，或者按照负担、支付所得的个人的住所地确定。

⑥其他所得，由国务院财政、税务主管部门确定。

3. 税率

企业所得税实行比例税率，其基本税率为25%。但是，对于非居民企业在中国境内未设立机构、场所的，或者虽设立机构、场所但取得的所得与其所设机构、场所没有实际联系的，其来源于中国境内的所得适用税率为20%。

同时，对于符合条件的小微企业、高新技术企业、非居民企业分别减按20%、15%、10%的税率征收企业所得税。

二、企业所得税纳税人稽查

（1）居民企业和非居民企业纳税人的界定区分。居民企业就来源于中国境内、境外的所得缴纳企业所得税，而对于非居民企业，仅就来源于境内的相关联的所得缴纳企业所得税。

（2）《企业所得税法》规定，个人独资企业以及合伙企业不适用该法，而是适用《个人所得税法》，应注意区分企业性质。

（3）实行汇总纳税的企业，必须经过国家税务总局批准，否则，企业不得自行确定汇总纳税。

【例题7－2·判断题】 合伙企业的合伙人是法人或其他组织是企业所得税的纳税义务人。（　　）

【正确答案】 正确。

【答案解析】 合伙企业的合伙人是法人或其他组织缴纳企业所得税。

【例7－3·判断题】 合伙企业的合伙人是法人或其他组织，合伙人在计算缴纳其企业所得税时，可以用合伙企业的亏损抵减其盈利。（　　）

【正确答案】 错误。

【答案解析】 合伙企业的合伙人是法人或其他组织，合伙人在计算缴纳其企业所得税时，不得用合伙企业的亏损抵减其盈利。

【例题7－4·判断题】 对非居民企业在中国境内取得工程作业和劳务所得应缴纳的所得税，税务机关可以指定工程价款或劳务费的支付人为扣缴义务人。（　　）

【正确答案】 正确。

【答案解析】 对非居民企业源泉扣缴的相关规定。

三、应纳税所得额的稽查

应纳税所得额是企业所得税的计税依据，按照《企业所得税法》的规定，应纳税所得额为企业每一个纳税年度的收入总额，减除不征税收入、免税收入、各项扣除以及允许弥补的以前年度亏损后的余额。基本公式为：

应纳税所得额＝收入总额－不征税收入－免税收入－各项扣除－允许弥补的以前年度亏损

1. 企业所得税年度收入总额稽查

企业的收入总额包括以货币形式和非货币形式从各种来源取得的收入，包括销售货物收入，提供劳务收入，转让财产收入，股息、红利等权益性投资收益，利息收入，租金收入，特许权使用费收入，接受捐赠收入和其他收入。企业取得收入的货币形式，包括现金、存款、应收账款、应收票据、准备持有至到期的债券投资以及债务的豁免等。企业取得收入的非货币形式，包括固定资产、生物资产、无形资产、股权投资、存货、不准备持有至到期的债券投资、劳务以及有关权益等。企业以非货币形式取得的收入，应当按照公允价值确定收入额，即按照市场价格确定的价值。

（1）常见涉税问题。常见涉税问题包括视同销售收入及试运行收入入账不及时或推迟收入入账时间，不全部确认收入，减少收入总额。纳税人延迟收入时限。价外费用没有全额计入收入，有应收款项的挂账情况，计量不准确及隐匿收入等问题。

（2）稽查方法。

①销售收入的稽查方法。销售收入的稽查时检查“产成品”“库存商品”“材料”等明细账和仓库保管账相核对，检查“主营业务收入”“其他业务收入”明细账，查实企业自制半成品、副产品、下脚料等是否有隐匿收入的情况。还可以进行项目实地稽查，核实与收入

明细账中的具体项目是否一致，稽查有无“厂中厂”“店中店”等问题。

②提供劳务收入的稽查方法。结合劳务合同检查“主营业务收入”“其他业务收入”“主营业务成本”“其他业务成本”等账户，审查应收未收的合同或协议价款是否全额结转了当期收入总额。

③转让财产收入的稽查方法。转让固定资产收入的稽查主要内容包括检查固定资产的售价是否正确、合理、有无故意低估售价，经办人从中得利的行为。固定资产净值、出售固定资产的有关费用的计算是否正确。转让有价证券等收入的稽查，检查转让有价证券、股权以及其他财产收入时，重点稽查投资的真实性，稽查企业的转让收入或投资收益是否及时入账。

④股息、红利等权益性投资收入的稽查方法。稽查时主要稽查“交易性金融资产”“持有至到期投资”“可供出售金融资产”“长期股权投资”等账户借方发生额及上年借方余额。未体现投资收益的，可以稽查“其他应付款”“应付账款”等外来账户，核实纳税人是否将投资收益挂往来账。检查“长期股权投资”账户查实纳税人在境外的投资情况，结合“投资收益”账户核实利润分配情况。

【例题 7－5·单选题】税务稽查时下列关于收入确认时间的说法中，不正确的是（　　）。

A. 接受捐赠，在计算缴纳企业所得税时一次性确认收入

B. 企业转让股权收入，应于转让协议生效且完成股权变更手续时，确认收入的实现

C. 股息等权益性投资收益以投资方收到所得的日期确认收入的实现

D. 特许权使用费收入以合同约定的特许权使用人应付特许权使用费的日期确认收入的实现

【正确答案】C

【答案解析】股息、红利等权益性投资收益以被投资方做出利润分配决定的日期确认收入的实现。

⑤租金收入的稽查方法。租金收入的稽查可以到实地进行查看，检查企业合同协议，了解企业对外租赁业务情况。稽查期间费用等账户，检查无转租情形。对出租包装物的检查，要结合销售合同和账面记载出租包装物的流向，通过实地盘存法，核对出租包装物进销存情况，确认出租包装物核算是否正确。如某公司将临街一楼的 8 间房，共 326 平方米全部对外出租。“其他业务收入”账户记载租赁收入 77 500 元。稽查人员通过到租赁方核实相关合同和资金支付单据，发现该公司租赁收入应为 154 800 元，少计租赁收入 77 300 元。

⑥利息收入的稽查方法。对利息收入的稽查主要是检查“银行存款”账户的发生额，核实纳税人取得的利息收入是否及时、准确入账。检查“长期借款”“短期借款”“财务费用”等账户借方红字发生额，检查企业是否存在用利息收入直接冲减借款或财务费用等现象。

【例题 7－6·单选题】某居民企业购入政府发行的年利息为 5% 的三年期国债 2 000 万元，持有 270 天时以 2 100 万元的价格转让。税务稽查时就该笔交易计算企业所得税应纳税所得税额是（　　）万元（不考虑其他税费）。

A. 0　　B. 19.33　　C. 26.03　　D. 33.97

【正确答案】C

【答案解析】 国债利息收入 = 国债金额 ×（适用年利率 ÷365）× 持有天数 = 2 000 ×（5% ÷365）×270 = 73.97（万元）；国债利息收入免税，转让收入应计入应纳税所得额。该笔交易的应纳税所得额 = 2 100 − 73.97 − 2 000 = 26.03（万元）。

【例题 7-7·单选题】 某境内居民企业 2021 年度"财务费用"账户中利息金额含有以年利率 8% 向银行借入的 9 个月的生产用 200 万元资金的借款利息；也包括 12 万元的向本企业职工（与本企业无关联关系）借入的与银行借款同期的生产用 100 万元资金的借款利息。假设向本企业职工的借款，双方签订了借款合同，也取得了相关合法票据。则该企业 2021 年度在计算应纳税所得额时允许扣除的利息费用是（　　）万元。

A. 28　　B. 21　　C. 20　　D. 18

【正确答案】 D

【答案解析】 可在计算应纳税所得额时扣除的银行利息费用 = 200 × 8% ÷ 12 × 9 = 12（万元）；向本企业职工借入款项可扣除的利息费用限额 = 100 × 8% ÷ 12 × 9 = 6（万元），该企业支付职工的利息费用只能按同期同类银行贷款利率计算的限额扣除，超过部分不得税前扣除；该企业 2021 年度可在计算应纳税所得额时扣除的利息费用 = 12 + 6 = 18（万元）。

⑦特许权使用费收入的稽查方法。通过检查专利权、非专利技术、商标权、著作权转让合同，确定企业特许权使用费转让的金额、结算方式、结算时间等内容。检查"其他业务收入""其他业务成本"等账户，审核有无隐瞒、截留、挪用特许权使用费收入，以收抵支或直接冲减成本的情况。必要时到权属证书的发放部门调查取证，查实商标权等权利的许可使用情况。

⑧接受捐赠收入的稽查方法。接受捐赠收入的稽查，可以检查所有捐赠业务往来科目明细账及记账原始凭据，重点审查企业是否存在取得捐赠不入账的情况。检查"营业外收入""资本公积"明细账，查验有无接受非货币性捐赠的情况，落实取得的非货币性收入的计价依据，与同类物品的市场价格或公允价格进行比照，对其差价进行纳税调整。

到权属证书的发放部门调查取证，查实商标权、车辆等权属变化是否有捐赠情况。检查"管理费用""销售费用"等账户，比照费用的前后期支出变动，核实有无支出异常情况，查实是否有接受捐赠的非货币性资产。如汽油费用突然增加，企业有可能接受车辆捐赠。

【例题 7-8·单选题】 某公司 2021 年 10 月接受捐赠的设备一台，取得增值税专用发票，注明该设备价值 10 万元，增值税额 1.3 万元；发生运费 1 万元，取得运输企业开具的增值税专用发票，均未做账务处理。2021 年调增应纳税所得额（　　）（假设：固定资产折旧为直线法，预计使用年限 10 年，净残值为 0）。

A. 11.3　　B. 11.12　　C. 11　　D. 12.39

【正确答案】 B

【答案解析】 调增应纳税所得额 =（10 + 1.3）−（10 + 1）÷ 120 × 2 = 11.12（万元）

⑨其他收入的稽查方法。稽查企业"其他应付款——包装物押金""营业外收入""管理费用""销售费用""财务费用"等相关账户，特别注意非对应账户间的会计核算，审核合同协议，必要时可到经营业务相关方外调核查，取得企业发生其他收入的证据，对照其账务处理，核实企业有无少计或不计收入，以及将收入挂账的问题。

2. 不征税收入的稽查方法

不征税收入包括财政拨款、依法收取并纳入财政管理的行政事业性收费和政府性基金以及国务院规定的其他不征税收入。对于财政拨款收入的检查，要检查企业是否存在骗取财政拨款、未按规定用途使用财政拨款的情形。对行政事业性收费、政府基金的检查，主要查看企业的这类收费、政府基金是否纳入预算管理，有无将不属于纳入财政管理的收费项目作为不征税收入扣除，以少纳企业所得税的现象。

【例题 7－9·单选题】 下列收入中，属于企业所得税法规定的不征税收入的是（　　）。

A. 事业单位收到的财政拨款收入

B. 外贸企业收到的出口退税款收入

C. 不征税收入孳生的利息收入

D. 企业收到地方政府未规定专项用途的税收返还款收入

【正确答案】 A

【答案解析】 收入总额中的下列收入为不征税收入：①财政拨款，是指各级人民政府对纳入预算管理的事业单位、社会团体等组织拨付的财政资金；②依法收取并纳入财政管理的行政事业性收费、政府性基金；③国务院规定的其他不征税收入。

【例题 7－10·多选题】 某纳入预算管理的事业单位在进行企业所得税纳税申报时，下列项目中，准予从收入总额中扣除的不征税收入有（　　）。

A. 财政拨款

B. 依法收取并纳入财政管理的行政事业性收费

C. 附属单位缴款

D. 依法收取并纳入财政管理的政府性基金

E. 国债利息收入

【正确答案】 ABD

3. 免税收入的稽查方法

免税收入包括国债利息收入，符合条件的居民企业之间的股息、红利等权益性投资收益，在中国境内设立机构、场所的非居民企业取得与该机构、场所有实际联系的股息、红利等权益性投资以及符合条件的非营利性收入。稽查国债利息时，要稽查企业反映国债利息收入的明细账户及相关原始凭证、记账凭证，检查企业是否存在将非国债利息收入混入国债利息收入，少缴纳企业所得税的情形。

【例题 7－11·单选题】 税务稽查时下列关于企业所得税免税收入的陈述中，不正确的是（　　）。

A. 国债利息收入属于免税收入

B. 符合条件居民企业之间的股息、红利等权益性投资收益属于免税收入

C. 财政拨款收入属于免税收入

D. 符合条件的非营利组织的收入属于免税收入

【正确答案】 C

【答案解析】 免税收入是指属于企业的应税所得但按照税法规定免予征收企业所得税的收入。免税收入包括：①国债利息收入；②符合条件的居民企业之间的股息、红利等权益性投资收益；③在中国境内设立机构、场所的非居民企业从居民企业取得与该机构、场所有实际联系的股息、红利等权益性投资收益；④符合条件的非营利组织的收入。

4. 税前扣除项目的稽查方法

（1）常见涉税问题。费用的界限划分不明确。利用虚开发票或人工费等虚增成本。资本性支出一次计入成本。擅自改变成本核算方法调节利润、收入和成本、费用不配比等问题。

（2）稽查方法。企业所得税的税前扣除项目，稽查会计报表及利润表，主要分析“主营业务成本”项目，计算“主营业务成本率”“主营业务成本增减变化率”“同行业成本率比照率”，对企业的主要业务成本增减变化情况与同行业同一指标的平均水平进行比照，从中发现问题。

实际稽查过程中要紧密结合企业会计报表中异常的数据变化，把握成本费用的三个关键点：第一，成本费用包含的范围、金额是否准确，成本费用的划分原则应用是否得当。第二，分析各成本费用占主营业务收入百分比和成本费用结构是否合理，对不合理的要查明原因。第三，分析成本费用各个项目增减变动的情况，判断主营业务成本的真实合法性，排查税前扣除项目存在的疑点，确定稽查主营业务成本的突破点。

（3）特殊扣除项目的稽查方法。

①工资薪金支出的稽查。审查工资薪金的范围是否正确，企业发生的合理的工资薪金支出，准予扣除。必须是实际发放的才能扣除，计提未发放的不能扣除。审查职工福利费的调整是否正确，每一年度准予扣除的福利费不能超过工资总额的14%。审查职工教育经费的调整是否正确，企业发生的职工教育经费支出，不超过工资薪金总额2.5%的部分，准予扣除。审查工会经费的调整是否正确，企业发生的工会经费支出，不超过工资薪金总额2%的部分，准予扣除。

【例题7-12·计算题】税务稽查某生产企业为居民企业，2021年实际发生的合理的工资支出300万元，职工福利费支出50万元，职工教育经费10万元，当年该企业计算应纳税所得额时，应调增应纳税所得额多少万元？

【答案解析】（1）职工福利费应调增应纳税所得额 $=50-300\times14\%=8$（万元）

（2）职工教育经费应调增应纳税所得额 $=10-300\times2.5\%=2.5$（万元）

（3）总计应调增应纳税所得额 $=8+2.5=10.5$（万元）

②借款费用是否正确。借款费用是指企业为经营活动借入资金而需要承担的利息性质的费用，包括长短期借款利息、债券溢折价摊销、借款辅助费用、外币借款汇率差。企业在生产经营活动中发生的合理的不需要资本化的借款费用，准予扣除。企业为购置、建造固定资产、无形资产和经过12个月以上的建造才能达到预定可销售状态的存货发生借款的，在有关资产购置、建造期间发生的合理的借款费用，应当作为资本性支出计入有关资产的成本，并依照《企业所得税法实施条例》的规定扣除。

③汇兑损失是否正确。企业在货币交易中，以及纳税年度终了时将人民币以外的货币性资产、负债按照期末即期人民币汇率中间价折算为人民币时产生的汇兑损失，除已经计入有关资产成本以及与向所有者进行利润分配相关的部分外，准予扣除。

④业务招待费的稽查。《企业所得税法实施条例》第四十三条规定：企业发生的与生产经营活动有关的业务招待费支出，按照发生额的60%扣除，但最高不得超过当年销售（营业）收入的5‰。

⑤广告宣传费的稽查。按权责发生制原则属于当期负担的广告宣传费，可以在当期扣除。企业每一纳税年度发生的符合条件的广告费和业务宣传费，除国务院财政、税务主管部

门另有规定外，不超过当年销售（营业）收入 15% 的部分，准予扣除。

【例题 7－13 · 单选题】 某医药制造企业 2020 年度销售自制药品取得不含税收入 1 500 万元，取得仓库不含税租金收入 500 万元，实际发生广告费 400 万元，业务宣传费 250 万元，则该企业 2020 年度计算企业所得税时，广告费和业务宣传费准予扣除（　　）万元。

A. 450　　B. 500　　C. 600　　D. 650

【正确答案】 C

【答案解析】 自 2016 年 1 月 1 日起至 2020 年 12 月 31 日，对化妆品制造与销售、医药制造和饮料制造（不含酒类制造）企业发生的广告费和业务宣传费支出，不超过当年销售（营业）收入 30% 的部分，准予扣除。该企业 2018 年度广告费和业务宣传费的扣除限额 =（1 500 + 500）× 30% = 600（万元），实际发生 = 400 + 250 = 650（万元），准予扣除 600 万元。

⑥捐赠支出的稽查方法。区分为“公益救济性捐赠”和“非公益救济性捐赠”，《企业所得税法实施条例》第五十一条规定：《企业所得税法》第九条所称公益性捐赠，是指企业通过公益性社会团体或者县级以上人民政府及其部门，用于《中华人民共和国公益事业捐赠法》规定的公益事业的捐赠。扣除限额的计算是否正确，《企业所得税法实施条例》第五十三条规定：企业发生的公益性捐赠支出，不超过年度利润总额 12% 的部分，准予扣除。

⑦环境保护、生态恢复专项资金支出稽查方法。企业依照法律、行政法规有关规定提取的用于环境保护、生态恢复等方面的专项资金，准予扣除。上述专项资金提取后改变用途的，不得扣除。

【例题 7－14 · 单选题】 2021 年 8 月，甲企业购买一大型环境保护设备，投资额为 2 000 万元，当年该企业的利润总额 890 万元。未经财税部门核定，提取风险准备金 10 万元。假定不考虑其他纳税调整事项，2021 年该企业应纳企业所得税税额为（　　）万元。

A. 220　　B. 225　　C. 25　　D. 20

【正确答案】 C

【答案解析】 未经核定的准备金支出，属于企业所得税前禁止扣除项目，所以要纳税调增。企业购置的“环境保护、节能节水、安全生产等专用设备”，投资额的“10%”可以在应纳税额中抵免，该企业的应纳税额 =（890 + 10）× 25% － 2 000 × 10% = 25（万元）。

⑧管理费。独立法人的母子公司之间支付的管理费，不得扣除。母公司为子公司提供各种服务发生的费用，必须按独立交易原则确定服务价格，否则不得扣除。非居民企业在中国境内设立的机构、场所，就其中国境外总机构发生的与该机构、场所生产经营有关的费用，能够提供总机构出具的费用汇集范围、定额、分配依据和方法等证明文件，并合理分摊的，准予扣除。

【例题 7－15 · 单选题】 下列有关企业所得税法内容的表述，不正确的是（　　）。

A. 依照中国法律规定设立的个人独资企业不适用企业所得税法

B. 企业当年发生的公益性捐赠支出，不超过年度利润总额 12% 的部分，准予在当年税前扣除

C. 外购商誉的支出，准予分期摊销扣除

D. 向投资者支付的股息、红利等权益性投资收益款项，不能税前扣除

【正确答案】 C

【答案解析】外购商誉的支出，在企业整体转让或者清算时，准予扣除。

四、企业税务资产的稽查

常见涉税问题，资产的计税基础不正确。固定资产净值计算不够准确。资产的折旧年限出现错误。

1. 固定资产稽查

（1）固定资产的计税基础。固定资产按照以下方法确定计税基础：

①外购固定资产，以购买价款和支付的相关税费以及使该资产达到预期用途发生的其他支出为计税基础；

②自行建造的固定资产，以竣工结算前发生的支出为计税基础；

③盘盈的固定资产，按同类固定资产的重置完全价值为计税基础；

④通过捐赠、投资、非货币性资产交换、债务重组等方式取得的固定资产，以该资产的公允价值和支付的相关税费为计税基础；

⑤融资租入的固定资产，以租赁合同约定的付款总额和承租人在签订租赁合同过程中发生的相关费用为计税基础。租赁合同未约定付款总额的，以该资产的公允价值和承租人在签订租赁合同过程中发生的相关费用为计税基础；

⑥改建的固定资产，除已经足额提取折旧的固定资产和租入的固定资产以外的其他固定资产，以改建过程中发生的改建支出增加计税基础。

（2）审查固定资产的折旧范围。按照《企业所得税法》的规定，企业按照规定计算的固定资产折旧，在计算应纳税所得额时准予扣除。但是，下列固定资产不得计算折旧扣除：房屋、建筑物以外未投入使用的固定资产；以经营租赁方式租入的固定资产；以融资租赁方式租出的固定资产；已足额提取折旧仍继续使用的固定资产；与经营活动无关的固定资产；单独估价作为固定资产入账的土地；其他不得计算折旧扣除的固定资产。

（3）审查固定资产的折旧年限。除国务院财政、税务主管部门另有规定外，固定资产计算折旧的最低年限为：①房屋、建筑物为20年；②飞机、火车、轮船、机器、机械为10年；③与生产经营活动有关的器具、工具、家具等为5年；④飞机、火车、轮船以外的运输工具为4年；⑤电子设备为3年。

（4）审查固定资产的折旧方法。企业应当自固定资产投入使用月份的次月起计算折旧；停止使用的固定资产，应当自停止使用月份的次月起停止计算折旧。

企业应当根据固定资产的性质和使用情况，合理确定固定资产的预计净残值。固定资产的预计净残值一经确定，不得变更。

固定资产按照直线法计算的折旧，准予扣除。

年折旧率＝（1－预计净残值率）÷预计使用年限

《企业所得税法》第三十二条规定：企业的固定资产由于技术进步等原因，确需加速折旧的，可以缩短折旧年限或者采取加速折旧的方法。

《企业所得税法实施条例》第九十八条规定：《企业所得税法》第三十二条所称可以采取缩短折旧年限或者采取加速折旧的方法的固定资产，包括：①由于技术进步，产品更新换代较快的固定资产；②常年处于强震动、高腐蚀状态的固定资产。

采取缩短折旧年限方法的，最低折旧年限不得低于《企业所得税法实施条例》第六十条规定折旧年限的60%。采取加速折旧方法的，可以采取双倍余额递减法或者年数总和法。

【例题7-16·单选题】税务稽查时符合加速折旧政策的企业对其购置的已使用过的固定资产，最低折旧年限不得低于规定最低折旧年限减去已使用年限后剩余年限的一定比例。下列选项中，符合这一比例的是（　　）。

A. 40%　　B. 80%　　C. 50%　　D. 60%

【正确答案】D

【答案解析】符合加速折旧政策的企业对其购置的已使用过的固定资产，最低折旧年限不得低于规定的最低折旧年限减去已使用年限后剩余年限的60%。

【例题7-17·单选题】根据企业所得税法的规定，税务稽查下列关于资产的税务处理的表述中，不正确的是（　　）。

A. 企业的无形资产以历史成本为计税基础

B. 企业对外投资期间，投资资产的成本在计算应纳税所得额时不得扣除

C. 停止使用的固定资产，应当自停止使用月份起停止计提折旧

D. 固定资产的预计净残值一经确定，不得变更

【正确答案】C

【答案解析】停止使用的固定资产，应当自停止使用月份的次月起停止计提折旧。

2. 无形资产的稽查方法

稽查有关专利权的证明文件和受让购入合同、契约。稽查专利权的计量是否正确，有无将其他费用计入专利权价值中，或者虚报专利权价值。稽查无形资产的贷方记录，并检查其账务处理是否正确，摊销期限和标准是否恰当，有无以无形资产的摊销来调节盈余等。

3. 生产性生物资产的稽查方法

生产性生物资产，是指为产出农产品、提供劳务或出租等目的而持有的生物资产，包括经济林、薪炭林、产畜和役畜等。生产性生物资产折旧主要稽查“生产性生物资产”和“生产性生物资产累计折旧”明细账，核实计提折旧的时间，查看是否存在当月新增资产计提折旧的情况。生物资产出售时，应当将处置收入扣除其计税成本和相关税费后的余额计入当期应纳税所得额。

五、长期待摊费用的稽查方法

长期待摊费用的计量稽查，可以查阅租入固定资产的租赁合同以及改建工程的建筑安装合同，查阅改良支出的料、工、费的原始凭证，核实其计量是否正确。长期待摊费用摊销的稽查，通过检查长期待摊费用摊销计算表，审查计算表中的摊销年限，审核对租入固定资产的改良支出是否在剩余租赁期内将改良支出平均摊销。

第2节 个人所得税税务稽查

个人所得税是以个人（自然人）取得的各项应税所得为征税对象所征收的一种税。它最早于1799年在英国创立，目前世界上已有140多个国家开征了这一税种。我国现行的

《个人所得税法》于2018年8月审议通过。

一、纳税义务人、税率的稽查

1. 政策依据

个人所得税的纳税人分为居民纳税人和非居民纳税人，住所标准和居住时间标准只要具备一个就成为居民纳税人：第一，住所标准："在中国境内有住所"是指因户籍、家庭、经济利益关系而在中国境内习惯性居住。第二，居住时间标准："在中国境内居住满1年"是指在一个纳税年度（即公历1月1日起至12月31日止）内，在中国境内居住满365日。在计算居住天数时，对临时离境应视同在华居住，不扣减其在华居住的天数。"临时离境"是指在一个纳税年度内，一次不超过30日或者多次累计不超过90日的离境。

非居民纳税的判定条件是以下两条必须同时具备：①在我国无住所；②在我国不居住或居住不满1年。

居民纳税人负有无限纳税义务。其所取得的应纳税所得，无论是来源于中国境内还是中国境外任何地方，都要在中国境内缴纳个人所得税。非居民纳税人承担有限纳税义务，只就其来源于中国境内的所得，向中国缴纳个人所得税。

个人所得税纳税人及纳税义务具体见表7－1。

表7－1　个人所得税纳税人及纳税义务

所得来源	境内所得	境外所得
中国居民	√	√
外国居民	√	

个人所得税征收采用超额累进税率和比例税率两种计算方法，除稿酬所得、劳务报酬所得、特许权使用费所得、财产租赁所得、财产转让所得按税率20%征收外，工资薪金所得、个体工商户生产经营所得以及对企事业单位承包、承租经营所得按照超额累进税率征收。

我国实践中，将按居住时间标准的个人所得税纳税人及其纳税义务分成5类情况，详见表7－2。

表7－2　境外人士获取中国境内所得是否征收个人所得税一览表

中国境内居住时间	雇员职位	境内所得境内支付或负担	境内所得境外支付或负担	境外所得境内支付或负担	境外所得境外支付或负担
不超过90日或183日	一般雇员	征	不征	不征	不征
	高层管理人员	征	不征	征	不征
超过90日或183日	一般雇员	征	征	不征	不征
	高层管理人员	征	征	征	不征
满1年但不满5年	所有人	征	征	征	不征
超过5年	所有人	征	征	征	征

高层管理人员是指：公司正、副（总）经理、各职能总师、总监及其他类似管理人员。

2. 常见涉税问题

居民纳税人与非居民纳税人身份混淆，高收入者未自行申报，高税率项目按低税率申报。

3. 稽查方法

对纳税义务人的检查，关键是要区分居民纳税义务人和非居民纳税义务人。对居民纳税义人和非居民纳税义务人的稽查方法主要如下：

（1）对在中国境内任职的外籍人员，检查其与任职单位签署的合同、薪酬发放资料等内容判断其属于居民纳税义务人还是非居民纳税义务人。

（2）通过稽查企业“应付职工薪酬”“应付利息”“财务费用”等账户，查询纳税人买卖股票、证券、基金及福利彩票等获得的所得，稽查纳税人在一个纳税年度获得的各项所得总和是否达到 12 万元以上，是否按规定办理了纳税申报。

【例题 7－18·单选题】一般说来，居民纳税人应就其来源于中国境内、境外的所得缴纳个人所得税，非居民纳税人仅就来源于中国境内的所得缴纳个人所得税。税务稽查下列收入中属于中国境内所得的是（　　）。

A. 居民纳税人转让非专利技术在中国境外使用的所得

B. 中国公民在境外取得的提供各种劳务的劳务报酬所得

C. 将财产出租给承租人在中国境外使用而取得的所得

D. 转让中国境内的建筑物给外国人取得的所得

【正确答案】D

【答案解析】选项 A，应该是转让的非专利技术在中国境内使用的所得；选项 B，应该是因任职、受雇、履约等而在中国境内提供各种劳务取得的劳务报酬所得；选项 C，应该是将财产出租给承租人在中国境内使用而取得的所得。

【例题 7－19·多选题】在个人所得税中，非居民纳税人取得的下列所得应依法缴纳个人所得税的有（　　）。

A. 受雇于中国境内的公司而取得工资、薪金所得

B. 在中国境内从事生产、经营活动而取得的生产经营所得

C. 购买外国债券、股票而取得的所得

D. 转让中国境内的房屋而取得的财产转让所得

E. 因任职、受雇、履约等在中国境外提供各种劳务取得的劳务报酬所得

【正确答案】ABD

【答案解析】非居民纳税人购买外国债券、股票而取得的所得，因任职、受雇、履约等而在中国境外提供各种劳务取得的劳务报酬所得，不属于从我国境内取得的所得，不缴纳个人所得税。

二、应税所得项目的稽查

1. 工资、薪金所得的稽查

工资、薪金所得，是指个人因任职或者受雇而取得的工资、薪金、奖金、年终加薪、劳动分红、津贴、补贴以及与任职或者受雇有关的其他所得。

对工资、薪金所得的稽查，主要是稽查纳税人取得的工资、薪金收入总额，扣除按规定

免税项目所得和费用扣除额后的余额的计算是否正确，取得的所得是否如实申报，有无少报、瞒报情况。

（1）单位支付应税工资、薪金收入的稽查。对扣缴义务人支付个人的应税工资、薪金收入，主要是检查纳税义务人或者扣缴义务人申报纳税的工资、薪金收入总额是否真实，有无少报工资、薪金收入的情况。由于工资、薪金应税收入项目种类较多、形式多样，检查时，应特别注意检查不通过“应付工资”账户核算的工资、薪金性质的应税收入项目，比如实物性应税工资、薪金收入项目，以防止税收的流失。对于费用等扣除项目的稽查，尤其是附加减除费用，检查有无扩大附加减除费用扣除范围的问题。

（2）特殊情形下取得工资、薪金应纳税所得额的稽查。稽查时检查一个年度内，是否多次使用全年一次性奖金计税方法。确定适用税率后，是否重复扣除“速算扣除数”，少缴个人所得税。对个人一次性取得数月奖金或年终加薪、劳动分红检查时，检查纳税人有无将其按月份进行分摊计算应纳税所得额，导致少纳税款的问题。从雇佣单位和派遣单位分别取得的工资、薪金所得是否合并纳税。特殊行业职工工资、薪金收入的检查，主要是检查有无非特殊行业的职工利用特殊行业的特殊方法分摊所得以达到少纳税款的目的。

【例题 7－20·单选题】按照现行个人所得税法的规定，税务稽查下列各项表述中正确的是（　　）。

A. 任职、受雇于报纸、杂志等单位的记者、编辑等专业人员，因在本单位的报刊、杂志上发表作品取得的所得，应按照“稿酬所得”项目缴纳个人所得税

B. 个人经政府有关部门批准，取得执照从事办学、医疗等活动，应按“经营所得”项目征收个人所得税

C. 个人对企事业单位承包、承租经营，无论采用何种形式经营，一律按“经营所得”项目征收个人所得税

D. 个人独资企业的投资者张某用企业资金为其本人购买汽车和住房，该财产购置支出应按“利息、股息、红利所得”项目计征个人所得税

【正确答案】B

【答案解析】选项 A，任职、受雇于报纸、杂志等单位的记者、编辑等专业人员，因在本单位的报刊、杂志上发表作品取得的所得，属于因任职、受雇而取得的所得，应与其当月工资收入合并，按“工资、薪金所得”项目征收个人所得税；选项 C，个人对企事业单位承包、承租经营，要分不同情况，分别按“工资、薪金所得”“企事业单位的承包经营、承租经营所得”项目征个人所得税；选项 D，个人独资企业的投资者张某以企业资金为其本人购买汽车和住房，该财产购置支出应按“经营所得”项目计征个人所得税。

【例题 7－21·单选题】根据个人股票期权所得的征税规定，员工行权时，从企业取得股票的实际购买价（施权价）低于购买日公平市场价的差额，应计算缴纳个人所得税，其适用的应税所得项目是（　　）。

A. 财产转让所得

B. 劳务报酬所得

C. 工资、薪金所得

D. 利息、股息、红利所得

【正确答案】C

【答案解析】 员工行权时，其从企业取得股票的实际购买价（施权价）低于购买日公平市场价（指该股票当日的收盘价）的差额，是因员工在企业的表现和业绩情况而取得的与任职、受雇有关的所得，应按“工资、薪金所得”适用的规定计算缴纳个人所得税。

【例题 7－22 · 单选题】 甲企业职工李先生 2019 年每月工资薪金收入 10 000 元，符合扣除标准的“三险一金”为 1 000 元/月。2019 年 1 月，甲企业统一给员工购买了每人每年 3 000元符合规定的商业健康保险，则甲企业 1 月应代扣代缴李先生个人所得税是（　　）。

A. 114 元　　B. 120 元　　C. 204 元　　D. 210 元

【正确答案】 D

【答案解析】 根据《关于将商业健康保险个人所得税试点政策推广到全国范围的通知》，单位统一组织为员工购买或者单位和个人共同负担购买符合规定的商业健康保险产品，单位负担部分应当实名计入个人工资薪金明细清单，视同个人购买，并自购买产品次月起，在不超过 200 元/月的标准内按月扣除。李先生 1 月应纳个人所得税 =（10 000 + 3 000 − 5 000 − 1 000）× 3% = 210（元）。

【例题 7－23 · 多选题】 个人任职有关的收入中，可按全年一次性奖金的计税方法计算缴纳个人所得税的有（　　）。

A. 年终加薪

B. 与单位解除劳动关系而取得的一次性补偿收入

C. 实行年薪制而兑现的年薪

D. 实行绩效工资办法兑现的绩效工资

E. 机关单位的年终双薪

【正确答案】 ACDE

【答案解析】 一次性奖金包括年终加薪、实际年薪制和实行绩效工资办法的单位根据考核情况兑现的年薪和绩效工资。年终双薪比照全年一次性奖金的征税办法。

2. 个体工商户生产、经营所得的稽查

主要检查有无将两处或以上取得的生产、经营所得分开计算纳税，降低适用税率，减少应纳税额等情况。

【例题 7－24 · 单选题】 某个人独资企业投资人赵某从该企业借钱 5 万元自用于消费，到年底仍未归还。税务稽查时该款项计征个人所得税应按（　　）。

A. 综合所得　　B. 偶然所得

C. 经营所得　　D. 利息、股息、红利所得

【正确答案】 C

【答案解析】 个人独资企业的个人投资者以企业资金为本人、家庭成员及其相关人员支付与企业生产经营无关的消费性支出及购买汽车、住房等财产性支出，视为企业对个人投资者的利润分配，并入投资者个人的生产经营所得，依照“个体工商户的生产经营所得”项目计征个人所得税。

3. 企事业单位承包经营、承租经营所得的稽查

对企事业单位的承包、承租经营所得，是指个人承包经营、承租经营以及转包、转租取得的所得，还包括个人按月或者按次取得的工资薪金性质的所得。

稽查时检查被承包或承租企业的工商登记执照的性质，是否变更为个体工商户。对于应

纳税所得额的稽查主要检查是否如实申报承包、承租经营所得，有无故意减少应税所得额的情况。检查是否按规定扣除生产成本、费用和损失等必要费用，有无随意扩大承包、承租经营的扣除范围的情况。

4. 劳务报酬所得的稽查

劳务报酬所得，是指个人从事设计、装潢、安装、制图、化验、测试、医疗、法律、会计、咨询、讲演、新闻、广播、翻译、审稿、书画、雕刻、影视、录音、录像、演出、表演、广告、展览、技术、劳务、介绍服务、经纪服务、代办服务以及其他劳务取得的所得。

根据不同劳务项目的特点，分别规定为：①只有一次性收入的，以取得该项收入为一次；②属于同一事项连续取得收入的，以1个月内取得的收入为一次。

检查劳务报酬所得，首先要依据获取所得的个人与所得支付方存在的雇佣关系的存续时间、性质、依据、方式等方面，明确区分劳务报酬所得和工资薪金所得的差别，有无混淆两项所得的情形。

【例题7-25·单选题】企业以免费旅游方式作为对营销人员（非企业雇员）的个人奖励，则计征个人所得税的税目是（　　）。

A. 劳务报酬所得　　B. 财产转让所得

C. 偶然所得　　D. 工资薪金所得

【正确答案】A

【答案解析】根据《财政部　国家税务总局关于企业以免费旅游方式提供对营销人员个人奖励有关个人所得税政策的通知》的规定，按照劳务报酬所得缴纳个人所得税。

【例题7-26·单选题】根据个人所得税的相关规定，税务稽查下列收入中，按“劳务报酬所得”纳税的是（　　）。

A. 来源于非任职公司的董事费收入

B. 退休人员再任职取得的收入

C. 担任任职公司的关联企业的监事取得的监事费收入

D. 在任职公司担任监事的监事费收入

【正确答案】A

【答案解析】个人担任公司董事、监事，且不在公司任职、受雇的情形，取得的董事费按“劳务报酬所得”项目征税方法计算征收个人所得税；个人在公司（包括关联公司）任职、受雇，同时兼任董事、监事的，应将董事费、监事费与个人工资收入合并，统一按工资、薪金所得项目缴纳个人所得税。

5. 稿酬所得的稽查

（1）稿酬所得，以每次出版、发表取得的收入为一次。

①同一作品再版取得的所得，应视作另一次稿酬所得计征个人所得税。

②同一作品先在报刊上连载，然后再出版，或先出版，再在报刊上连载的，应视为两次稿酬所得征税。即连载作为一次，出版作为另一次。

③同一作品在报刊上连载取得收入的，以连载完成后取得的所有收入合并为一次，计征个人所得税。

④同一作品在出版和发表时，以预付稿酬或分次支付稿酬等形式取得的稿酬收入，应合并计算为一次。

⑤同一作品出版、发表后，因添加印数而追加稿酬的，应与以前出版、发表时取得的稿酬合并计算为一次，计征个人所得税。

（2）对于任职、受雇于报纸、杂志等单位的记者、编辑等专业人员，在本单位的报刊、杂志上发表作品取得的收入，属于因任职、受雇而取得的所得，应当与当月工资收入合并，按“工资、薪金所得”项目缴纳个人所得税。除上述情况外的，应按“劳务报酬所得”项目缴纳个人所得税。

【例题 7－27·单选题】 中国公民叶某任职国内甲企业，2021 年出版著作一部取得稿酬 20 000 元，当年添加印数而追加稿酬 3 000 元，关于稿酬应缴纳的个人所得税是（　　）。

A. 2 548 元　　B. 2 576 元　　C. 2 240 元　　D. 3 680 元

【正确答案】 B

【答案解析】 根据个人所得税相关规定，个人每次以图书、报刊方式出版、发表同一作品（文字作品、书画作品、摄影作品以及其他作品），无论出版单位是预付还是分笔支付稿酬，或者加印该作品后再付稿酬，均应合并其稿酬所得按一次计征个人所得税。应缴纳个人所得税 =（20 000 + 3 000）×（1 − 20%）×（1 − 30%）× 20% = 2 576（元）。

【例题 7－28·单选题】 下列说法不符合劳务报酬所得和稿酬所得的相关规定的是（　　）。

A. 甲某受出版社委托为出版社提供审稿劳务所取得的所得，应当按照劳务报酬所得纳税

B. 乙某提供翻译，并且在作品上署名取得的所得，应当按照劳务报酬所得纳税

C. 稿酬就是指个人因其作品以图书、报刊形式出版、发表而取得的所得

D. 劳务报酬所得一般属于个人独立从事自由职业取得的所得或属于独立个人劳动所得

【正确答案】 B

【答案解析】 稿酬就是指个人因其作品以图书、报刊形式出版、发表而取得的所得。一般就指首次发表，而且强调的是个人自己的作品。劳务报酬主要是指接受别人的委托所从事的劳务等应得的收入。翻译作品关键看是否署名，如果署名的则按照稿酬计税，如果没有署名的，则按照劳务报酬计税。选项 B，出版的书上译者是署名的，所以是稿酬。如果只是提供翻译劳务而与是否出版无关，则是劳务报酬所得。选项 C，稿酬所得就是指个人因其作品以图书、报刊等形式出版、发表而取得的所得。

【例题 7－29·判断题】 企业对营销业绩突出的企业雇员以培训班、研讨会、工作考察等名义组织旅游活动，通过免收差旅费、旅游费对个人实行的营销业绩奖励（包括实物、有价证券等），不征收个人所得税。（　　）

【正确答案】 错误

【答案解析】 根据《财政部　国家税务总局关于企业以免费旅游方式提供对营销人员个人奖励有关个人所得税政策的通知》的规定，对商品营销活动中，企业和单位对营销业绩突出人员以培训班、研讨会、工作考察等名义组织旅游活动，通过免收差旅费、旅游费对个人实行的营销业绩奖励（包括实物、有价证券等），应根据所发生费用全额计入营销人员应税所得，依法征收个人所得税，并由提供上述费用的企业和单位代扣代缴。其中，对企业雇员享受的此类奖励，应与当期的工资薪金合并，按照“工资、薪金所得”项目征收个人所得税；对其他人员享受的此类奖励，应作为当期的劳务收入，按照“劳务报酬所得”项目

征收个人所得税。

【例题 7－30·多选题】按照个人所得税法的有关规定，税务稽查下列各项个人所得中，属于稿酬所得征税范围的有（　　）。

A. 文学作品发表取得的所得

B. 文学作品手稿原件公开拍卖所得

C. 文学作品出版取得的所得

D. 出版社的专业作者撰写作品以图书形式出版取得的所得

E. 记者在自己报社的杂志上发表作品取得的所得

【正确答案】ACD

【答案解析】选项 B，对于作者将自己的文字作品手稿原件或复印件公开拍卖（竞价）取得的所得，应按特许权使用费所得项目征收个人所得税；选项 E，应按工资薪金所得缴纳个人所得税。

6. 特许权使用费所得的稽查

特许权使用费所得，是指个人提供专利权、商标权、著作权、非专利技术以及其他特许权的使用权取得的所得。

对特许权使用费所得的稽查主要检查纳税人的专利拥有情况、应税收入情况、有无隐瞒收入等情况。

【例题 7－31·判断题】编剧从电视剧的制作单位取得的剧本使用费，不再区分剧本的使用方是否为其任职单位，统一按"特许权使用费所得"项目征收个人所得税。（　　）

【正确答案】正确

【答案解析】根据《国家税务总局关于剧本使用费征收个人所得税问题的通知》的规定，对于剧本作者从电影、电视剧的制作单位取得的剧本使用费，不再区分剧本的使用方是否为其任职单位，统一按特许权使用费所得项目计征个人所得税。

【例题 7－32·判断题】某报社的行政管理人员在本单位的报社发表作品取得的所得，应按"工资、薪金所得"项目征收个人所得税。（　　）

【正确答案】错误

【答案解析】报纸、杂志、图书出版等单位的职员在本单位的刊物上发表作品、出版图书取得所得征税的问题：任职、受雇于单位的记者、编辑等专业人员，因在本单位的报纸、杂志上发表作品取得的所得，属于因任职、受雇而取得的所得，应与其当月工资收入合并，按"工资、薪金所得"项目征收个人所得税。除上述专业人员以外，其他人员在本单位的报刊、杂志上发表作品取得的所得，应按"稿酬所得"项目征收个人所得税。

7. 利息、股息、红利所得的稽查

利息、股息、红利所得，是指个人拥有债权、股权而取得的利息、股息、红利所得。对利息、股息、红利所得的稽查，主要稽查纳税人有无故意隐瞒所得不报的情况，是否按规定缴纳了个人所得税。可以稽查"应付股利""应付利息""财务费用"等账户，审查企业有无把支付的利息、股息、红利所得按照工资、薪金所得少代扣代缴个人所得税。

【例题 7－33·单选题】下列事项应按照"利息、股息、红利所得"缴纳个人所得税的是（　　）。

A. 出租汽车经营单位将出租车所有权转移给驾驶员的，出租车驾驶员从事客货运营取

得的收入

B. 员工因拥有股权而参与企业税后利润分配取得的所得

C. 单位为职工支付的超过规定标准的基本养老保险

D. 非本单位报纸、杂志的专业人员在本单位的报纸、杂志上发表作品取得的所得

【正确答案】 B

【答案解析】 选项 A，出租汽车经营单位将出租车所有权转移给驾驶员的，出租车驾驶员从事客货运营取得的收入，比照“经营所得”项目征税；选项 C，单位为职工支付的超过规定标准的基本养老保险，按“工资、薪金所得”缴纳个人所得税；选项 D，非本单位报纸、杂志的专业人员在本单位的报刊、杂志上发表作品取得的所得，按“稿酬所得”项目征收个人所得税。

【例题 7－34 · 单选题】 李某为苏州某中小高新技术企业股东，持有该公司股份 50 万股，2020 年 7 月，公司经股东大会决定以未分配利润、盈余公积、资本公积向个人股东转增股本，李某获得转增的股本 20 万元，李某应缴纳的个人所得税是（　　）。

A. 20 000 元　　B. 40 000 元　　C. 0 元　　D. 10 000 元

【正确答案】 B

【答案解析】《财政部 国家税务总局关于将国家自主创新示范区有关税收试点政策推广到全国范围实施的通知》的规定，自 2016 年 1 月 1 日起，全国范围内的中小高新技术企业以未分配利润、盈余公积、资本公积向个人股东转增股本时，个人股东获得转增的股本，应按照“利息、股息、红利所得”项目，适用 20% 税率征收个人所得税。李某应纳个人所得税 $=200\ 000\times20\%=40\ 000$（元）。

【例题 7－35 · 单选题】 王某 2020 年 8 月购买某上市公司的股票 10 000 股，该上市公司 2020 年度的利润方案为每 10 股送 3 股，并于 2021 年 1 月份实施，该股票的面值为每股 1 元。上市公司应扣缴王某的个人所得税是（　　）。

A. 300 元　　B. 600 元　　C. 1 500 元　　D. 3 000 元

【正确答案】 A

【答案解析】 配股分红属于股息、红利所得，对个人投资者从上市公司取得的股息、红利所得，持股期限在 1 个月以上至 1 年的，暂减按 50% 计入个人应纳税所得额。个人所得税 $=10\ 000\div10\times3\times1\times50\%\times20\%=300$（元）。

8. 财产租赁所得的稽查

财产租赁所得是指个人出租建筑物、土地使用权、机器设备、车船以及其他财产取得的所得。对财产租赁所得的稽查，主要检查纳税人有无隐瞒其财产租赁收入，少缴个人所得税。

【例题 7－36 · 单选题】 房地产开发企业与商铺购买者签订协议，以优惠价格出售其开发的商铺给购买者个人，购买者个人在一定时期内必须将购买的商铺无偿提供给房地产开发企业对外出租使用，根据个人所得税法的有关规定，对购买者个人少支出的购房价款，以下表述正确的是（　　）。

A. 不需要缴纳个人所得税

B. 按照偶然所得项目缴纳个人所得税

C. 按照财产转让所得项目缴纳个人所得税

D. 按照财产租赁所得项目缴纳个人所得税

【正确答案】D

【答案解析】《国家税务总局关于个人与房地产开发企业签订有条件优惠价格协议购买商店征收个人所得税问题的批复》的规定，对购买者个人少支出的购房价款，应视同个人财产租赁所得，按照“财产租赁所得”项目征收个人所得税。每次财产租赁所得的收入额，按照少支出的购房价款和协议规定的租赁月份数平均计算确定。

9. 财产转让所得的稽查

财产转让所得，是指个人转让有价证券、股票、建筑物、土地使用权、机器设备、车船以及其他财产取得的收入。对股票转让所得暂不征收个人所得税。检查个人财产的转让情况，检查有无隐瞒不报或者少报财产转让收入的情况。扣除项目的稽查，检查有无扩大财产原值的情况，有无扩大缴纳的税金及有关合理费用的情况。个人住房转让所得的稽查，个人住房转让以实际成交价格为转让收入，纳税人申报的住房成交价格明显低于市场价格，征收机关有权核定其转让收入。

10. 偶然所得和其他所得的稽查

个人偶然所得税是指税务机关根据《中华人民共和国个人所得税法》，向纳税人取得的偶然所得征收的税款。征税对象主要是个人得奖、中奖、中彩以及其他偶然性质的所得收入。对于个人从企业取得的偶然所得，应由企业按规定代扣代缴个人所得税。

稽查应注意取得的偶然所得是否为实物所得，如果是实物所得，应检查其折合的人民币是否正确，有无故意压低价格的情况及检查代扣代缴单位是否正确履行了代扣代缴义务。根据《国家税务总局关于社会福利有奖募捐发行收入税收问题的通知》（国税发〔1994〕127号）对个人购买社会福利有奖募捐奖券一次中奖收入不超过10 000元的暂免征收个人所得税，对一次中奖收入超过10 000元的，应按税法规定全额征税。

三、税额抵免的稽查

税法规定，纳税义务人从中国境外取得的所得，准予其在应纳税额中扣除已在境外缴纳的个人所得税税额。稽查时应审查纳税人境外缴纳的个人所得额是否真实。

四、税收优惠的稽查

我国对于个人所得税的税收优惠，主要包括免征个人所得税的优惠、减征个人所得税的优惠以及暂免征收个人所得税的优惠。除此之外，《个人所得税法实施条例》：“在中国境内无住所，但是居住一年以上五年以下的个人，其来源于中国境外的所得，经主管税务机关批准，可以只就由中国境内公司、企业以及其他经济组织或者个人支付的部分缴纳个人所得税”。《个人所得税法实施条例》“在中国境内无住所，但是在一个纳税年度中在中国境内连续或者累计居住不超过90日的个人，其来源于中国境内的所得，由境外雇主支付并且不由该雇主在中国境内的机构、场所负担的部分，免予缴纳个人所得税。”

对于税收优惠的稽查，主要检查个人享受的税收优惠是否符合税法规定的享受优惠的具体条件，有无骗取税收优惠的情形。对于企业以“生活补助”名义发放的项目，要逐项检查原始资料，核对受助人员是否符合补助条件，有无名为补助、实为变相福利的情况。

第 3 节　消费税税务稽查

我国现行消费税是对在我国境内从事生产、委托加工和进口应税消费品的单位和个人就其应税消费品征收的一种税。对消费税的税务稽查是税务稽查工作的一项重要内容。

一、纳税人的稽查

1. 政策依据

在中华人民共和国境内生产、委托加工和进口《消费税暂行条例》规定的消费品的单位和个人，以及国务院确定的销售《消费税暂行条例》规定的消费品的其他单位和个人，为消费税的纳税人。

2. 征管方法

（1）界定纳税人的身份，稽查纳税人是否属漏征漏管户。

（2）对照现行政策，查看稽查对象有无法定代收代缴义务；对于有法定扣缴义务的，则应让其提供扣缴义务登记手续，以界定其身份。

（3）检查有无履行扣缴义务。查阅委托加工合同，结合受托加工账目，核实在境内受托加工应税消费品（不包括金银首饰）的单位和个人（受托方为个人的除外）在交货时是否按照规定代收代缴了消费税。

【例题 7－37·多选题】 下列单位中属于消费税纳税人的有（　　）。

A. 生产销售应税消费品（金银首饰除外）的单位

B. 委托加工应税消费品的单位

C. 进口应税消费品的单位

D. 受托加工应税消费品的单位

【正确答案】 ABC

二、税目、税率的稽查

1. 税目及税率政策依据

消费税共有 15 个税目，有些税目下设有子目，比如烟下面就设有卷烟、雪茄烟、烟丝 3 个子目；酒及酒精下设白酒、黄酒、啤酒、其他酒及酒精 5 个子目。有些子目又下设子子目，如卷烟下设甲类卷烟和乙类卷烟两个子子目；啤酒下设甲类啤酒和乙类啤酒两个子子目。具体消费税税目税率见表 7－3。

2. 税目税率的稽查

（1）兼营行为的稽查。对于兼营行为的稽查，可稽查兼营不同产品，有意混淆应税消费品和非应税消费品界限。兼营不同税率应税消费品从低适用税率。应税消费品成套销售，有意拆分收入，少计消费税。将应税消费品作为非应税消费品申报。

（2）卷烟产品的稽查。卷烟产品的稽查可以检查是否混淆卷烟的品种、牌号、价格，从低适用 36% 的税率。自产自用、委托加工、进口的卷烟，从低适用税率问题。

表 7－3　　　　消费税税目税率表

税目		征税范围	计税单位	税率（税额）
一、烟	1. 卷烟（生产环节）	(1) 甲类卷烟：每标准条（200 支，下同）销售价格在 70 元（含 70 元，不含增值税，下同）以上的卷烟		56%
			支	0.003 元
		(2) 乙类卷烟：每标准条销售价格在 70 元以下		36%
			支	0.003 元
	2. 卷烟（商业批发环节）			11%
			支	0.005 元
	3. 雪茄烟（生产环节）			36%
	4. 烟丝（生产环节）			30%
二、酒	1. 白酒		500 克（500 毫升）	20%
				0.5 元
	2. 黄酒		吨	240 元
	3. 啤酒	每吨出厂价（含包装物及包装物押金）在 3 000 元（含 3 000 元，不含增值税）以上	吨	250 元
		每吨出厂价在 3 000 元以下	吨	220 元
	4. 其他酒			10%
三、高档化妆品		包括成套化妆品、高档护肤类化妆品		15%
四、贵重首饰及珠宝玉石		金银首饰、铂金首饰和钻石及钻石饰品（零售）		5%
		其他贵重首饰和珠宝玉石（生产环节）		10%
五、鞭炮、焰火				15%
六、成品油	1. 汽油		升	1.52 元
	2. 柴油		升	1.20 元
	3. 航空煤油		升	1.20 元
	4. 石脑油		升	1.52 元
	5. 溶剂油		升	1.52 元
	6. 润滑油		升	1.52 元
	7. 燃料油		升	1.20 元
七、摩托车		气缸容量（排气量，下同）250 毫升		3%
		气缸容量在 250 毫升以上的		10%
八、小汽车	1. 乘用车	气缸容量（排气量，下同）在 1.0 升（含 1.0 升）以下的		1%
		气缸容量在 1.0 升以上至 1.5 升（含 1.5 升）的		3%
		气缸容量在 1.5 升以上至 2.0 升（含 2.0 升）的		5%

续表

<table>
<tr><th colspan="2">税目</th><th>征税范围</th><th>计税单位</th><th>税率（税额）</th></tr>
<tr><td rowspan="6">八、
小汽车</td><td rowspan="4">1. 乘用车</td><td>气缸容量在 2.0 升以上至 2.5 升（含 2.5 升）的</td><td></td><td>9%</td></tr>
<tr><td>气缸容量在 2.5 升以上至 3.0 升（含 3.0 升）的</td><td></td><td>12%</td></tr>
<tr><td>气缸容量在 3.0 升以上至 4.0 升（含 4.0 升）的</td><td></td><td>25%</td></tr>
<tr><td>气缸容量在 4.0 升以上的</td><td></td><td>40%</td></tr>
<tr><td>2. 中轻型商用客车</td><td></td><td></td><td>5%</td></tr>
<tr><td>3. 超豪华小汽车</td><td>每辆零售价格 130 万元（不含增值税）及以上的乘用车和中轻型商用客车</td><td></td><td>10%（零售环节）</td></tr>
<tr><td colspan="4">九、高尔夫球及球具</td><td>10%</td></tr>
<tr><td colspan="4">十、高档手表</td><td>20%</td></tr>
<tr><td colspan="4">十一、游艇</td><td>10%</td></tr>
<tr><td colspan="4">十二、木制一次性筷子</td><td>5%</td></tr>
<tr><td colspan="4">十三、实木地板</td><td>5%</td></tr>
<tr><td colspan="4">十四、铅蓄电池</td><td>4%</td></tr>
<tr><td colspan="4">十五、涂料</td><td>4%</td></tr>
</table>

（3）酒类产品的稽查。酒类产品的稽查是否从低适用税目税率，从低确定单位税额。核实酒的种类及适用税率是否正确。是否故意压低啤酒出厂价格的检查。

【例题 7－38·计算题】 某葡萄酒生产企业，生产葡萄酒按 10% 税率交消费税。销售葡萄酒 100 万元，本月拿 200 吨葡萄酒换生产资料。最高价为每吨 200 元，最低价每吨为 180 元，中间平均价为每吨 190 元。

【解析】 消费税：$100 \times 10\% + 200 \times 200 \div 10\ 000 \times 10\% = 10.40$（万元）

【例题 7－39·单选题】 下列各项中，属于消费税征收范围的是（　　）。

A. 电动汽车　　B. 卡丁车　　C. 高尔夫车　　D. 小轿车

【正确答案】 D

【例题 7－40·单选题】 下列选项中应征消费税的是（　　）。

A. 涂料　　B. 高档家用电器　　C. 电动自行车　　D. 实木家具

【正确答案】 A

【答案解析】 选项 B、C、D 不属于消费税的征税范围。

三、纳税环节和纳税义务发生时间的稽查

1. 纳税环节的稽查

（1）生产外销环节的消费税稽查。在境内生产销售应税消费品（不包括金银首饰）未申报纳税；不符合税法中委托加工业务范围的受托加工，未按销售自制应税消费品缴纳消费税。

（2）自产自用环节的消费税稽查。将自产应税消费品（不包括金银首饰）用于连续生产应税消费品以外用途的，未按规定视同销售，计算缴纳消费税，如直接冲减生产成本，增加辅助生产成本或其他业务支出，或者根本不作账务处理，直接列入商品损耗；生产、批发、零售单位用于馈赠、赞助、集资、广告、样品、职工福利、奖励等方面的金银首饰，未按视同销售在移送使用时申报纳税。

【例题7－41·多选题】某汽车制造厂生产的小汽车应按自产自用缴纳消费税的有（　　）。

A. 用于本厂研究所作碰撞试验　　B. 赠送给贫困地区

C. 移送改装分场改装加长型豪华小轿车　　D. 为了检测其性能，将其转为自用

【正确答案】BD

（3）委托加工应税消费品的稽查。委托加工应税消费品（不包括金银首饰）的应纳消费税，受托方未按规定代收代缴，委托方也未主动申报纳税；委托个体经营者加工应税消费品（不包括金银首饰）的纳税人，未按规定申报纳税。

隐匿或部分隐匿委托加工的应税消费品；委托方以委托加工的部分应税消费品抵偿加工费，少申报缴纳消费税。

受托方为多揽业务，故意将加工的应税消费品记作非应税消费品，不履行代收代缴税款的义务，帮助委托方逃避纳税；委托方与受托方串通，采取货物收发、加工以及款项收付均不作账务处理，偷逃消费税。

（4）进口应税消费品的稽查。进口应税消费品（不包括金银首饰）在报关进口时，未足额申报消费税。进口金银首饰（除个人携带、邮寄进境外），在零售环节未申报纳税或未足额申报纳税。

（5）批发和零售环节消费税的稽查。批发单位将批发业务混淆成零售业务；金银首饰与非金银首饰的划分不正确；从事金银首饰零售业务（包括受托代销）、为生产经营单位以外的单位和个人加工金银首饰未申报纳税；生产、进口的金银首饰，在零售环节未足额缴纳消费税。

2. 纳税义务发生时间的稽查

（1）纳税人采取赊销和分期收款结算方式的，为书面合同约定的收款日期的当天；书面合同没有约定收款日期或者无书面合同的，为发出应税消费品的当天。

（2）纳税人采取预收货款结算方式的，为发出应税消费品的当天。

（3）纳税人采取托收承付、委托银行收款结算方式的，为发出应税消费品并办妥托收手续的当天。

（4）纳税人采取其他结算方式，为收讫销售款或者取得索取销售款凭据的当天。

（5）纳税人自产自用的应税消费品，为移送使用的当天。

（6）纳税人委托加工应税消费品的，为纳税人提货的当天。

（7）纳税人进口应税消费品的，为报关进口的当天。

四、计税依据和应纳税额的稽查

1. 直接对外销售时应纳税额的稽查

第一，实行从价定率计征消费税的，其计算公式为：应纳税额＝销售额×比例税率；

第二，实行从量定额计征消费税的，其计算公式为：应纳税额 = 销售数量 × 定额税率；

第三，实行从价定率和从量定额复合方法计征消费税的，其计算公式为：应纳税额 = 销售额 × 比例税率 + 销售数量 × 定额税率

现行消费税的征税范围中，只有卷烟、白酒采用复合计算方法。

【例题 7－42 · 多选题】 消费税纳税人应当按照最高销售价格确定消费税计税依据的情况有（　　）。

A. 纳税人将自产的卷烟用于换取烟丝

B. 纳税人将自产的白酒用于投资入股

C. 纳税人将自产的化妆品分发给本企业职工

D. 纳税人将自产的轿车用作企业办公用车

E. 纳税人将自产的高尔夫球抵偿债务

【正确答案】 ABE

【答案解析】 纳税人以应税消费品用于换取生产资料和消费资料、投资入股和抵偿债务等方面，采用最高销售价格。

【例题 7－43 · 计算题】 某啤酒厂自产啤酒 10 吨，无偿提供给某啤酒节，已知每吨成本 1 000 元，无同类产品售价（税务机关核定的消费税单位税额为 220 元/吨）。

【正确答案】 应纳消费税 = 10 × 220 = 2 200（元）

2. 自产自用时应纳税额的稽查

纳税人将自产自用的应税消费品，除用于连续生产应税消费品外，凡用于其他方面的，于移送使用时纳税。

根据消费税条例，自产自用应税消费品分为自产出厂、自产自用两类情况，有关计税的规定详见表 7－4。

表 7－4　　自产自用应税消费品

<table>
<tr><th>纳税人</th><th>行为</th><th>纳税环节</th><th>计税依据</th><th>生产领用抵扣税额</th></tr>
<tr><td rowspan="7">生产应税消费品的单位和个人</td><td rowspan="3">自产出厂</td><td rowspan="3">出厂销售环节</td><td>从价定率：销售额</td><td rowspan="7">在计算出的当期应纳消费税税款中，按生产领用量抵扣外购或委托加工收回的应税消费品的已纳消费税税额</td></tr>
<tr><td>从量定额：销售数量</td></tr>
<tr><td>复合计税：销售额、销售数量</td></tr>
<tr><td rowspan="4">自产自用</td><td>用于连续生产应税消费品的，不纳税</td><td>不涉及</td></tr>
<tr><td rowspan="3">用于生产非应税消费品；用于在建工程；用于管理部门、非生产机构；提供劳务；用于馈赠、赞助、集资、广告、样品、职工福利、奖励等方面的，在移送使用时纳税</td><td>从价定率：同类消费品价格或组成计税价格</td></tr>
<tr><td>从量定额：移送数量</td></tr>
<tr><td>复合计税：同类产品价格或组成计税价格、移送数量</td></tr>
</table>

（1）实行从价定率办法计征消费税的，其计算公式为：

组成计税价格 =（成本 + 利润）÷（1 － 比例税率）

应纳税额 = 组成计税价格 × 比例税率

【例题 7 - 44 · 计算题】某酒厂以自产特制粮食白酒 2 000 斤用于厂庆庆祝活动，每斤白酒成本 12 元，无同类产品售价。

【正确答案】从量征收的消费税 = 2 000 × 0.5 = 1 000（元）

从价征收的消费税 = 12 × 2 000 ×（1 + 10%）÷（1 - 20%）× 20% = 6 600（元）

（注：组价中不含从量征收的消费税）

应纳消费税 = 1 000 + 6 600 = 7 600（元）

应纳增值税 = 12 × 2 000 ×（1 + 10%）÷（1 - 20%）× 13% = 4 290（元）

由于从量计征以应税消费品的数量为计税依据，与应税消费品价格的高低没有关系，因此，计算应税消费品的组成计税价格时，暂不考虑从量计征的消费税税额。

（2）复合计税办法计征消费税，其计算公式为：

组成计税价格 =（成本 + 利润 + 自产自用数量 × 定额税率）÷（1 - 比例税率）

应纳税额 = 组成计税价格 × 比例税率 + 自产自用数量 × 定额税率

（3）外购应税消费品已纳税款扣除的稽查。常见涉税问题包括纳税人擅自扩大扣除范围；擅自扩大扣除税额，允许扣除的税额不包括企业购进但尚未领用的生产资料已纳消费税税款，也不包括增值税税款；虚假进货，扩大扣除项目金额。稽查纳税人生产领用的原材料是否属于可以抵扣消费税的范围，稽查纳税本期扣除的已纳税款是否正确，有无多抵扣的现象。

3. 委托加工环节应纳消费税的稽查

（1）检查委托加工业务是否符合税法的规定范围。对于委托加工的应税消费品，首先应该审查其是否符合税法中规定的委托加工方式。稽查时，要通过稽查其加工合同，查看加工货物的原料和主要材料是不是由委托方提供，受托方只收取加工费和代垫部分辅助材料。如果不是，则要检查受托方有无按照销售自制应税消费品缴纳消费税。

【例题 7 - 45 · 多选题】属于委托加工应税消费品消费税的组成计税价格中的项目的有（　　）。

A. 委托方支付的加工费用

B. 受托方提供加工材料的实际成本

C. 受托方代垫辅助材料的价格

D. 受托方代收代缴的消费税金

E. 增值税税金

【正确答案】ACD

【答案解析】委托加工应税消费品计征消费税的组成计税价格 =（材料成本 + 加工费）÷（1 - 消费税税率），选项 B，应该是委托方提供加工材料的实际成本。

【例题 7 - 46 · 多选题】某卷烟厂（增值税一般纳税人）委托其他企业加工烟丝，收回后用于生产卷烟，下列项目中应计入收回烟丝成本的有（　　）。

A. 随同加工费支付的增值税专用发票注明的增值税

B. 加工企业代收代缴的消费税

C. 随同加工费支付的取得普通发票的增值税

D. 支付的委托加工费

E. 出用于委托加工烟丝的材料成本

【正确答案】CDE

【答案解析】委托加工消费税加工费和材料成本计入烟丝成本，取得普通发票不得抵扣增值税，应计入成本。

【例题 7－47·多选题】 甲企业为增值税一般纳税人，4 月接受某烟厂委托加工烟丝，甲企业自行提供烟叶的成本为 35 000 元，代垫辅助材料 2 000 元（不含税），发生加工支出 4 000 元（不含税）；甲企业当月允许抵扣的进项税额为 340 元。烟丝的成本利润率为 5%。

【解析】 应税消费品的组价 =（35 000 + 2 000 + 4 000）×（1 + 5%）÷（1 − 30%）= 61 500（元）

甲企业应纳增值税 = 61 500 × 13% − 340 = 7 655（元）

应纳消费税 = 61 500 × 30% = 18 450（元）

（2）代收代缴情况的稽查。税法规定，由受托方在向委托方交货时代收代缴消费税，其计税依据是受托方的同类消费品的销售价格，没有同类消费品销售价格的，按照组成计税价格计算纳税。组成计税价格的计算是否正确，直接关系到税款计算的正确性。

对于受托方没有按规定代收代缴税款的，委托方必须补缴税款，对受托方则不再重复补税，但要按《税收征管法》的规定，处以应代收代缴税款 50% 以上 3 倍以下的罚款。对委托方补征税款的计税依据是：如果在检查时，收回的应税消费品已经直接销售的，按销售额计税；收回的应税消费品尚未销售或不能直接销售的（如果收回后用于连续生产等），按组成计税价格计税。

（3）委托加工收回的应税消费品已纳税款扣除的稽查。委托加工的应税消费品因为已由受托方代收代缴税款，因此，委托方收回货物后用于连续生产应税消费品的，其已纳税款准予按照规定从连续生产的应税消费品应纳消费税税额中抵扣。但是，纳税人用委托加工收回的已税珠宝玉石生产的改在零售环节征收消费税的金银首饰，在计税时一律不得扣除委托加工收回的珠宝玉石的已纳消费税税款。

4. 进口环节应纳消费税的稽查

实行从价定率计征消费税时应纳税额的计算。

应纳税额的计算公式为：

（1）应纳关税税额 = 关税完税价格 × 关税税率。其中：关税完税价格，是指海关核定的关税计税价格。

（2）组成计税价格 =（关税完税价格 + 关税）÷（1 − 消费税比例税率）。

（3）应纳消费税税额 = 组成计税价格 × 消费税比例税率。

（4）应纳增值税税额 = 组成计税价格 × 增值税税率。

【例题 7－48·多选题】 2022 年 1 月某公司进口一批摩托车，海关应征进口关税 15 万元（关税税率假定为 30%），则进口环节还需缴纳（　　）（消费税税率为 10%）。

A. 消费税 6.5 万元　　　　B. 消费税 7.22 万元

C. 增值税 11.05 万元　　　D. 增值税 10.05 万元

E. 增值税 9.38 万元

【正确答案】 BE

【答案解析】 关税完税价格 = 15 ÷ 30% = 50（万元）

进口消费税 =（50 + 15）÷（1 − 10%）× 10% = 7.22（万元）

进口增值税 =（50 + 15 + 7.22）× 13% = 9.38（万元）

5. 零售环节应纳消费税的稽查

目前，在零售环节征收消费税的货物主要是金银首饰，其计税依据是不含增值税的销售额。改在零售环节征收消费税的金银首饰仅限于金基、银基合金首饰以及金、银和金基、银基合金的镶嵌首饰、钻石及钻石饰品，所以，稽查时要注意区分这类产品。对既销售金银首饰，又销售非金银首饰的生产、经营单位，稽查其是否将两类商品划分清楚，分别核算销售额。凡划分不清楚或不能分别核算的，若纳税人在生产环节销售，查看其是否一律从高适用税率缴纳了消费税；若在零售环节销售，看其是否一律按金银首饰缴纳了消费税。

纳税人将金银首饰与其他产品组成成套消费品销售的，检查其是否按销售额全额计算了消费税。金银首饰连同包装物销售的，无论包装物是否单独计价，也无论会计上如何核算，都要稽查包装物是否并入了金银首饰的销售额计征消费税。

带料加工的金银首饰，对照纳税人当期或最近期间的同类金银首饰销售价格的有关资料检查纳税人使用的计税价格是否正确；没有同类金银首饰销售价格的，稽查其组成计税价格的计算是否正确。

纳税人采用以旧换新（含翻新改制）方式销售的金银首饰，检查其是否按照实际收取的不含增值税的全部价款确定计税依据并缴纳消费税。

【例题 7－49·案例分析题】 2021 年某企业销售应税消费品收取押金 1 130 元，满 1 年未收回包装物，消费税税率 10%。税务稽查时企业应如何进行账务处理？

【解析】

（1）收取押金时：

借：银行存款　　1 130

　　贷：其他应付款　　1 130

（2）逾期时：

借：其他应付款　　1 130

　　贷：其他业务收入　　1 000

　　　　应交税费——应交增值税（销项税额）　　130

借：税金及附加　　100

　　贷：应交税费——应交消费税　　100

本章小结

本章系统介绍了企业所得税和个人所得税税务稽查管理。企业所得税稽查包括纳税人、应纳税所得额、企业税务资产等稽查方法。企业所得税重点关注应纳税所得额的稽查，主要包括年度收入总额、不征税收入、免税收入、税前扣除项目的稽查方法。企业资产的税务处理包括固定资产、无形资产等问题。个人所得税稽查包括纳税人、征税范围、计税依据、应税所得项目、税收抵免、税收优惠等方面的稽查方法。个人所得税重点关注应税所得项目的稽查，主要包括劳务报酬所得、生产经营所得，稿酬所得、特许权使用费、捐赠扣除、偶然所得等稽查方法。

对消费税税目、税率进行纳税稽查时，要稽查应税消费品与非应税消费品的兼营、成套销售行为及烟酒产品的税目、税率适用情况。重点稽查消费税计税依据和应纳税额。

关键术语

企业所得税　　个人所得税　　应纳税所得额　　劳务报酬所得　　工资、薪金所得
组成计税价格　已纳消费税扣除

复习思考题

1. 企业所得税年度收入总额稽查常见的涉税问题有哪些？
2. 对企业销售收入进行稽查的主要方法有哪些？
3. 企业税前扣除项目常见的涉税问题有哪些？
4. 工薪、薪金所得的常见涉税问题有哪些？
5. 劳务报酬所得的稽查方法有哪些？
6. 烟酒产品应纳消费税有哪些常见的涉税问题？
7. 如何对外购、委托加工收回的应税消费品已纳税款扣除情况进行稽查？

第8章　其他税种的稽查

本章要点

1. 资源税的稽查；
2. 印花税的稽查；
3. 土地增值税的稽查；
4. 房产税的稽查；
5. 城镇土地使用税的稽查；
6. 城市维护建设税的稽查。

导入案例

开发地下温泉（辽宁某企业）是否需要缴纳资源税？

案例解析

根据《辽宁省财政厅 辽宁省地方税务局关于对页岩等9种矿产品开征资源税的通知》（辽财税〔2016〕761号）文件的规定，开发地下温泉应缴纳资源税。

第1节　资源税的稽查

资源税是对在我国领域及管辖海域从事应税矿产品开采和生产盐的单位和个人征收的一种税，属于对自然资源占用课税的范畴。

一、纳税义务人、扣缴义务人和征税范围的稽查

1. 政策依据

我国现行资源税的基本依据是2020年9月1日国务院公布的《中华人民共和国资源税法》。

资源税的纳税义务人是指在中华人民共和国领域及管辖海域开采应税矿产品或生产盐的单位和个人。中华人民共和国境内不包括中国香港、中国澳门和中国台湾。单位是指企业、行政单位、事业单位、军事单位、社会团体及其他单位。个人是指个体经营者和其他个人。

收购未税矿产品的单位为资源税的扣缴义务人。

另外，对于河北省、北京市、天津市、山西省、内蒙古自治区、山东省、河南省、四川省、陕西省、宁夏回族自治区 10 个省区市内，利用取水工程或者设施直接从江河、湖泊（含水库）和地下取用地表水、地下水的单位和个人，为水资源税纳税人。

但下列情形，不缴纳水资源税：农村集体经济组织及其成员从本集体经济组织的水塘、水库中取用水的；家庭生活和零星散养、圈养畜禽饮用等少量取用水的；水利工程管理单位为配置或者调度水资源取水的；为保障矿井等地下工程施工安全和生产安全必须进行临时应急取用（排）水的；为消除对公共安全或者公共利益的危害临时应急取水的；为农业抗旱和维护生态与环境必须临时应急取水的。

资源税的计税依据为应税产品的销售额或销售量，各税目的征税对象包括原矿、精矿（或原矿加工品）、金锭、氯化钠初级产品，按照《资源税税目税率幅度表》相关规定执行。对未列举名称的其他矿产品，省级人民政府可对本地区主要矿产品按矿种设定税目，对其余矿产品按类别设定税目，并按其销售的主要形态（如原矿、精矿）确定征税对象。

【例题 8－1·多选题】 下列各项中，属于资源税纳税人的有（　　）。

A. 开采原煤的国有企业　　B. 进口铁矿石的私营企业

C. 开采石灰石的个体经营者　　D. 开采天然原油的外商投资企业

【正确答案】 ACD

【答案解析】 进口应税产品不符合“境内开采”的标准，不征收资源税。

2. 常见涉税问题

临时开采资源的纳税人及伴生矿产品未按规定进行申报。

3. 稽查方法

到矿产资源管理部门调查，摸清辖区内开采矿产品或生产盐的企业经营者名单，掌握其采矿许可证的颁发情况。实地检查经营者的具体经营内容，核实是否属于资源税的应税范围，以此确认经营者是否为资源税的纳税义务人。稽查经常性发生收购未税矿产品业务的单位时，从检查“原材料”“应付账款”“其他应付款”“银行存款”“应交税费”等账户入手，并结合实地查看，确定购进耗用的原材料是否为资源税应税产品，以发现是否存在收购未税矿产品行为，同时也便于及时从中发现不定期开采、临时开采或零散开采的资源税纳税人。

伴生矿产品未按规定进行申报的检查。应深入车间、仓库，通过实地观察生产场所，了解生产经营流程、耗材和产品，查询与纳税人有经营往来关系的单位及个人，稽查纳税人的“原材料”“应付账款”“其他应付款”“银行存款”“应交税费”等账户，核对入库单、货物运输发票等原始资料，查核纳税人是否存在开采、生产、购进等环节中隐匿属于某一特定应税资源范围的行为。

【例题 8－2·问答题】 符合条件的充填开采和衰竭期矿山减征资源税是否需要备案？

【答案解析】 需要备案。理由如下：根据《国家税务总局国土资源部关于落实资源税改革优惠政策若干事项的公告》第一条规定：“对符合条件的充填开采和衰竭期矿山减征资源税，实行备案管理制度。”

二、计税依据的稽查

1. 政策依据

(1) 从价定率征收的计税依据。从价定率征收的计税依据为销售额，它是指纳税人销售应税产品向购买方收取的全部价款和价外费用，不包括增值税销项税额和运杂费用。

价外费用包括价外向购买方收取的手续费、补贴、基金、集资费、返还利润、奖励费、违约金、滞纳金、延期付款利息、赔偿金、代收代垫款项、包装费、包装物租金、储备费、优质费以及其他各种性质的价外收费。但下列项目不包括在内：

①同时符合以下条件的代垫运输费用。承运部门的运输费用发票开具给购买方的。纳税人将该项发票转交给购买方的。

②同时符合以下条件代为收取的政府性基金或者行政事业性收费。由国务院或者财政部批准设立的政府性基金，由国务院或者省级人民政府及其财政、价格主管部门批准设立的行政事业性收费。收取时开具省级以上财政部门印制的财政票据。所收款项全额上缴财政。

运杂费用是指应税产品从坑口或者洗选（加工）地到车站、码头或者购买方指定地点的运输费用、建设基金以及随运销产生的装卸、仓储、运杂费用。运杂费用应当与销售额分别核算，凡未取得相应凭据或者不能与销售额分别核算的，应当一并计征资源税。

特殊情况下销售额的确定：

①纳税人开采应税产品由其关联单位对外销售的，按其关联单位的销售额征收资源税。

②纳税人既有对外销售应税产品，又有将应税产品自用于除连续生产应税产品以外的其他方面的，则自用的这部分应税产品，按纳税人对外销售应税产品的平均价格计算销售额征收资源税。

③纳税人将其开采的应税产品直接出口的，按其离岸价格（不含增值税）计算销售额征收资源税。

④纳税人申报的应税产品销售额明显偏低并且无正当理由的、有视同销售应税产品行为而无销售额的，除财政部、国家税务总局另有规定外，按下列顺序确定：第一，按纳税人最近时期同类产品的平均销售价格确定；第二，按其他纳税人最近时期同类产品的平均销售价格确定；第三，按组成计税价格确定。

组成计税价格 = 成本 ×（1 + 成本利润率）÷（1 − 资源税税率）

公式中的成本是指应税产品的实际生产成本。公式中的成本利润率由省、自治区、直辖市税务机关确定。

另外，纳税人以人民币以外的货币结算销售额的，应当折合成人民币计算。其销售额的人民币折合率可以选择销售额发生的当天或者当月 1 日的人民币汇率中间价。纳税人应在事先确定采用何种折合率计算方法，确定后 1 年内不得变更。

(2) 从量定额征收的计税依据。从量定额征收的计税依据为销售数量。销售数量具体是指纳税人开采或者生产应税产品的实际销售数量、视同销售的自用数量。

纳税人不能准确提供应税产品销售数量的，以应税产品的产量或者主管税务机关确定的折算比例换算成的数量为计征资源税的销售数量。

2. 常见涉税问题

自产、自用应税产品数量不准确。煤矿以自产原煤连续加工洗煤、选煤或用于炼焦、发电用煤的数量不准确。未正确按选矿比将精矿折算为原矿。应税产品产量不正确。扣缴义务人收购未税矿产品的数量不准确。

3. 稽查方法

（1）自产、自用应税产品数量的检查。企业在生产、生活过程中消耗自用产品，数量操控性不强，难以核准。如煤炭企业的食堂、浴室耗用的生活用煤，下属商店、服务公司等耗用的取暖用煤等。稽查时可直接检查“库存商品”明细账的贷方发生额和“生产成本”的借方发生额，对照产品实物账及“产品出库单”或“领料单”，核实企业是否按应税产品的实际消耗数量作为资源税的纳税数量。如果当期有产品损耗，还应认真检查“待处理财产损溢”明细账及“账存实存对比表”和“盘存单”，以便核实损耗的具体原因及真实数量，报经有关部门审批后，再从计税数量中予以剔除。

将核实数量与企业纳税申报表上的申报数量核对，如不符，应按照核实的数量计算应纳税款，确定应补税数额。还应检查“生产成本”总账及明细账，特别是涉及“生产成本”贷方发生额的，要根据记账凭证上的科目对应关系逐笔查对，核实纳税人是否有将生产的应税产品自用后直接冲减“生产成本”，不作库存商品增加和减少的账务处理，进而少申报缴纳税款。

（2）煤矿以自产原煤用于炼焦、发电用煤的检查。稽查时需从“库存商品”明细账入手，核实自产自有的煤炭产品的数量。

（3）原矿销售额与精矿销售额的换算或折算。为公平原矿与精矿之间的税负，对同一种应税产品，征税对象为精矿的，纳税人销售原矿时，应将原矿销售额换算为精矿销售额缴纳资源税；征税对象为原矿的，纳税人销售自采原矿加工的精矿，应将精矿销售额折算为原矿销售额缴纳资源税。换算比或折算率原则上应通过原矿售价、精矿售价和选矿比计算，也可通过原矿销售额、加工环节平均成本和利润计算。

金矿以标准金锭为征税对象，纳税人销售金原矿、金精矿的，应比照上述规定将其销售额换算为金锭销售额缴纳资源税。

换算比或折算率应按简便可行、公平合理的原则，由省级财税部门确定，并报财政部、国家税务总局备案。需要指出的是，征税对象规定为精矿的，本省如果没有销售原矿的情况，则不必确定换算比；其征税对象规定为原矿的，本省如果没有销售精矿的情形，则不必确定折算率。换算比折算率的计算方法主要有市场法和成本法两种。

（4）应税产品产量的检查。检查时可先检查“生产成本”账户的贷方结转数量，并与产品成本计算表上的“完工产品数量”“库存商品”账户借方当期增加数量相核对，核实当期增加数量，确定当期实际产量，再与纳税申报表上的申报数量进行核对，从中发现企业是否有申报课税数量小于实际生产数量，或“库存商品”账面数量小于实际生产数量的问题。

（5）扣缴义务人收购未税矿产品数量的检查。扣缴义务人属于商品流通企业的，应检查“库存商品”明细账的借方发生额，并结合检查“商品入库单”和购货发票等原始凭证，核实购进未税矿产品的数量。扣缴义务人属工矿企业的，应检查其“原材料”账户，结合“材料入库单”“发票”“货物运输发票”等资料的审核，查实购进未税矿产品的数量，再与企业申报纳税的课税数量相核对，若申报数量小于核实的数量，说明扣缴义务人少扣缴了税款。

【例题 8－3·问答题】衰竭期矿山开采资源税是否有优惠？

【答案解析】根据《国家税务总局 国土资源部关于落实资源税改革优惠政策若干事项的公告》第三条规定："对实际开采年限在 15 年（含）以上的衰竭期矿山开采的矿产资源，资源税减征 30%。

衰竭期矿山是指剩余可采储量下降到原设计可采储量的 20%（含）以下或剩余服务年限不超过 5 年的矿山。原设计可采储量不明确的，衰竭期以剩余服务年限为准。衰竭期矿山以开采企业下属的单个矿山为单位确定。"

【例题 8－4·单选题】下列关于资源税的表述中，不正确的是（ ）。

A. 对油田范围内运输稠油过程中用于加热的原油、天然气，需要征收资源税

B. 纳税人用已纳资源税的应税产品进一步加工应税产品销售的，不再缴纳资源税

C. 销售对象为精矿的，纳税人销售原矿时，应将原矿销售额换算为精矿销售额缴纳资源税

D. 纳税人将开采的原煤自用于连续生产洗选煤的，在原煤移送使用环节不缴纳资源税

【正确答案】A

【答案解析】选项 A，对油田范围内运输稠油过程中用于加热的原油、天然气，免征资源税。

【例题 8－5·计算题】某煤矿企业为增值税一般纳税人，5 月销售自采原煤 100 万吨，取得不含税销售额 40 000 万元；将自产原煤移送生产洗选煤 200 万吨，本月销售洗选煤 60 万吨，取得不含税销售额 36 000 万元。计算该企业 5 月应缴纳的资源税。（洗选煤折算率 80%，资源税税率 8%）

【答案及解析】：原煤加工洗选煤后销售的，以洗选煤销售额为计税依据计税。该企业 5 月应纳的资源税 =40 000 ×8% +36 000 ×80% ×8% =5 504（万元）

【例题 8－6·计算题】某市资源联合开采企业为增值税一般纳税人，下设多个煤矿和天然气矿，主营煤炭、天然气的开采、销售和综合利用项目。2021 年 3 月生产经营情况如下：

（1）专门开采的天然气 500 万立方米，开采原煤 450 万吨。

（2）销售开采的原煤 200 万吨，取得含税销售额 23 400 万元，销售额中包含向购买方收取的从坑口到车站的运输及装卸费用 500 万元（不含税金额）。企业委托铁路运输企业承担此项运输劳务，支付不含税运费 400 万元，取得增值税专用发票注明的增值税税额 44 万元，装卸费 56 万元，取得增值税普通发票。

（3）以原煤直接加工洗煤 110 万吨，对外销售 90 万吨，取得不含税销售额 15 840 万元。

（4）销售天然气 400 万立方米，取得不含税销售额 666 万元。

（5）将上述开采的原煤 40 万吨用于发电 112 000 万度，全部销售取得不含税电力销售收入 30 000 万元。

（6）除上述业务外，该企业本月进项税额 4 650 万元。

（煤炭资源税税率为 4%，天然气资源税税率 6%，洗煤与原煤销售额的折算率为 60%，最终计算结果以万元为单位）

要求：根据上述资料，按照下列序号计算回答问题，每问需计算出合计数。

①计算该联合企业当月销售原煤和洗煤应缴纳的资源税。

②计算该联合企业当月销售天然气应缴纳的资源税。

③该联合企业当月用原煤发电是否需要缴纳资源税，如果需要缴纳请计算应缴纳的资源税税额。

④计算该联合企业当月应纳的增值税。

⑤计算该联合企业应缴纳的城建税和教育费附加。

【正确答案】

（1）销售原煤和洗煤应缴纳的资源税 =（23 400 − 500 − 23 400 ÷ 1.13 × 13%）× 4% + 15 840 × 60% × 4% = 1 188.48（万元）

（2）销售天然气应缴纳的资源税 = 666 × 6% = 39.96（万元）

（3）纳税人以自采原煤直接连续生产电力的，视同销售，在原煤移送环节缴纳资源税。

应纳的资源税 =（23 400 − 500 − 23 400 ÷ 1.13 × 13%）÷ 200 × 40 × 4% = 161.7（万元）

【提示】视同销售没有销售价格，主管税务机关可以以纳税人最近时期同类原煤平均销售价格确定计税价格，即可以按之前业务中的销售价格计算视同销售原煤的销售价格。

（4）应缴纳的增值税 = 23 400 ÷（1 + 13%）× 13% + 15 840 × 13% + 30 000 × 13% + 666 × 13% − 44 − 4 650 = 4 043.78（万元）

（5）应缴纳的城建税和教育费附加合计 = 4 043.78 ×（7% + 3%）` = 404.378（万元）

第 2 节　印花税的稽查

印花税被经济学家们誉为税负轻微、税源畅旺、手续简便、成本低廉的“良税”。

一、纳税义务人和征税范围的稽查

1. 政策依据

根据《中华人民共和国印花税法》，在中华人民共和国境内书立应税凭证、进行证券交易的单位和个人，为印花税的纳税义务人，应当按照规定缴纳印花税。

具体有五类：

（1）购销、承揽、建设工程、融资租赁、运输、仓储、保管、借款、财产保险、技术合同或者具有合同性质的凭证；

（2）产权转移书据；

（3）营业账簿；

（4）房屋产权证、工商营业执照、商标注册证、专利证、土地使用证、许可证照；

（5）经财政部确定征税的其他凭证。

下列凭证可以免征印花税：

（1）已经缴纳印花税的凭证的副本、抄本，但是视同正本使用者除外；

（2）财产所有人将财产赠给政府、抚养孤老伤残人员的社会福利单位、学校所立的书据；

（3）国家指定的收购部门与村民委员会、农民个人书立的农副产品收购合同；

（4）无息、贴息贷款合同；

（5）外国政府、国际金融组织向中国政府、国家金融机构提供优惠贷款所书立的合同；

（6）企业因改制而签订的产权转移书据；

（7）农民专业合作社与本社成员签订的农业产品和农业生产资料购销合同；

（8）个人出租、承租住房签订的租赁合同，廉租住房、经济适用住房经营管理单位与廉租住房、经济适用住房有关的凭证，廉租住房承租人、经济适用住房购买人与廉租住房、经济适用住房有关的凭证。

2. 常见涉税问题

（1）经济主体所订立的契约或意向书不具有合同的性质，不能起到合同的作用。

（2）纳税人故意混淆合同性质。

（3）应税合同未贴或少贴印花税。

（4）未分清企业单位的会计核算形式。

（5）未分清企业单位的记账方式和营业账簿形式。

（6）部分应税账簿未按规定贴花。

（7）由政府部门颁发的权利、许可证照未按规定计税贴花。

（8）合同使用人（尤其是企业）借口合同在国外已纳税而在国内不贴花。

3. 稽查方法

（1）检查过程中，应当以经济主体所订立的契约或意向书是否具有合同的性质，能否起到合同的作用为标准，而不是以其订立的契约或意向书的名称为标准，判断其是否属于具有法律效力的合同或具有合同性质的凭证，进而判断其是否应该贴花。

（2）检查时要注意纳税人有无故意混淆合同性质的行为，如将有息贷款合同作为无息贷款合同、将农村手工业品购销合同作为农副产品收购合同。对存在上述情况的，应深入企业单位内部供销、储运、业务等各有关部门，根据实质重于形式的原则，对企业单位所订立的各种合同、单据进行分类，区分哪些是应税合同、哪些是非应税合同以及免税合同。

（3）将应税合同的纳税贴花金额进行汇总，并与“管理费用”账户中的印花税支出数额进行核对，核实是否有应税未贴或少贴印花税的情况。

（4）分清企业单位的会计核算形式。对采用一级核算的，只针对财会部门设置的账簿纳税贴花，对设置在其他部门、车间的明细分类账簿不贴花；对采用分级核算形式的，除财会部门的账簿应贴花外，财会部门设置在其他部门和车间的明细分类账，也应按规定贴花。

（5）分清企业单位的记账方式和营业账簿形式。在采用手工记账方式下，日常设置的营业账簿，应按规定贴花。对日常用单页表式记载资金活动情况，即以表代账的，在未形成账簿前，暂不贴花，待装订成册时，按册贴花。在采用电子计算机记账方式下，对平时输入计算机的综合、明细核算资料，在输出打印账页、装订成册后，应按照规定贴花。

（6）应深入到企业单位的财会部门了解企业的财务会计核算形式以及设置账簿的名称、种类与内容，在此基础上再检查各种应税账簿是否已按规定贴花。对记载资金的账簿，检查“资本公积”和“实收资本”账户金额是否增加，增加金额部门是否已贴足印花；对其他应税账簿，要检查账簿首页上角是否贴足印花税票，贴花后是否按规定划销。

（7）分清政府部门颁发的权利、许可证照与其他企业、单位、社会中介机构出具的单据和证明的界限，注意其获得的由政府部门颁发的权利、许可证照是否已按规定计税贴花。

（8）通过审核合同内容确认合同签订的地点，对于在国内签订合同的，应以立合同人为纳税人，并且签订合同的各方都应各自就其所签订的合同金额计税贴花。对于合同在国外签订、在国内使用的，不论其使用人与立合同人是否一致，均应以使用人为纳税人，使用人应就其所使用的合同计税贴花。应注意合同使用人（尤其是企业）有无借口合同在国外已纳税而在国内不贴花。

二、计税依据的稽查

1. 征收方式

印花税根据不同征税项目，分别实行从价计征和从量计征两种征收方式。

（1）从价计税情况下计税依据的确定。

（2）从量计税情况下计税依据的确定。实行从量计税的其他营业账簿和权利、许可证照，以计税数量为计税依据。

2. 计税方法

印花税以应纳税凭证所记载的金额、费用、收入额和凭证的件数为计税依据，按照适用税率或者税额标准计算应纳税额。

应纳税额计算公式：

应纳税额＝应纳税凭证记载的金额（费用、收入额）×适用税率

应纳税额＝应纳税凭证的件数×适用税额标准

【例题8－7·单选题】下列不应按借款合同计算缴纳印花税的是（　　）。

A. 企业与银行签订的贷款合同

B. 商业银行之间的同业折借合同

C. 企业与金融机构签订的借款合同

D. 企业与金融机构签订的融资租赁合同

【正确答案】B

【答案解析】商业银行之间的同业拆借合同不缴纳印花税。

【例题8－8·单选题】某企业印花税纳税申报，企业提供计税资料如下：该企业与外商订立加工承揽合同一份，合同中分别记载加工费金额20万美元、原材料金额为80万美元，该企业购买的原料运抵企业取得运费结算凭证注明金额2万元人民币。以下计算缴纳印花税不符合税法规定的是（　　）。

A. 加工费应按加工承揽合同税目适用税率计算缴纳印花税

B. 原材料价款应按购销合同税目适用税率计算缴纳印花税

C. 加工费及原材料价款应按签订合同当月1日的国家外汇管理局公布的外汇牌价折合为人民币，计算应纳税额

D. 运费结算凭证应视同为具有合同性质的票据，计算缴纳印花税

【正确答案】C

【答案解析】加工费及原材料价款应按签订合同当日的国家外汇管理局公布的外汇牌价折合为人民币，计算应纳税额。

【例题8－9·综合案例分析题】某企业2020年2月开业，领受房产权证、工商营业执照、商标注册证、土地使用证各一件；订立产品购销合同两份，所载金额为140万元；订立

借款合同一份，所载金额为40万元。此外，企业的营业账簿中，“实收资本”账户载有资金200万元，其他账簿5本。2020年12月底该企业“实收资本”所载资金增加为250万元。计算该企业2月份应纳印花税额和12月份应补纳印花税额并作会计处理。

（1）企业领受权利、许可证照应纳税额＝4×5＝20（元）

（2）企业订立购销合同应纳税额＝1 400 000×0.0003＝420（元）

（3）企业订立借款合同应纳税款＝400 000×0.00005＝20（元）

（4）企业营业账簿中“实收资本”应纳税额＝2 000 000×0.0005＝1 000（元）

（5）企业其他营业账册应纳税额＝5×5＝25（元）

（6）2月份企业应纳印花税税额＝20＋420＋20＋1 000＋25＝1 485（元）

借：管理费用　　　1 485

　　贷：银行存款　　　1 485

（7）12月份资金账簿应补纳印花税税额＝（2 500 000－2 000 000）×0.0005＝250（元）。

借：管理费用　　　250

　　贷：银行存款　　　250

［注意］对于一次购买印花税票或一次缴纳印花税额较大的，为均衡管理费用，在购买印花税票时可先借记“待摊费用”账户，贷记“银行存款”账户；待发生应税行为，将已购买的印花税票粘贴在应纳税凭证上时，再借记“管理费用”账户，贷记“待摊费用”账户。

【例题8－10·综合案例分析题】利华建筑工程公司2021年3月份购入6 500元印花税票备用，4月份与甲单位签订了一份承包金额为15 000 000元的建筑工程承包合同；5月份将其中5 000 000元的工程项目转包给了乙建筑公司，并签订了转包合同。利华公司应纳的印花税及会计处理如下：

4月份承包工程合同应纳税额＝15 000 000×0.0003＝4 500（元）

5月份转包工程合同应纳税额＝5 000 000×0.0003＝1 500（元）

（1）4月份购入印花税票时：

借：待摊费用　　　6 500

　　贷：银行存款　　　6 500

（2）5月份与甲单位签订承包工程合同时：

借：管理费用　　　4 500

　　贷：待摊费用　　　4 500

（3）5月份与乙公司签订分包工程合同时：

借：管理费用　　　1 500

　　贷：待摊费用　　　1 500

第 3 节　土地增值税的稽查

土地增值税是对有偿转让国有土地使用权及地上建筑物和其他附着物产权并取得增值性收入的单位和个人所征收的一种税。

一、纳税义务人的稽查

1. 政策依据

转让国有土地使用权、地上建筑物及其附着物并取得收入的单位和个人，为土地增值税的纳税义务人，应当依照《土地增值税暂行条例》缴纳土地增值税。

2. 常见涉税问题

隐瞒国有土地使用权、地上建筑物及其附着物发生增减变化的情况。未办理土地使用证而转让土地使用权。

3. 稽查方法

（1）检查“固定资产”和“无形资产”明细账，了解其拥有的国有土地使用权、地上建筑物及其附着物发生增减变化的情况，发生减少的，要通过土地、房产等管理部门核实被查单位拥有的国有土地使用权、地上建筑物及其附着物的变化。

（2）对不设置账簿或账簿记录不完整的单位和个人，应当通过走访、询问土地、房产、受让方等部门和单位了解被查单位是否发生了有偿转让国有土地使用权、地上建筑物及其附着物的行为，发生转让行为并取得收入的单位或个人为土地增值税纳税义务人。

（3）对未办理土地使用权证而转让土地的单位和个人，结合“营业外收入”“其他业务收入”“资本公积”和“银行存款”等账户，确定是否有未办理土地使用证而转让土地使用权的情况。

二、纳税人、征税对象、税率、征税范围的稽查

1. 纳税人、征税对象、税率、征税范围政策依据

（1）纳税人。土地增值税的纳税义务人是指转让国有土地使用权、土地上的建筑物及其附着物并取得收入的单位和个人。主要包括以下内容：

①不论法人与自然人。包括各类企业、事业单位、行政单位、社会团体、个体工商户以及其他组织和个人，只要有偿转让房地产，都是土地增值税的纳税人。

②不论经济性质。即不论是全民所有制企业、集体企业、私营企业、个体经营者，还是联营企业、合资企业、合作企业、外商独资企业等。

③不论内资与外资企业、中国公民与外籍个人。

④不论部门。即不论是工业、农业、商业、学校、医院、机关等。

（2）征税对象。土地增值税的征税对象是转让国有土地使用权、地上的建筑物及其附着物所取得的增值额。增值额为纳税人转让房地产的收入减除《土地增值税暂行条例》规定的扣除项目金额后的余额。转让房地产的收入包括货币收入、实物收入和其他收入，即与

转让房地产有关的经济收益。

（3）税率。土地增值税是以转让房地产取得的收入，减除法定扣除项目金额后的增值额作为计税依据，并按照四级超率累进税率进行征收。详见表8-1。

表8-1　　土地增值税税率表

级数	计税依据	适用税率	速算扣除率
1	增值额未超过扣除项目金额50%的部分	30%	0
2	增值额超过扣除项目金额50%、未超过扣除项目金额100%的部分	40%	5%
3	增值额超过扣除项目金额100%、未超过扣除项目金额200%的部分	50%	15%
4	增值额超过扣除项目金额200%的部分	60%	35%

按照土地增值税税率表，增值额超过扣除项目金额50%的部分，税率为30%。增值额超过扣除项目金额50%、未超过扣除项目金额100%的部分，土地增值税税率为40%。增值额超过扣除项目金额100%、未超过扣除项目金额200%的部分，土地增值税税率为50%。按照土地增值税税率表，增值额超过扣除项目金额200%的部分，税率为60%。

2. 常见涉税问题

转让国有土地使用权，未缴纳土地增值税，混淆土地使用权转让与出让。

3. 稽查方法

（1）征税范围确认的检查。检查“固定资产”“无形资产”“银行存款”等账户，核查单位有无转让国有土地使用权、地上建筑物等行为的发生。如果发生土地使用权的转移，还应进一步确定转让土地的权属是否为国家所拥有。转让国有土地使用权取得收入的行为应征收土地增值税。转让农村集体所有的土地使用权所取得的收入，不征收土地增值税。

（2）土地使用权转让与出让区分的检查。土地使用权属转移包括两种方式：转让与出让。国有土地使用权的转让是指土地使用者通过出让等形式取得土地使用权后，将土地使用权再转让的行为，包括出售、交换和赠予，属于土地增值税的征税范围。国有土地使用权的出让是指国家以土地所有者的身份将土地使用权在一定年限内让与土地使用者，并由土地使用者向国家支付土地使用权出让金的行为，不属于土地增值税的征税范围。

（3）房地产开发企业与非房地产开发企业投资和联营的检查。对于房地产开发企业，检查企业“长期股权投资”等账户，发现企业有对外投资和联营行为，应进一步检查“开发产品”和“投资性房地产”账户，确定企业对外投资和联营的形式，对于以其建造的商品房对外投资或联营的，属于土地增值税的征税范围。对于非房地产开发企业，检查企业“长期股权投资”“固定资产”“无形资产”等明细账，如果发现以土地（房产）作价入股进行投资或联营的，凡所投资、联营的企业从事房地产开发的，应属于土地增值税的征税范围；凡所投资、联营的企业从事非房地产开发的，则不属于土地增值税的征税范围。

（4）被兼并企业转让国有土地使用权、地上建筑物及其附着物的检查。通过合同、协议、批文等资料和“固定资产”“无形资产”等账户，重点查实国有土地使用权、地上建筑物及其附着物等转让行为发生的时间、形式，如果属于被兼并企业将国有土地使用权、地上建筑物及其附着物转让到兼并企业的，暂免征收土地增值税，其他行为应属于土地增值税的征税范围。

（5）搬迁企业土地、房产的检查。对于有搬迁行为的企业，要询问企业负责人、财务人员，掌握具体的搬迁情况，察看当地的城市规划，查实是否因城市实施规划、国家建设需要而搬迁，对于符合免税条件的免征土地增值税。达不到以上条件的，属于土地增值税的征税范围。

三、扣除项目的稽查

1. 政策依据

扣除项目按《土地增值税暂行条例》及《细则》规定有下列几项：

（1）取得土地使用权所支付的金额。包括纳税人为取得土地使用权所支付的地价款和按国家统一规定缴纳的有关费用。具体为：以出让方式取得土地使用权的，为支付的土地出让金；以行政划拨方式取得土地使用权的，为转让土地使用权时按规定补缴的出让金；以转让方式得到土地使用权的，为支付的地价款。

（2）开发土地和新建房及配套设施的成本（简称房地产开发成本）。包括土地征用及拆迁补偿费、前期工程费、建筑安装工程费、基础设施费、公共设施配套费、开发间接费用。这些成本允许按实际发生额扣除。

（3）开发土地和新建房及配套设施的费用（以下简称房地产开发费用）是指销售费用、管理费用、财务费用。根据新会计制度规定，与房地产开发有关的费用直接计入当年损益，不按房地产项目进行归集或分摊。为了便于计算操作，《细则》规定，财务费用中的利息支出，凡能够按转让房地产项目计算分摊，并提供金融机构证明的，允许据实扣除，但最高不能超过按商业银行同类同期贷款利率计算的金额。房地产开发费用按取得土地使用权所支付的金额及房地产开发成本之和的5%以内予以扣除。凡不能提供金融机构证明的，利息不单独扣除，三项费用的扣除按取得土地使用权所支付的金额及房地产开发成本的10%以内计算扣除。

（4）旧房及建筑物的评估价格。是指在转让已使用的房屋及建筑物时，由政府批准设立的房地产评估机构评定的重置成本价乘以成新度折扣率后的价值，并由当地税务机关参考评估机构的评估而确认的价格。

（5）与转让房地产有关的税金。这是指在转让房地产时缴纳的营业税、城市维护建设税、印花税。因转让房地产交纳的教育费附加，也可视同税金予以扣除。

（6）加计扣除。对从事房地产开发的纳税人，可按取得土地使用权所支付的金额与房地产开发成本之和加计20%的扣除。

2. 常见涉税问题

取得土地使用权支付金额方面，土地成本归依项目不真实、不完整，已销房产土地成本的分摊金额不正确。

开发土地和新建房及配套设施成本方面，虚假拆迁、虚报拆迁价格和面积，虚报建筑成本，将不属于开发产品的基础设施费、公共配套设施费和开发间接费用计入了开发费用。加大加计扣除基数，扣除了超过按商业银行同类同期贷款利率计算的利息和罚息。成本费用分割方法不正确。房产评估价格未经税务部门确认等问题。

3. 稽查方法

（1）取得土地使用权支付金额的检查。重点检查“开发成本”账户，查阅和土地交易有关的证明文件及原始凭证，核实土地坐落位置和开发项目是否相符，到财政、土地部门了解国家有关收费政策，正确计算开发项目的缴费金额，核实土地成本归依项目是否真实、完整。如有返还土地出让金政策的，应检查企业“银行存款”“开发成本”等明细账户，确定是否存在不入账加大扣除金额的情况。

（2）开发土地和新建房及配套设施成本的检查。

①结合拆迁协议书到拆迁户实地确定拆迁政策和面积，检查“银行存款”“开发成本”明细账户，查实有无虚假拆迁、虚报拆迁价格和面积的情况。

②到统计部门了解开发项目所在地的建筑成本单位价格，查实有无虚报建筑成本的情况。

③检查房地产转让合同，确认公共配套设施的使用方式，核实有无将不属于开发产品的基础设施费、公共配套设施费和开发间接费用计入了开发费用的问题。

④开发土地和新建房及配套设施费用的检查。检查“开发成本”明细账和“管理费用”“销售费用”账户，核实有无加大加计扣除基数的问题。对财务费用中的利息支出检查，核实利息是否超过按商业银行同类同期贷款利率计算的金额。对属于多个房地产项目共同的成本费用，应核实成本费用分割方法是否正确，已售出房产项目的费用扣除是否准确。

⑤旧房及建筑物评估价格的检查。重点审核评估文书是否由政府批准设立的房地产评估机构出具，审核房产评估价格是否经税务部门确认。

（3）与转让房地产有关税金的检查。结合售房合同，检查企业“开发成本”和“管理费用”账户，检查有无将非转让房地产环节的印花税计入开发成本重复允许的情况。

（4）财政部规定的其他扣除项目的检查。检查营业执照，确定企业是否为房地产开发企业，非房地产开发企业不能享受加计扣除。检查“应交税费”明细账和土地增值税纳税申报表，检查在加计20%扣除时是否将代收费用从计算的基数中剔除。

【例题8－11·计算题】2021年7月某房产开发公司转让5年前购入的一块土地，取得转让收入1 800万元，该土地购进价1 200万元，取得土地使用权时缴纳相关税费40万元，转让该土地时缴纳相关税费35万元。某税务稽查局对该企业的纳税情况进行审查时发现该企业在该年度未缴纳土地增值税。该公司转让土地使用权应补缴纳多少土地增值税？

【答案解析】扣除项目金额＝1 200＋40＋35＝1 275（万元）

增值额＝1 800－1 275＝525（万元）

增值率＝525÷1 275×100%＝41.18%

应补缴土地增值税税额＝525×30%＝157.5（万元）

【例题8－12·计算题】某公司销售一栋已经使用过的办公楼，取得收入500万元，办公楼原价480万元，已提折旧300万元。经房地产评估机构评估，该楼重置成本价为800万元，成新度为50%，销售时缴纳有关税费30万元。某税务稽查局对该企业的纳税情况进行审查时发现该企业在该年度未缴纳土地增值税。该公司销售办公楼时应补缴土地增值税多少万元？

【答案解析】扣除项目金额＝800×50%＋30＝430（万元）

增值额＝500－430＝70（万元）

增值率＝70÷430×100%＝16.28%

应补缴土地增值税税额＝70×30%＝21（万元）

【例题8－13·计算题】A房地产开发公司为在甲市开发写字楼专门成立了分公司。2020年6月取得土地使用权时支付给政府部门的土地价款为10 656万元，缴纳契税及相关费用320万元。

对于该项目A公司选择了一般计税方法，房地产开发成本8 800万元，其中含800万元借款利息，无法取得金融机构证明。全部进项税额为1 500万元。2021年8月房屋销售，取得含增值税销售收入31 080万元。当地省级人民政府规定房地产开发费用的扣除比例为10%。某税务稽查局对该企业的纳税情况进行审查时发现该企业在该年度未缴纳土地增值税。

请回答下列问题：

（1）请计算补缴的增值税。

（2）请计算补缴的城建税、教育费附加和地方教育附加。

（3）请计算土地增值税清算时的应税收入。

（4）请计算土地增值税清算时的允许扣除项目金额。

（5）请计算应补缴的土地增值税。

【答案解析】（1）应补缴的增值税＝(31 080－10 656)/(1＋9%)×9%－1 500＝186.38（万元）

（2）应补缴的城建税、教育费附加和地方教育附加＝186.38×(7%＋3%＋2%)＝22.37（万元）

（3）应税收入＝31 080－(31 080－10 656)/(1＋9%)×9%＝29 393.6（万元）

（4）①取得土地使用权的金额＝10 656＋320＝10 976（万元）

②房地产开发成本＝8 800－800＝8 000（万元）

③房地产开发费用＝(10 976＋8 000)×10%＝1 897.6（万元）

④与转让房地产有关的税金＝22.37（万元）

⑤加计扣除＝(10 976＋8 000)×20%＝3 795.2（万元）

扣除项目金额合计＝10 976＋8 000＋1 897.6＋22.37＋3 795.2＝24 691.17（万元）

（5）①收入＝29 393.6（万元）

②扣除项目金额合计＝24 691.17（万元）

③增值额＝29 393.6－24 691.17＝4 702.43（万元）

④增值率＝4 702.43÷24 691.17＝19.04%

⑤适用税率30%。

⑥应补缴的土地增值税＝4 702.43×30%＝1 410.7（万元）

第4节　房产税的稽查

房产税是以房屋为征税对象，按房屋的计税余值或租金收入为计税依据，向产权所有人征收的一种财产税。

一、纳税义务人和征税范围的稽查

1. 政策依据

现行的房产税是第二步利改税以后开征的，1986 年 9 月 15 日，国务院正式发布了《中华人民共和国房产税暂行条例》，从 1986 年 10 月 1 日开始实施。房产税的征税对象是房产。所谓房产，是指有屋面和围护结构，能够遮风避雨，可供人们在其中生产、学习、工作、娱乐、居住或储藏物资的场所。但独立于房屋的建筑物如围墙、暖房、水塔、烟囱、室外游泳池等不属于房产。但室内游泳池属于房产。

由于房地产开发企业开发的商品房在出售前，对房地产开发企业而言是一种产品，因此，对房地产开发企业建造的商品房，在售出前，不征收房产税；但对售出前房地产开发企业已使用或出租、出借的商品房应按规定征收房产税。

负有缴纳房产税义务的单位与个人。房产税由产权所有人缴纳。产权属于全民所有的，由经营管理单位缴纳。产权出典的，由承典人缴纳。产权所有人、承典人不在房产所在地的，或者产权未确定及租典纠纷未解决的，由房产代管人或使用人缴纳。因此，上述产权所有人，经营管理单位、承典人、房产代管人或者使用人，统称房产税的纳税人。

（1）产权属国家所有的，由经营管理单位纳税；产权属集体和个人所有的，由集体单位和个人纳税；

（2）产权出典的，由承典人纳税；

（3）产权所有人、承典人不在房屋所在地的，由房产代管人或者使用人纳税；

（4）产权未确定及租典纠纷未解决的，亦由房产代管人或者使用人纳税；

（5）无租使用其他房产的问题。纳税单位和个人无租使用房产管理部门、免税单位及纳税单位的房产，应由使用人代为缴纳房产税；

（6）产权属于集体所有制的，由实际使用人纳税。外商投资企业和外国企业、外籍个人、海外华侨、港澳台同胞所拥有的房产不征收房产税。

房产税暂行条例规定，房产税在城市、县城、建制镇和工矿区征收。城市、县城、建制镇、工矿区的具体征税范围，由各省、自治区、直辖市人民政府确定。

2. 常见涉税问题

无法确定纳税人，混淆应税房产与免税房产。

3. 稽查方法

纳税人的检查，通过检查房产权属证明等书面资料，确定产权所有人。对于产权出典的，检查相关协议、承典合同等资料，确定承典人。对于产权所有人、承典人不在房产所在地的，或者产权未确定及租典纠纷未解决的，通过实地调查、核查相关资料，确定实际的房产代管人或者使用人。检查纳税人的“固定资产”“在建工程”等账户，或通过实地勘察是否有已建成投入使用但未入账的房产。

征税范围的检查，房产税的征税范围限于城市、县城、建制镇和工矿区。在检查时，首先要查看纳税人的房产是否属于确定的房产税征税区域，同时注意区分征税范围内应税房产和免税房产的界限；最后检查纳税人“固定资产”“在建工程”等账户，或通过实地勘察是否有已建成投入使用但未入账的房产。

二、计税依据和适用税率的稽查

1. 政策依据

（1）计税依据。

①从价计征。按照房产余值征税的，称为从价计征。房产税依照房产原值一次减除10%～30%后的余值计算缴纳。扣除比例由省、自治区、直辖市人民政府在税法规定的减除幅度内自行确定。这样规定，既有利于各地区根据本地情况，因地制宜地确定计税余值，又有利于平衡各地税收负担，简化计算手续，提高征管效率。

房产原值：应包括与房屋不可分割的各种附属设备或一般不单独计算价值的配套设施。主要有：暖气，卫生，通风等，纳税人对原有房屋进行改建、扩建的，要相应增加房屋的原值。

②从租计征。按照房产租金收入计征的，称为从租计征，房产出租的，以房产租金收入为房产税的计税依据。

③注意事项。第一，房产出租的，以房产租金收入为房产税的计税依据。对投资联营的房产，在计征房产税时应予以区别对待。共担风险的，按房产余值作为计税依据，计征房产税；对收取固定收入，应由出租方按租金收入计缴房产税。

第二，对融资租赁房屋的情况，在计征房产税时应以房产余值计算征收，租赁期内房产税的纳税人，由当地税务机关根据实际情况确定。

第三，新建房屋交付使用时，如中央空调设备已计算在房产原值之中，则房产原值应包括中央空调设备；旧房安装空调设备，一般都作单项固定资产入账，不应计入房产原值。

（2）征收税率。

①按房产余值计征的，年税率为 1.2%；

②按房产出租的租金收入计征的，税率为 12%。从 2001 年 1 月 1 日起，对个人按市场价格出租的居民住房，用于居住的，可暂减按 4% 的税率征收房产税。

【例题 8－14・单选题】 某上市公司 2020 年以 5 000 万元购得一处高档会所，然后加以改建，支出 300 万元在后院新建一处露天泳池，支出 500 万元新增中央空调系统，拆除 200 万元的照明设施，再支付 500 万元安装智能照明和楼宇声控系统，会所于 2020 年底改建完并对外营业。当地规定计算房产余值扣除比例为 30%，2021 年该会所应缴纳房产税（　　）万元。

A. 42　　B. 48.72　　C. 50.4　　D. 54.6

【正确答案】 B

【答案解析】 房产原值应包括与房屋不可分割的各种附属设备或一般不单独计算价值的配套设施。凡以房屋为载体，不可随意移动的附属设备和配套设施，如给排水、采暖、消防、中央空调、电气及智能化楼宇设备等，无论在会计核算中是否单独记账与核算，都应计入房产原值，计征房产税。对于更换房屋附属设备和配套设施的，在将其价值计入房产原值时，可扣减原来相应设备和设施的价值。

2021 年应缴纳的房产税 $= (5\ 000 + 500 - 200 + 500) \times (1 - 30\%) \times 1.2\% = 48.72$（万元）

【例题 8－15・单选题】 某国税局进行税务稽查时发现，某企业拥有两处房产，分别为：

办公楼一栋，原值1 200万元，2021年5月31日将其中的50%用于出租，租期2年，年不含税租金收入140万元；厂房一栋，原值500万元，安装电梯4台，每台价值2 000元；企业尚未缴纳房产税，稽查后企业2021年补缴纳的房产税是（　　）万元。（已知当地税务机关规定的房产原值扣除率为20%）

A. 15.44　　B. 22.77　　C. 25.25　　D. 27.44

【正确答案】 B

【答案解析】 办公楼应纳的房产税 = 1 200 × 50% × (1 − 20%) × 1.2% + 1 200 × 50% × (1 − 20%) × 1.2% ÷ 12 × 5 + 140 ÷ 12 × 7 × 12% = 17.96（万元）

厂房应纳的房产税 = (500 + 2 000 ÷ 10 000 × 4) × (1 − 20%) × 1.2% = 4.81（万元）

应纳补纳房产税 = 17.96 + 4.81 = 22.77（万元）

【例题8－16·单选题】 税务稽查时下列关于房产税的处理中，不符合房产税政策规定的是（　　）。

A. 将完全建在地面以下的人防设施计入房产原值，计征房产税

B. 将单独作为“电气及智能化楼宇设备”核算的中央空调计入房产原值，计征房产税

C. 融资租入的房产，按照租金计征房产税

D. 对于以房产投资联营，收取固定收入，不承担联营风险的，按租金收入计征房产税

【正确答案】 C

【答案解析】 融资租赁的房产，由承租人自融资租赁合同约定开始日的次月起依照房产余值缴纳房产税。

【例题8－17·单选题】 税务稽查时下列关于出租房产的房产税的纳税审核，表述不正确的是（　　）。

A. 审核“其他业务收入”等账户和房屋租赁合同及租赁费用结算凭证，核实有无出租房屋不申报纳税的问题

B. 审核出租的房产是否以不含税金额为依据计算房产税

C. 审核有无以物抵租少报租金收入的问题

D. 审核有无租用免税单位和个人私有房产的问题

【正确答案】 B

【答案解析】 出租房产审核要点：

(1) 审核“其他业务收入”等账户和房屋租赁合同及租赁费用结算凭证，核实房产租金收入，审核有无出租房屋不申报纳税的问题。

(2) 审核有无签订经营合同隐瞒租金收入，或以物抵租少报租金收入，或将房租收入计入营业收入未缴房产税的问题。

(3) 审核有无出租使用房屋，或租用免税单位和个人私有房产的问题。

选项B不属于出租房产的审核要点。

【例题8－18·单选题】 税务稽查时下列房产免征房产税的是（　　）。

A. 个人拥有的经营用房　　B. 政府对外出租的用房

C. 企业大修停用三个月的房屋　　D. 非营利性医疗机构自用的房产

【正确答案】 D

【答案解析】 个人自住用房可以免征房产税，用于经营的房产不免税；政府自用的房产

免税，用于对外出租的房产不免税；企业大修停用半年以上的房屋才可以免征房产税。

【例题8－19·单选题】某国税局进行税务稽查时发现，某公司2020年购进一处房产，2021年5月1日用于投资联营（收取固定收入，不承担联营风险），投资期3年，当年取得不含增值税固定收入160万元。该房产原值3 000万元，当地政府规定的减除幅度为30%，企业尚未缴纳房产税，稽查后该公司2021年应补缴纳的房产税为（　　）万元。

A. 21.2　　B. 27.6　　C. 29.7　　D. 44.4

【正确答案】B

【答案解析】应补纳房产税税额＝3 000×(1－30%)×1.2%×4/12＋160×12%＝8.4＋19.2＝27.6（万元）

2. 常见涉税问题

房产租金收入未及时入账或入账金额不正确，房产价款不正确。

3. 稽查方法

（1）在核实房产用途的基础上，检查“其他业务收入”账户的贷方发生额，核实有无房产租金收入。有租金收入的，应查阅房屋租赁合同或协议，核实租金收入是否及时入账；核对纳税申报表，核实是否如实申报房产税，是否应按照房租计征但错按房产计税余值计征。同时，结合检查“其他业务支出”等费用账户或往来账户，有无以收抵支或转移租金收入的情况。

（2）检查“固定资产——房屋”明细账的借方发生额或固定资产卡片，其一是将其与房产税纳税申报表进行核对，核实申报数是否与账表相符；其二是与有关房产原始价值资料进行核对，核实房产价值是否全部入账；其三是承建房产应与承建合同、“在建工程”账户核对，核实房产价款；其四是购入房产应与购货合同及发票核对，核实是否为实际购价；其五是自建房产应与“在建工程”账户核对，核实是否为实际造价。

【例题8－20·计算题】国税局进行税务稽查时发现某企业2021年7月份购入一房屋用于办公，价值为100万元，企业尚未缴纳房产税，稽查后请计算此房屋2021年应补缴纳的房产税是多少？

【答案解析】2021年该企业购入房屋应补缴纳的房产税＝100×(1－30%)×1.2%×5/12＝0.35（万元）

【例题8－21·计算题】国税局进行税务稽查时发现甲企业一办公楼的房屋原值为500万元，建筑面积为3 000。2021年1月1日，甲企业将办公楼的一部分出租给乙企业，出租面积为600平方米，租金为20万元，租赁期限为一年，该企业于6月1日一次性取得全部租金，企业尚未缴纳房产税，稽查后则甲企业2021年全年应补缴纳的房产税为多少万元？

【答案解析】出租部分房产税＝20万元×12%＝2.4（万元）

自用部分房产税＝500万元×(1－30%)×1.2%×(3 000－600)/3 000＝3.36（万元）。

2021年全年应补缴纳房产税＝2.4万元＋3.36万元＝5.76（万元）

第5节　城镇土地使用税的稽查

土地使用税，是指在城市、县城、建制镇、工矿区范围内使用土地的单位和个人，以实际占用的土地面积为计税依据，依照规定由土地所在地的税务机关征收的一种税赋。由于土地使用税只在县城以上城市征收，因此也称城镇土地使用税。

一、纳税义务人和征税范围的稽查

1. 政策依据

（1）土地使用税的征税对象。土地使用税以土地面积为课税对象，向土地使用人课征，属于以有偿占用为特点的行为税类型。土地使用税只在县以上城市开征，非开征地区城镇使用。

农村土地则不征税。城镇土地使用税的征税范围为城市、县城、建制镇、工矿区等。其中，城市是指经国务院批准建立的市，包括市区和郊区；县城是指县人民政府所在地的城镇；建制镇是指经省、自治区、直辖市人民政府批准设立的建制镇；工矿区是指工商业比较发达，人口比较集中，符合国务院规定的建制镇标准，但尚未设立建制镇的大中型工矿企业所在地。工矿区须经省、自治区、直辖市人民政府批复。城市、县城、建制镇、工矿区的具体征税范围，由各省、自治区、直辖市人民政府划定。土地使用税采用有幅度的差别税额，列入大、中、小城市和县城每平方米土地年税额多少不同。为了防止长期征地而不使用和限制多占土地，可在规定税额的2～5倍范围内加成征税。

对于公园、名胜、寺庙及文教、卫生、社会福利等单位使用的土地，城镇、街道、公共设施用地、铁路、机场、港区、车站、管理交通运输用地及水利工程，农、林、牧、渔、果生产基地用地，以及个人非营业建房用地等，均免征土地使用税。为了鼓励利用荒地、滩涂等土地，对经过批准整治的土地和改造的荒废土地，给予10年期限的免税。

（2）土地使用税的减免税。按照税法规定，施工企业可以享受的城镇土地使用税减免税优惠包括：

①按照《土地使用税暂行条例》等文件的规定，经批准开山填海整治的土地和改造的废弃用地，从使用的月份起免税5～10年。开山填海整治的土地和改造的废弃用地以土地管理机关出具的证明文件为依据确定；具体免税期限由各省、自治区、直辖市税务局在规定的期限内自行确定。

②企业开办的学校、医院、托儿所、幼儿园，其用地能与企业其他用地明确区分的，可以比照由国家财政部门拨付事业经费的事业单位自用的土地，免征土地使用税。

③按照规定，对于企业征用耕地，凡是已经缴纳了耕地占用税的，从批准征用之日起满一年后开始征收城镇土地使用税，在此以前不征收城镇土地使用税，但是征用非耕地因不需要缴纳耕地占用税的应从批准之次月起征收城镇土地使用税。

此外，现行税法还规定：

①企业关闭、撤销、搬迁后，其原有场地未作他用的，可由省、自治区、直辖市税务局

批准暂免征收城镇土地使用税。

②企业范围内的荒山、林地、湖泊等占地，尚未使用的，经各省、自治区、直辖市税务局审批暂免征收城镇土地使用税。

纳税人缴纳土地使用税确有困难需要定期减免的，年减免税额不足 10 万元的，经当地财政局、税务局审核，报省级财政部门和税务局审批；10 万元以上的，经省级财政部门和税务局审核，报财政部、国家税务总局审批。农业企业无偿使用免税单位的土地，应当照征土地使用税。

2. 常见涉税问题

纳税人使用免税单位土地，但未纳税。纳税人的实际经营场所用地在征税区域内，但未纳税。

3. 稽查方法

纳税义务人的检查，通过实地检查土地的具体使用情况及用途，根据纳税义务人确认的规定，审核确定纳税人。检查拥有土地使用权的单位和个人不在土地所在地的，或者土地使用权未确定的以及权属纠纷未解决的纳税人，实际使用人或代管人是否按规定申报纳税。同时注意检查纳税人有无使用免税单位的土地，是否按照规定履行纳税义务。

征税区域的检查，城镇土地使用税的征税范围限于城市、县城、建制镇和工矿区。在检查时，要查看纳税人的实际经营场所用地是否属于确定的城镇土地使用税征税区域。如在征税区域之内则征城镇土地使用税，否则不征城镇土地使用税。同时注意检查土地是否用于农业种植、养殖等，如果核实为农业生产等用地，免征土地使用税。

【例题 8－22·单选题】税务稽查时下列项目中属于城镇土地使用税征税范围的是（　　）。

A. 企业厂区以外的公共绿化用地　　B. 镇政府机关在建制镇的用地

C. 个人所有的居住房屋用地　　D. 公园内小卖部用地

【正确答案】D

【答案解析】选项 D 属于城镇土地使用税的征税范围。

二、计税依据和适用税额的稽查

1. 政策依据

城镇土地使用税根据实际使用土地的面积，按税法规定的单位税额交纳。其计算公式如下：

应纳城镇土地使用税额＝应税土地的实际占用面积×适用单位税额

一般规定每平方米的年税额，大城市 1.5 元至 30 元；中等城市 1.2 元至 24 元；小城市 0.9 元至 18 元；县城、建制镇、工矿区 0.6 元至 12 元。房产税、车船使用税和城镇土地使用税均采取按年征收，分期交纳的方法。

2. 常见涉税问题

纳税人少报、漏报土地面积。纳税人适用单位税额不正确。

3. 稽查方法

（1）检查时，可将纳税人纳税申报表中的土地面积与土地使用证所记载面积相对照，调阅原征地凭证、土地管理机关的批文等文件进行核对，必要时也可实际丈量，核实纳税人申报的土地面积是否真实，有无少报、漏报现象。

（2）检查适用单位税额时，根据纳税人所处的地理位置，对照人民政府对本地区土地的等级划分界限及规定的单位税额，核实纳税人适用单位税额是否正确。

【例题 8－23·单选题】税务稽查时下列选项中，可以作为城镇土地使用税的计税依据的是（　　）。

A. 实际占用土地面积 30 平方公里　　B. 自用面积 10 平方公里

C. 经税务机关核定土地面积 15 平方公里　D. 账面拥有土地面积 6 平方公里

【正确答案】A

【答案解析】城镇土地使用税的纳税人应该以实际占用的土地面积作为计税依据。

【例题 8－24·计算题】甲企业为商业企业，在我市一类区（土地税税额标准为 24 元/平方米）购买一写字间用于办公，购买写字间的建筑面积为 160 平方米，经向大楼的开发单位了解，整栋大楼的建筑面积为 3 200 平方米，大楼的占地面积为 2 000 平方米，则甲企业年应纳城镇土地使用税为多少元?

【答案解析】甲企业年应纳城镇土地使用税＝160/3 200×2 000×24＝2 400（元）。

【例题 8－25·计算题】A 市某大型国有工业企业位于西岗区，土地等级为三级的（税额标准为 12 元/平方米），该企业总占地面积为 3 500 平方米，其中生产经营房屋占地面积 2 000 平方米，厂区内绿化用地 500 平方米，厂区内道路占地 300 平方米，厂区内铁路线占地 100 平方米，荒山占地 300 平方米，职工医院占地 300 平方米。请计算 2021 年该企业应申报缴纳的城镇土地使用税是多少?

【答案解析】2021 年应纳城镇土地使用税＝（2 000＋500＋300＋100）×12＝34 800（元）

【例题 8－26·综合案例分析题】大兴钢材进出口公司拥有自用房产原值 600 000 元，允许减除 20% 计税，房产税年税率为 1.2%；小汽车 2 辆，每年每辆税额 300 元；载重汽车 3 辆，计净吨位 15 吨，每吨年税额 60 元；占用土地面积为 1 500 平方米，每平方米年税额为 6 元；税务部门规定对房产税、车船使用税和城镇土地使用税在季末后 10 日内交纳，1 月 31 日计算本月份应交纳各项税金。

月应纳房产税额＝5 760÷12＝480（元）

月应纳车船使用税额＝3 300÷12＝275（元）

月应纳城镇土地使用税额＝1 500×6÷12＝9 000÷12＝750（元）

根据计算的结果，提取应纳房产税、车船使用税和城镇土地使用税。会计分录如下：

借：管理费用——税金　　1 505

　　贷：应交税金——应交房产税　　480

　　　　应交税金——应交车船使用税　　275

　　　　应交税金——应交城镇土地使用税　　750

【例题 8－27·实务案例分析题】2016 年，北京市海淀区地税局根据申报表中的疑点数据，对一家企业进行了约谈。这是一次对不同税种申报表进行横向比对的有效尝试。2016 年初，为了提高税源监控水平，北京市海淀区地税局开展了纳税风险点的梳理工作，着重关注了各税种申报数据中具有潜在联系的相关数据。例如：企业所得税年报中需填写的固定资产（房屋建筑物）账载金额与房产税的计税依据密切相关。税务局发现部分企业的企业所得税年报中的固定资产（房屋建筑物）和无形资产（土地使用权）的账载金额远远大于其房产税申报的房产原值。为了核实有关情况，海淀区地税局约谈了其中数额差额较大的一户企业。该企业房屋建筑物的账载金额为 2 865 万元，土地使用权账载金额为 1 866 万元，而在房产税申报中，这家企业申报的房产原值仅为 299 万元，可见申报表对不上。

约谈中，通过与纳税人的沟通，税务干部了解到该企业有三处房产、土地，其中有两处房产存在产权纠纷，无法办理房产证，而第三处土地，因出售方与实际产权方存在纠纷，至今无法办理相应权属转移手续。从纳税人提供的账页上来看，企业所得税报表中数据属实，但为什么申报的房产原值如此低呢？原来因为该企业的财务人员对房产税、城镇土地使用税纳税义务人的定义理解有误。该企业认为前两处房产为自建，虽未能办理产权证书，但因原产权方是上级单位，所以缴纳了相应的房产税。但是土地是划拨的，所以未缴纳城镇土地使用税。而第三处房产，是买地时附带了地上的建筑物，该企业又进行了改扩建，购买时支付的 1 866 万元土地价款，计入了“无形资产”科目下，由于此处房产权、土地使用权存在纠纷，该企业认为自身不是该房屋、土地的纳税义务人，所以未缴纳相应的房产税、城镇土地使用税。并且，纳税人提出，因为前任会计错把部分设备款项计入了房屋的原值，所以申请重新计算房产原值，并将其作为房产税的计税依据。可见双方对于政策理解还是有偏差的。

税务干部随即约谈了该纳税人，指出了其对税法理解的偏差，最终双方消除了误解且成效显著。

第 6 节　城市维护建设税的稽查

城市维护建设税简称城建税，是我国为了加强城市的维护建设，扩大和稳定城市维护建设资金的来源，对有经营收入的单位和个人征收的一个税种。

一、对纳税义务人的稽查

1. 政策依据

城市维护建设税纳税义务人是承担城市维护建设税纳税义务的单位和个人。原规定缴纳产品税、增值税、营业税的单位和个人为城市维护建设税的纳税人，1994 年税制改革后，改为缴纳增值税、消费税、营业税的单位（不包括外商投资企业、外国企业和进口货物者）和个人为城市维护建设税的纳税人。

2016 年 5 月起全面实行营业税改增值税，营业税全面取消。按照现行税法的规定，城市维护建设税的纳税人是在征税范围内从事工商经营，缴纳“二税”（即增值税、消费税，下同）的单位和个人。任何单位或个人，只要缴纳“二税”中的一种，就必须同时缴纳城市维护建设税。自 2010 年 12 月 1 日起，对外商投资企业、外国企业及外籍个人征收城市维护建设税。

2. 常见涉税问题

缴纳增值税、消费税“二税”却不缴纳城市维护建设税。

3. 稽查方法

凡是在我国境内缴纳增值税、消费税的单位和个人，均为城市维护建设税的纳税义务人。对城市维护建设税纳税义务人的检查，可结合增值税、消费税的检查，确定城市维护建设税的纳税义务人。

二、对计税依据的稽查

1. 政策依据

城市维护建设税是以纳税人实际缴纳的流转税额为计税依据征收的一种税，纳税环节确定在纳税人缴纳的增值税、消费税的环节上，从商品生产到消费流转过程中只要发生增值税、消费税的当中一种税的纳税行为，就要以这种税为依据计算缴纳城市维护建设税。

根据《中华人民共和国城市维护建设税法》有关规定，城建税是根据城市维护建设资金的不同层次的需要而设计的，实行分区域的差别比例税率，即按纳税人所在城市、县城或镇等不同的行政区域分别规定不同的比例税率。具体规定为：

（1）纳税人所在地在市区的，税率为7%。

（2）纳税人所在地在县城、镇的税率为5%。

（3）纳税人所在地不在市区、县城、县属镇的，税率为1%。

2. 常见涉税问题

纳税人缴纳增值税、消费税后，未据以缴纳城市维护建设税，税务机关查补增值税、消费税，未同时调增城市维护建设税计税依据，出口货物按规定退还增值税、消费税以及增值税实行先征后退方式免税的，其退、免税额调减城市维护建设税计税依据。

3. 稽查方法

城市维护建设税以纳税人实际缴纳的增值税、消费税为计税依据，纳税义务人只要缴纳了增值税、消费税中的一种税，就产生了城市维护建设税的纳税义务。稽查时应关注，第一，纳税人缴纳增值税、消费税后，是否据以缴纳了城市维护建设税。第二，税务机关查补增值税、消费税，是否同时调增了城市维护建设税计税依据。第三，出口货物按规定退还增值税、消费税以及增值税实行先征后退方式免税的，其退、免税额有无发生调减城市维护建设税计税依据的错误。

三、对城市维护建设税应纳税额的稽查

1. 政策依据

城市维护建设税应纳税额的计算比较简单，其计算公式为：

应纳税额 =（实际缴纳增值税 + 消费税）× 适用税率

根据财税〔2005〕25号规定：自2005年1月1日起，就生产企业出口货物全面实行免抵退税办法后，经国家税务总局正式审核批准的当期免抵的增值税税额应纳入城市维护建设税和教育费附加的计征范围，分别按规定的税（费）率征收城市维护建设税和教育费附加。

2005年1月1日前，已按免抵的增值税税额征收的城市维护建设税和教育费附加不再退还，未征的不再补征。

所以公式中的增值税部分还应加上生产企业出口货物实行免抵退税办法产生的免抵税额；如果当期有免抵税额，一般在生产企业免抵退汇总表中会有体现。

实行免抵退的生产企业的城建税计算公式应为：

应纳税额 =（增值税应纳税额 + 当期免抵税额 + 消费税）× 适用税率

2. 常见涉税问题

以各种理由不缴纳城市维护建设税。滥用税收减免，违章处理等问题。

3. 稽查方法

城市维护建设税实行地区差别税率，可按纳税人所在地行政区域的不同确定适用的税率。应纳税额的计算、缴纳情况，可通过“应交税金——应交城市维护建设税”及其对应账户、会计凭证做出判断。

城市维护建设税税收减免，由于城市维护建设税是以纳税人实际缴纳的增值税、消费税为计税依据，并随同增值税、消费税征收，因此减免增值税、消费税也就意味着减免城市维护建设税，所以城市维护建设税一般不能单独减免。但是如果纳税人确有困难需要单独减免的，稽查是否由省级人民政府酌情给予减税或者免税照顾。

违章处理时根据《中华人民共和国税收征收管理法》《广东省城市维护建设税实施细则》第六条的规定，纳税人必须在税务机关规定缴纳增值税、消费税期限内同时缴纳城市维护建设税。如果纳税人违反了增值税、消费税的有关规定，税务稽查部门对其追收应纳税款，加收滞纳金、罚款时，亦应追征其应纳的城建税，并相应加收滞纳金或罚款。

【例题 8－28·综合案例分析题】 某市汽车商贸中心为集体所有制企业，注册资本 150 万元，在职员工 30 人，经营汽车配件的批发、零售。2021 年度账面销售收入 2 764. 3805 万元，已缴纳城建税 1 500 元，实现利润 4. 9579 万元。2021 年 12 月 27 日，该市地税稽查分局对该中心进行专项稽查，发现该中心营业地点在城郊结合部，自 2019 年 1 月至 2021 年底合计缴纳增值税 20 万元，而城市维护建设税一直按郊区适用税率 5% 申报缴纳，已缴纳城市维护建设税 1 万元。为此，税务稽查人员到有关部门调查了解，确认该中心营业所在地点属市区范围，应按 7% 的税率申报缴纳城市维护建设税。

案例分析及税务处理：《城建税法》第四条规定：“纳税人所在地在市区的，税率为 7%；纳税人所在地在县城、镇的，税率为 5%”。该商贸中心被税务机关确认所在地点在市区范围，应适用 7% 的税率计算城建税。因此，以该中心计缴的增值税为计税依据，计算出 2019 年 1 月至 2021 年底共少缴城建税 4 000 元，应予以补缴。客观上，此案的形成是由于该中心的地理位置处于城郊结合部，使其能在纳税申报时采用就低不就高的办法少缴城市维护建设税。主观上还是因纳税人纳税意识淡薄造成的。

财务调整：

（1）2021 年度应补提、补缴的城市维护建设税：

①借：主营业务税金及附加（1 500 ÷ 5% × 7%）	2 100	
贷：应交税金——应交城市维护建设税		2 100
②借：应交税金——应交城市维护建设税	2 100	
贷：银行存款		2 100

（2）2019 年度至 2020 年度应补缴城市维护建设税：

①借：主营业务税金及附加	1 900	
贷：应交税金——应交城市维护建设税		1 900
②借：上年度损益调整	1 900	

贷：主营业务税金及附加 1 900

③借：应交税金——应交城市维护建设税 1 900

贷：银行存款 1 900

本章小结

本章的主要内容包括资源税、印花税、土地增值税、房产税、城市维护建设税、城镇土地使用税的纳税义务人、计税依据和应纳税额的稽查内容及稽查方法。

关键术语

资源税　印花税　土地增值税　房产税　城镇土地使用税　城市维护建设税

复习思考题

1. 资源税的常见涉税问题有哪些？
2. 印花税常见涉税问题的稽查方法有哪些？
3. 土地增值税扣除项目的稽查方法有哪些？
4. 房产税的常见涉税问题有哪些？
5. 城镇土地使用税征税范围的具体稽查内容？
6. 城市维护建设税涉税问题的稽查方法有哪些？

第9章　税务行政处罚

本章要点

1. 税务行政处罚的简易程序；
2. 税务行政处罚原则；
3. 税务行政处罚适用规则；
4. 税收强制执行措施；
5. 税务行政处罚的种类；
6. 听证的主要内容。

导入案例

河南许昌某工艺品有限公司骗税案

2017 年初，河南省许昌市国税局成功查处许昌某工艺品有限公司骗税案。经查实，2013 年 3 月至 2016 年 4 月期间，许昌某工艺品有限公司实际控制人孙某某，伙同犯罪嫌疑人李某某、张某某，分工合作，团伙作案，以支付手续费的方式购买增值税专用发票，利用他人出口报关数据，通过买单配票、以少报多，以次充好等手段假报出口，骗取出口退税款 2 350 万元。

案例解析

许昌市国税局追缴许昌某工艺品有限公司出口退税款 2 350 万元，处 1 倍罚款，拟依法停止该公司出口退税权 3 年，并将案件移送公安机关处理。目前，该案已进入司法程序。

（来源：国家税务总局）

第1节　税务行政处罚概述

税务行政处罚是税务机关履行管理职能，维护税法稳定，实现案件公正的需要，其存在具有客观必然性。

一、税务行政处罚的概念

税务行政处罚是税务机关依照税收法律、法规有关规定，依法对纳税人、扣缴义务人、纳税担保人以及其他与税务行政处罚有直接利害关系的当事人（以下简称当事人）违反税收法律、法规、规章的规定进行处罚的具体行政行为。包括各类罚款以及税收法律、法规、规章规定的其他行政处罚，都属于税务行政处罚的范围。

税务行政处罚，从活动的基本范畴分析，有以下几个基本特点。第一，税务行政处罚主体是依据法定权限所确定的税务机关；第二，税务行政处罚的对象是违反了税收法律规范但尚未构成犯罪的当事人；第三，税务行政处罚是以对税务违法者惩戒为目的，具有制裁性的具体行政行为。

二、税务行政处罚与其他相关行为的区别

1. 税务行政处罚与税务行政强制的区别

（1）性质不同。税务行政强制本质上属于执行行为，税务行政强制相对人履行税法义务时，强制措施即停止或者解除。税务行政处罚属于制裁行为。税务行政处罚相对人履行税法义务时，处罚决定不因相对人停止违法而解除。

（2）目的不同。税务行政强制的目的在于敦促或强迫税务行政强制当事人履行税法义务，而税务行政处罚目的在于制裁税务处罚相对人，以维护税法严肃性。

2. 税务行政处罚与税务刑事处罚的区别

（1）处罚的对象不同。税务行政处罚对象是违反有关税收法规，但一般情节和后果较轻，未构成犯罪的当事人；税务刑事处罚的对象是违法行为具有社会危害性，情节和后果比较严重，构成犯罪的当事人。

（2）处罚的依据不同。税务行政处罚的法律依据是《行政处罚法》《税收征管法》和其他有关法规；税务刑事处罚的法律依据主要是《刑法》。

（3）处罚的决定机关不同。税务行政处罚决定是由税务机关为行政主体作出；税务刑事处罚是由人民法院作出判决。

（4）处罚的手段不同。税务行政处罚的处罚手段包括财产罚（罚款、没收非法所得）和行为罚（停止出口退税权、提请工商部门吊销营业执照等）；税务刑事处罚有五种主刑（死刑、无期徒刑、有期徒刑、拘役、管制）和三种附加刑（罚金、剥夺政治权利、没收财产）。

三、税务行政处罚的一般原则

1. 处罚法定原则

税务行政处罚要由法定的税务机关在法定的职权范围内根据法定依据按照法定程序以法定的形式实施。包括主体法定、依据法定、程序法定、形式法定等。

（1）主体法定。税务行政处罚必须有法定的国家机关在其职权范围内行使设定权、实施权。

（2）依据法定。对公民和组织实施税务行政处罚必须有法定依据。法无明文不得罚。

（3）形式法定。税务行政处罚必须由税务机关采取法定的形式实施。

（4）程序法定。税务行政处罚必须由税务机关按照法定程序实施。

2. 公开、公正原则

公正是指税务行政处罚应当合法、实施行政处罚应当适当，做出处罚决定建立在正当考虑的基础上，防止偏听偏信，使当事人了解违法行为的性质，并给其申辩的机会。其一是要防止偏听偏信；其二是要使当事人了解其违法行为的性质，并给其申辩的机会；其三是要防止自查自断，实行查处分开制度。

公开是指税务行政处罚的规定要公开，处罚程序要公开。其一是指税务行政处罚的规定要公开，凡是需要纳税人遵守的法律规定都要事先公布；其二是指处罚程序要公开，如依法举行听证会。

3. 过罚相当原则

过罚相当是指在税务行政处罚的设定和实施方面，都要根据税务违法行为的性质、情节、社会危害性的大小而定，防止畸轻畸重或者“一刀切”的行政处罚现象。税务行政处罚的种类和给予处罚的幅度轻重要与当事人违法行为对社会的危害程度的大小相符。

4. 处罚与教育相结合原则

处罚与教育相结合原则是指实施税务行政处罚，纠正税务违法行为，应当坚持处罚与教育相结合，教育当事人自觉守法。

对税务机关实施行政处罚实行多方面的监督制约：其一是税务机关内部，如对违法行为的调查与处罚的决定分开，当场作出的处罚决定要向所属行政机关备案等；其二是税务机关与其他组织之间，如决定罚款的机关与收缴的机构分离；其三是税务机关外部，包括税务机关系统上下级和司法部门，具体体现主要是税务行政复议和税务行政诉讼。

5. 以事实为依据原则

以事实为依据原则是指设定和实施税务行政处罚必须以事实为依据。

四、税务行政处罚适用规则

1. 一事不再罚原则

一事不再罚原则是指对行政管理相对人的一个违法行为，不能给予多次处罚。行政处罚以惩戒为目的，对一个违法行为实施了处罚，就已达到了惩戒的目的，如果再对其处罚，就是重复处罚，违背了过罚相当原则，有失公允。这一原则包括以下方面的内容：其一是针对一个违法行为，不能给予两次或两次以上同一类型的行政处罚；其二是违法行为构成犯罪的，行政机关必须将案件移送司法机关；其三是违法行为构成犯罪的，人民法院判处拘役或者有期徒刑时，行政机关已实施了行政拘留的，应当依法折抵相应的刑期；其四是人民法院判处罚金时，行政机关已实施的罚款，应当折抵罚金。

2. 责令当事人改正原则

《行政处罚法》第二十三条规定：“行政机关实施行政处罚时，应当责令当事人改正或者限期改正违法行为。”实施税务行政处罚的根本目的是为了维护公共利益和行政管理秩序，保护人民、法人或其他组织的合法权益，以纠正违法行为，教育人们自觉守法。因此，税务机关在处理违法案件时，无论准备对违法行为人处以何种行政处罚，都应首先要求违法行为人及时改正。

3. 保障相对人权利原则

保障相对人权利原则是指在行政处罚中要充分保障行政管理相对人的合法权益。其基本要求是不能让无辜的人遭受处罚，要使违法的人得到公正的处罚，使受到违法处罚的人得到行政救济。为此法律赋予相对人在处罚的过程中享有陈述权、申辩权、听证权、申请复议权、提出诉讼权以及赔偿请求权。这些权利对行政主体而言是一种义务。处罚主体在实施处罚的过程中，应当为相对人行使这些权利提供便利，不能随意加以剥夺或限制，否则就违背了本原则。

五、税务行政处罚的实施主体

税务行政处罚的实施主体主要是县以上的税务机关。

税务机关是指能够独立行使税收征收管理职权，具有法人资格的行政机关。我国税务机关的组织构成包括国家税务总局，国家税务系统的机构设置为四级，即：国家税务总局，省（自治区、直辖市）税务局，地（市、州、盟）税务局，县（市、旗）税务局。这些税务机关都具有税务行政处罚主体资格。

各级税务机关的内设机构、派出机构不具有处罚主体资格，不能以自己的名义实施税务行政处罚。但是，税务所可以实施罚款额在2 000元以下的税务行政处罚。这是《税收征管法》对税务所的特别授权。

【例题9－1·单选题】 税务所可以实施罚款额在（　　）元以下的税务行政处罚。

A. 200　　B. 2 000　　C. 500　　D. 1 000

【正确答案】 B

【答案解析】 税务行政处罚的主体是县以上税务机关。各级税务机关的内设机构、派出机构不具有处罚主体资格，不能以自己的名义实施税务行政处罚。但是税务所可以实施罚款额在2 000元以下的税务行政处罚。这是《税收征管法》对税务所的特别授权。

【例题9－2·简答题】 2018年2月起，根据《税收征管法》的需要，A县税务局在饮食行业中依法推广使用税控收款机。某个体餐馆在税务机关的监督下安装了税控收款机。同年4月中旬，国税局发现该餐馆在3月初自行改动了税控装置，并虚假申报纳税，导致少缴3月份应纳税款2 000元。该县国税局于是发出责令限期改正通知书，在履行告知程序后，对其自行改动税控装置的行为处500元罚款，并按照法定程序对其偷税行为作出补缴税款、加收滞纳金，并处1 000元罚款的决定。

请问：(1) A县国税局的行政处罚决定是否有法律依据，简要说明理由。

(2) A县国税局的决定是否违反一事不二罚原则？

【答案解析】 (1) 有法律依据。一是《税收征管法》第六十条第一款5项规定："纳税人损毁或者擅自改动税控装置的，由税务机关责令限期改正，可以处2 000元以下的罚款。"二是该个体户擅自改动税控装置，并虚假申报而少缴税款，属于偷税行为，根据《税收征管法》第六十三条规定："对纳税人偷税的，由税务机关追缴其不缴或者少缴的税款、滞纳金，并处不缴或者少缴的税款50%以上5倍以下的罚款。"

(2) A县国税局的决定未违反一事不二罚的原则。因为该个体户擅自改动税控装置、又采取了虚假的纳税申报方式进行偷税，不属于同一违法行为。

第 2 节　税务行政处罚的设定和种类

税务行政处罚其基本法律依据为《中华人民共和国行政处罚法》（以下简称《行政处罚法》）和《税收征管法》。

一、税务行政处罚的设定

省、自治区、直辖市和计划单列市税务局及其以下各级税务机关制定的税收法律、法规、规章以外的规范性文件，在税收法律、法规、规章规定给予行政处罚的行为、种类和幅度的范围内作出具体规定，是一种执行税收法律、法规、规章的行为，不是对税务行政处罚的设定。因此，这类规范性文件与行政处罚法规定的处罚设定原则并不矛盾，是有效的，是可以执行的。

其一，全国人民代表大会及其常务委员会可以通过法律的形式设定各种税务行政处罚。

其二，国务院可以通过行政法规的形式设定除限制人身自由以外的税务行政处罚。

其三，国家税务总局可以通过规章的形式设定警告和罚款。税务行政规章对非经营活动中的违法行为设定罚款不得超过 1 000 元；对经营活动中的违法行为，有违法所得的，设定罚款不得超过违法所得的 3 倍，且最高不得超过 30 000 元；没有违法所得的，设定罚款不得超过 10 000 元；超过限额的，应当报国务院批准。

二、税务行政处罚的时效

时效，是指依照《行政处罚法》的规定对行政违法实施者进行行政处罚的有效期限。超过了法律所规定的期限，就不能再对当事人实施行政处罚。

时效期限的计算，依照《行政处罚法》的规定，应从税务违法行为发生之日起计算；税务违法行为有连续或继续状态的，从行为终了之日起计算。

根据《行政处罚法》的规定，行政违法行为的处罚时效为两年。违法行为在两年内未被发现的，不再给予行政处罚。法律另有规定的除外。根据《税收征管法》第八十六条，违反税收法律、行政法规应当给予行政处罚的行为，在五年内未被发现的，不再给予行政处罚。据此，税务行政处罚的时效为五年。

三、税务行政处罚的种类

根据《税收征管法》及其实施细则，对税收违法行为作了细致的处罚规定，税务部门在法定职权范围内有权实施申诫罚、财产罚、能力罚三种行政处罚。

1. 财产罚

这是指行政机关依法剥夺行政违法人财产权利的一种处罚。包括罚款、没收非法所得、没收非法财产。

财产罚的适用条件是：适用于有经济收入的公民、有固定资产的法人或者组织所实施的违法行为；对以谋利为目的的经营活动中实施的违法行为。

《税收征管法》第五章《法律责任》第六十条至七十四条中，针对违法情节的轻重，对罚款数额及罚款幅度进行了详细界定。

《税收征管法》第七十一条规定：非法印制发票的，由税务机关销毁非法印制的发票，没收违法所得和作案工具，并处以 10 000 元以上 50 000 元以下的罚款。

《税收征管法实施细则》第九十三条规定：为纳税人、扣缴义务人非法提供银行账户、发票、证明或者其他方便，导致未缴、少缴税款或者骗取国家出口退税款的，税务机关除没收其违法所得外，可以处未缴、少缴或者骗取的税款 1 倍以下的罚款。没收非法所得、没收非法财产是用法律形式剥夺违法获利，以法律的形式增大违法成本，使违法者无利可图，从而起到遏制违法行为，对违法行为给予的制裁措施。第五十九条规定：新《税收征管法》中规定的其他财产，包括纳税人的房地产、现金、有价证券等不动产和动产。《税收征管法实施细则》中第五十九条至七十二条，对新《税收征管法》中财产罚的有关规定进行了细化和注释，使税收法律中规定的财产罚更加明确和具体。

财产罚通过依法对有经济收入的公民、有固定资产的法人或者组织等行政违法者，依法剥夺财产权利的处罚，使税收违法行为的获利目的受到打击，通过罚款、没收非法所得、没收非法财产等手段，对违法者进行处罚和制裁，是一种适用范围比较广，极易奏效的行政处罚。

《税收征管法实施细则》第九十条规定：纳税人未按照规定办理税务登记证件验证或者换证手续的，由税务机关责令限期改正，可以处 2 000 元以下的罚款。第九十二条规定：银行和其他金融机构未依照《税收征管法》的规定在从事生产、经营的纳税人的账户中登录税务登记证件号码，或者未按规定在税务登记证件中登录从事生产、经营的纳税人的账户账号的，由税务机关责令其限期改正，处 2 000 元以上 20 000 元以下的罚款；情节严重的，处 20 000 元以上 50 000 元以下的罚款。这两条都是法律法规规定以申诫罚和财产罚并举的处罚措施。两种处罚形式并用，加大了处罚的力度。

2. 申诫罚

这是影响违法者声誉的处罚，是行政机关对行政违法行为人提出谴责、警告，使其引起警惕，防止继续违法的措施。申诫罚主要适用于情节比较轻微，未造成严重社会危害的违法行为，既可以适用于公民个人，也可以适用于法人和组织。

《税收征管法》第三十七条规定：对未按照规定办理税务登记的从事生产、经营的纳税人以及临时从事经营的纳税人，由税务机关核定其应纳税额，责令缴纳。第三十八条规定，税务机关有根据认为从事生产、经营的纳税人有逃避纳税义务行为的，可以在规定的纳税期之前，责令限期缴纳应纳税款。

《税收征管法实施细则》第七十三条规定：从事生产、经营的纳税人、扣缴义务人未按照规定的期限缴纳或者解缴税款的，纳税担保人未按照规定的期限缴纳所担保的税款的，由税务机关发出限期缴纳税款通知书，责令缴纳或者解缴税款的最长期限不得超过 15 日。第七十六条规定：县以上各级税务机关应当将纳税人的欠税情况，在办税场所或者广播、电视、报纸、期刊、网络等新闻媒体上定期公告。

在这些条款中，受处罚者违法行为情节比较轻微，未造成严重社会危害，法律对违反税法规定的纳税人进行了以提醒、告诫、以书面形式、责成命令等形式影响违法者声誉。

3. 能力罚

这是行政机关对违反行政法律规范的行政相对方所采取的限制或者剥夺特定行为能力的制裁措施，是一种较严厉的行政处罚。能力罚的主要表现形式是：责令限期改正、责令停产停业、暂扣或者吊销营业执照、暂扣或者吊销许可证。新《税收征管法》及其实施细则规定税务部门有行使责令限期改正、提请吊销营业执照的权力。能力罚的适用条件是：

（1）吊销营业执照和许可证。吊销营业执照和许可证是指行政机关对持有某种许可证或营业执照而实施违法行为的行政相对方予以取消资格的处罚。适用于取得某种资格的行政相对方实施具有危害后果的违法行为。对这种违法行为单处以财产罚还不足以纠正其违法行为，所以吊销其许可证或营业执照，使其失去从事某项生产经营活动的权利。

（2）责令停产停业。责令停产停业是指行政机关对从事生产经营活动者实施违法行为而给予的行政处罚。它直接剥夺了生产经营者进行生产经营活动的权利。其具体适用条件是：其一是从事生产经营活动的个体工商户、企业法人或者组织，实施比较严重的违法行为，其行为后果比较严重。其二是从事加工、生产与人的健康密切相关，或者出版对人的精神生活产生不良影响的出版物及音像制品的违法行为。

（3）暂扣许可证和营业执照。暂扣许可证和营业执照是行政机关依法对持有许可证和营业执照而实施违法行为的行政相对方暂时停止其资格的处罚。这种处罚主要适用于行政违法行为尚不够严重的行政相对方。采用这种行政处罚是为了给其一个改正的机会，因而暂不实施吊销许可证或营业执照。

《税收征管法》第六十条规定：纳税人不办理税务登记的，由税务机关责令限期改正；逾期不改正的，经税务机关提请，由工商行政管理机关吊销其营业执照。因为纳税人不办理税务登记，将会扰乱税收征管，造成国家税款流失。在税务机关责令限期改正，逾期不改正的情况下，由税务机关提请吊销其营业执照，使其失去从事某项生产经营活动的权利，使其违法经营在行政能力罚下得以中止。新《税收征管法》第六十条规定的税务机关作出的吊销营业执照的这一提请是一种实质性提请，工商行政管理部门接到提请后必须吊销行政相对人的营业执照。

第 3 节　税务行政处罚的程序

根据《中华人民共和国行政处罚法》的规定，作出罚款决定的税务机关应当与收缴罚款的机构分离。作出税务行政处罚决定的税务机关及其执法人员不得自行收缴罚款。当事人应当自收到税务行政处罚决定之日起按照税务机关规定的期限到指定的银行缴纳罚款。指定的银行可以是当事人的开户银行，也可以是税务机关指定的银行。

一、税务行政处罚的简易程序

税务行政处罚的简易程序是税务机关对公民个人处以 50 元以下罚款、对法人和其他组织处以 1 000 元以下罚款适用的程序，也称“当场处罚”。

税务机关对公民个人处以 50 元以下罚款、对法人和其他组织处以 1 000 元以下罚款的，在作出行政处罚决定之前，应当当场告知当事人作出行政处罚决定的事实、理由及依据，并告知当事人依法享有的权利。税务机关的执法人员应当场听取当事人的陈述、申辩，对当事人提出的事实、理由和证据，应当进行复核；当事人提出的事实、理由或者证据成立的，应当采纳。

执法人员当场作出税务行政处罚决定的，应当向当事人出示执法身份证件，填写预定格式、编有号码的税务行政处罚决定。税务行政处罚决定应当载明当事人的违法行为、行政处罚依据、罚款数额、时间、地点以及税务机关名称，并由执法人员签名或者盖章。税务行政处罚决定应当当场交付当事人。

当事人应当自收到税务行政处罚决定之日起按照税务机关规定的期限到指定的银行缴纳罚款。有下列情形之一的，执法人员可以当场收缴罚款，其一，依法给予20元以下罚款的；其二，不当场收缴事后难以执行的；其三，在边远、水上、交通不便地区，当事人向指定的银行缴纳罚款有困难，经当事人提出当场缴纳的。

执法人员当场收缴罚款的，必须向当事人出具省、自治区、直辖市财政部门统一制发的罚款收据。不出具财政部门统一制发的罚款收据的，当事人有权拒绝缴纳罚款。

简易处罚的具体程序：

1. 出示证件，说明处罚理由

税务人员当场作出行政处罚时，应当向当事人出示税务检查证，同时，税务执法人员在作出当场处罚决定前，还须向被处罚者指出其违反行政义务行为的事实和给予处罚的法律、法规依据。

2. 告知税务管理相对人有陈述和申辩的权利，并认真听取税务管理相对人的陈述和申辩

税务管理相对人陈述和申辩可以采取口头形式，税务执法人员要认真仔细地听取，并要答辩。整个过程应当扼要地制作笔录备查。

3. 出具处罚证明

税务人员当场作出行政处罚时，应当填写具有预定格式、编有号码的《税务行政处罚决定书》并当场交付当事人。

二、税务行政处罚的一般程序

1. 立案与调查程序

立案是指税务行政机关通过行政管理或者社会公众的举报发现税务行政违法行为线索，再经过计算机或者人工归类对采集的案源进行选案，确定具体的调查对象。立案是进行调查取证的前提，是查处违法行为的开端。查处税务行政违法行为，必须首先经过立案。税务机关查处税务行政违法行为，必须经过选案、立案，准确确定调查对象。

调查是税务行政机关查处税收行政违法案件过程中的法定必经程序。调查是行政机关对当事人发生的违法行为经过检查、勘验、鉴定等手段获取证据、查清事实的过程，为正确适用法律规范提供坚实的事实根据。不经过细致的调查工作去查清行为事实，就不可能正确适用法律规范，对违法行为就不可能做出正确处理，也就不可能实现行政处罚的目的。

2. 告知与听证程序

（1）告知。《行政处罚法》第三十一条规定："行政机关在作出行政处罚决定之前，

应当告知当事人作出行政处罚决定的事实、理由及依据，并告知当事人依法享有的权利。”

税务机关在对当事人的违法行为调查终结后，做出处罚决定之前，必须及时以税务机关的名义向当事人发出《税务行政处罚告知书》，包括：①当事人违法行为事实证据；②所触犯的法律规范；③违法行为应受的行政处罚；④拟给当事人行政处罚的种类、幅度、标准；⑤当事人应享有的各种权利，如陈述申辩权、符合听证条件的听证权等。

（2）听证。听证是指税务机关在对当事人某些违法行为做出处罚决定前按一定形式听取调查人员和当事人意见的程序。听证范围是对公民做出2 000元以上或者对法人或其他组织做出1万元以上罚款的案件。听证包括以下主要内容：

①税务行政处罚的听证，遵循合法、公正、公开、及时和便民的原则。

②税务机关对公民作出2 000元以上（含本数）罚款或者对法人或者其他组织作出1万元以上（含本数）罚款的行政处罚之前，应当向当事人送达《税务行政处罚事项告知书》，告知当事人已经查明的违法事实、证据、行政处罚的法律依据和拟将给予的行政处罚，并告知有要求举行听证的权利。

③要求听证的当事人，应当在《税务行政处罚事项告知书》送达后3日内向税务机关书面提出听证；逾期不提出的，视为放弃听证权利。

④税务机关应当在收到当事人听证要求后15日内举行听证，并在举行听证的7日前将《税务行政处罚听证通知书》送达当事人，通知当事人举行听证的时间、地点，听证主持人的姓名及有关事项。当事人由于不可抗力或者其他特殊情况而耽误提出听证期限的，在障碍消除后5日以内，可以申请延长期限。申请是否准许，由组织听证的税务机关决定。

⑤税务行政处罚的听证，由税务机关负责人指定的非本案调查机构的人员主持，当事人、本案调查人员及其他有关人员参加。听证主持人应当依法行使职权，不受任何组织和个人的干涉。

⑥当事人可以亲自参加听证，也可以委托1～2人代理。当事人委托代理人参加听证的，应当向其代理人出具代理委托书。代理委托书应当注明有关事项，并经税务机关或者听证主持人审核确认。

⑦当事人认为听证主持人与本案有直接利害关系的，有权申请回避。回避申请，应当在举行听证的3日前向税务机关提出，并说明理由。

⑧税务行政处罚听证应当公开进行。但是涉及国家秘密、商业秘密或者个人隐私的，听证不公开进行。

⑨听证开始时，听证主持人应当首先声明并出示税务机关负责人授权主持听证的决定，然后查明当事人或者其代理人、本案调查人员、证人及其他有关人员是否到场，宣布案由；宣布听证会的组成人员名单；告知当事人有关的权利义务。记录员宣读听证会场纪律。

⑩听证费用由组织听证的税务机关支付，不得由要求听证的当事人承担或者变相承担。

3. 审查程序

审查机构收到调查机构移交的案卷后，应对案卷材料进行登记，填写《税务案件审查登记簿》，并对案件进行审查。

审查机构应对案件下列事项进行审查：①调查机构认定的事实、证据和处罚建议适用的处罚种类、依据是否正确；②调查取证是否符合法定程序；③当事人陈述申辩的事实、证据是否成立；④经听证的，当事人听证申辩的事实、证据是否成立。

审查机构应在自收到调查机构移交案卷之日起10日内审查终结，制作审查报告，并连同案卷材料报送税务机关负责人审批。

4. 税务行政处罚决定

审查机构作出审查意见并报送税务机关负责人审批后，应当根据不同情况分别制作以下处理决定书再报税务机关负责人签发：①有应受行政处罚的违法行为的，根据情节轻重及具体情况予以处罚；②违法行为轻微，依法可以不予行政处罚的不予行政处罚；③违法事实不能成立，不得予以行政处罚；④违法行为已构成犯罪的，移送公安机关。

税务机关作出罚款决定的同时制作《税务行政处罚决定书》，并应当载明罚款代收机构的名称、地址和当事人应当缴纳罚款的数额、期限等，并明确当事人逾期缴纳是否加处罚款。

当事人申请行政复议或者提起行政诉讼的期限，从决定书送达之日起计算。

【例题9－3·简答题】某市从事副食批发的个体户李某，在最近的税务稽查中，被税务机关认定存在偷税行为，除了补税外，还作出处以1 600元罚款的处罚决定。为此，李某想要求税务机关举行听证，听取税务机关对其处罚的依据。

请问：李某有要求税务机关举行听证的权利吗？

【答案解析】《税务行政处罚听证程序实施办法（试行）》第三条规定：税务机关对公民作出2 000元以上（含本数）罚款或者对法人或其他组织作出1万元以上（含本数）罚款的行政处罚之前，应当向当事人送达《税务行政处罚事项告知书》，告知当事人已经查明的违法事实、证据、行政处罚的法律依据和拟将给予的行政处罚，并告知当事人有要求举行听证的权利。

因此按照相关规定，税务机关对个体户李某的处罚只有1 600元，并没有达到2 000元，因此李某没有权利要求税务机关举行听证。

第4节　税务行政处罚的执行

根据《中华人民共和国税收征收管理法》第七十四条的规定，罚款额在2 000元以下的，可以由税务所决定。其他税务行政处罚由县以上税务机关决定。

一、自觉履行

行政处罚决定依法作出后，当事人必须予以履行。当事人应当自收到《税务行政处罚决定书》之日起15日内，到指定的银行缴纳罚款。银行收到罚款后，将罚款直接上缴国库。当时收缴罚款的，当事人应当将款项交予税务人员，由税务人员开具当场处罚罚款收据。

当事人对税务行政处罚不服的，根据《行政诉讼法》和《行政复议法》的有关规定，可以申请税务行政复议或者提起行政诉讼。当事人对行政处罚决定不服，申请行政复议或者提起行政诉讼的，行政处罚不停止执行，法律另有规定的除外。

当事人确有经济困难，需要延期或者分期缴纳罚款的，经当事人申请和税务机关批准，可以暂缓或者分期缴纳。

二、罚收分离制度

罚收分离制度是指作出罚款决定与收缴罚款相分离，即由不同的行政主体来实施，有利于减少“乱罚款”现象，制约截留、挪用、私分罚款收入等违反财经纪律的行为，有效地实施罚款制度。罚收分离也是一种原则规定，在下列情况下，税务执法人员在作出税务行政处罚决定后，可以当场收缴罚款：

对当场作出税务罚款决定的，有依法给予罚款额在20元以下的罚款和不当场收缴事后难以执行两种情况之一者，税务执法人员可当场收缴罚款。

对于边远、水上、交通不便地区，税务机关及其执法人员依法作出罚款决定后，当事人向指定的银行缴纳罚款有困难，并经当事人提出，税务机关及其执法人员也可以当场收缴罚款。

税务机关执法人员实施税务行政处罚，当场收缴罚款，必须给被处罚人出具法定的统一罚款票据。所收缴的罚款，应当自收缴罚款之日起2日内交至所属税务机关；在水上当场收缴的罚款，应当自抵岸之日起2日内将罚款缴付指定的银行，由银行划入国库。

三、申请人民法院强制执行

税务强制执行是纳税人拒不履行法律文书所确认的义务，人民法院采取强制手段，强制其履行义务的程序。强制执行必须由税务机关申请或人民法院依职权进行，并且要具备下列条件。其一，执行必须有根据，要有法院的判决、裁定或者可以由人民法院执行的其他法律文书；其二，执行根据已发生法律效力，且纳税人拒不履行；其三，已发生法律效力的执行根据必须具有给付的内容，具有可执行性。

税务行政处罚的强制执行，是指当事人逾期不履行税务行政处罚决定，有关执行机关依法采取强制措施，迫使其履行税务处罚决定的活动。具体可以采取以下强制执行措施：

（1）到期不缴纳罚款的，每日按罚款数额的3%加以罚款。

（2）对作出本税务处罚决定之前存在的、超过标的价值所扣押、查封的商品、货物或者其他财产，税务机关可以拍卖，以拍卖所得抵缴标的价值额的同时，抵缴罚款。

（3）申请人民法院强制执行。

【例题9－4·综合案例分析题】 A县某餐饮部属承包经营，该县城税务征管分局接群众反映，该餐饮部利用收入不入账的方法偷逃税款。2018年3月24日，分局派两名税务干部（李某和钱某）对其实施检查，税务人员在出示税务检查证后，对相关人员进行了询问，但没有线索，于是对餐饮部经理宿舍进行了搜查，发现了流水账，经与实际申报纳税情况核对，查出该餐饮部利用收入不入账方法，偷逃税款50 000元的事实。3月25日，该分局依法下达了税务行政处罚事项告知书，拟作出追缴税款、加收滞纳金、并处30 000元罚款的决定。3月26日，下达了税务处罚决定书。3月30日，该餐饮部提出税务行政处罚听证要求。4月5日由李、钱二人和其他一名干部共同主持了听证会，经听取意见后，当场作出税务行政处罚决定，要求听证所花费用由餐饮部承担，并将决定书当场交给餐饮部代表。在履行了纳税义务的情况下，该餐饮部于5月5日就30 000元罚款一事向县税务局提出行政复议申请，县税务局以申请超过法定复议期限为由不予受理复议申请。5 月 6 日，餐饮部依法向县人民法院起诉。

要求：指出该分局及县税务局在该案处理过程中违法行为，并说明理由。

【答案解析】

(1) 检查时未履行法定程序。《税收征管法》第五十九条规定，“税务机关派出的人员进行税务检查时，应当出示税务检查证和税务检查通知书。”该案中税务分局既未下达稽查通知书，也未出示税务检查通知书。

(2) 税务人员超越权限行使检查权。《税收征管法》规定，税务机关可对纳税人的生产经营场所及货物存放地进行检查。但没有赋予税务人员对纳税人住宅的检查权。

(3) 3 月 26 日下达行政处罚决定书不合法。行政处罚法规定，当事人可在接到行政处罚告知书后 3 日内提出听证申请。税务机关不能在法定申请听证的期限内下达处罚决定书。

(4) 对纳税人处 30 000 元罚款超越职权。《税收征管法》第七十四条只赋予税务所（征管分局）2 000 元以下的行政处罚权。

(5) 李、钱二人不能主持听证会。《税收征管法》第四十二条规定“听证由行政机关指定的非本案调查人员主持。”

(6) 听证结束后当场出具税务行政处罚决定属行政越权行为。国家税务总局《税务行政处罚听证程序实施办法（试行）》第十九条规定：听证结束后，听证主持人应当将听证情况和处理意见报告税务机关负责人。然后才可作出决定。

(7) 要求餐饮部负担听证所需费用不合法。《行政处罚法》第四十二条规定“当事人不承担行政机关组织听证的费用。”

(8) 县国税局对复议申请不予受理的理由不成立。餐饮部的复议申请未超过法定期限，《税务行政复议规则》规定：申请人可以在知道税务机关作出具体行政行为之日起 60 日内提出行政复议。

本章小结

税务行政处罚应遵循法定、公开、公正，过罚相当，处罚与教育相结合，监督制约原则，以事实为依据原则。根据税务行政违法案件的具体情形，应分别适用税务行政处罚的简易程序、一般程序或听证程序。税务机关依法作出行政处罚决定后，被处罚人应主动履行，否则税务机关可以采取强制执行措施。

关键术语

税务行政处罚　　税收强制执行　　一事不再罚　　听证

复习思考题

1. 税务行政处罚应遵循哪些原则？

2. 什么是一事不再罚原则，其内容包括哪些？
3. 税务行政处罚的种类包括哪些？
4. 税务行政处罚的听证程序包括哪些步骤？
5. 税务行政处罚的一般程序是什么？

第10章　税务行政救济

本章要点

1. 税务行政复议原则及受案范围；
2. 税务行政复议管辖及程序；
3. 税务行政诉讼特点及程序；
4. 税务行政赔偿要件及程序。

导入案例

某电器有限公司于2020年3月10日，在省外某市设立销售分公司并领取营业执照。分公司由电器公司在当地与相关单位签订2年的房屋租赁合同，并由电器公司预付了1年的租金。2020年6月15日，电器公司收到分公司所在地国税局的责令限期改正通知书，要求电器公司在6月底前到分公司所在地国税局办理税务登记，并支付罚款1 000元。电器公司认为分公司尚未开展业务，也未取得收入，不需要办理税务登记手续，更不能接受处罚。

2020年7月30日，电器公司又接到分公司所在地国税局处罚决定书，要求电器公司办理其分公司的税务登记并支付罚款5 000元，电器公司是否需要办理税务登记、税务行政处罚依据是什么、是否可以对税务机关的处罚行为提起税务行政复议。请就上述问题作出答复。

案例解析

①根据《税收征管法》有关规定："纳税人应自领取营业执照之日起30日内申报办理税务登记"。因为该电器有限公司设立分公司办理营业执照，故应在分公司所在地办理税务登记。②税务行政处罚的依据是"纳税人未按规定期限向主管税务机关办理税务登记手续，由税务机关责令限期改正，可以处2 000元以下的罚款，情节严重的处2 000元以上1万元以下的罚款"。所以分公司所在地的国税局行政处罚行为是正确的。③该事项属于税务行政复议的受案范围，因为税务行政复议的受案范围中包括税务机关作出的税务行政处罚行为。

第1节　税务行政复议概述

从实质上看，税务行政复议是法律赋予税务行政管理对象的一项权利，而且是一种行政司法活动。因此，税务行政复议的范围、管辖、申请、程序都有严格的法律规定。为了防止和纠正违法的或不当的税务具体行政行为，保护纳税人及其他税务当事人的合法权益，保障和监督税务机关依法行使职权。国家税务总局根据《中华人民共和国行政复议法》（1999年10月1日起实施，以下简称《行政复议法》）和其他有关法律、法规的规定，制定了《税务行政复议规则》，并于2010年4月1日起施行，以此来规范和约束有关事项。

一、税务行政复议的概念及特点

行政复议是指公民、法人或者其他组织，不服有关行政机关的行政处罚或者其他处理决定，依法向原处理机关或者其上级机关提出申诉，由原行政机关或上级机关对该行政处理决定是否合法与适当重新进行审议，并作出裁决的行政程序制度。根据《税收征管法》的规定，纳税人和其他税务当事人认为税务机关的行政行为侵犯了其合法权益，可以向税务行政复议机关申请复议，即税务行政复议。

税务行政复议是指纳税人和其他税务当事人对税务部门所作出的行政行为决定不服时，向税务行政复议机关提出重新裁决的程序制度。

税务行政复议作为一项行政程序制度，不同于一般的行政处理，也不同于行政调解、行政仲裁等行为，具有其自身的特点。

1. 复议的前提是税务争议

税务争议是指在税务活动中，税务当事人与税务部门之间由于税务机关的行政行为而引起的纠纷或争议。复议必须以税务争议为基础，没有税务争议就不能引起复议，它是构成税务行政复议的前提条件。非税务争议也不能引起复议。

2. 一般以上级税务机关为复议机关

税务行政复议体现的是一种行政监督权。对一级行政机关作出的处理决定，只有其上级主管机关才有权予以裁决。因此，税务行政复议应由作出行政行为的税务机关的上级主管机关进行，本级机关无权复议。除了上级税务机关进行复议，在特定情况下，本级人民政府也为税务行政复议机关。

3. 一般采取书面审理形式

除非复议机关认为有必要，复议一般是根据复议申请书进行书面审理并作出裁决，不必作公开审理，无须当事人双方到场辩论。

4. 复议采取自由选择和复议前置两种程序方式

复议前置是指当事人对具体行政行为有争议，必须经过复议程序，对复议机关复议决定不服时，才能向人民法院提起诉讼。自由选择是指当事人对行政行为有争议时，既可向法院提出诉讼，也可以向行政机关提出复议请求。

税务行政复议对加强税收法制，保护纳税人的合法权益等具有重要作用。首先，有利于维护税法的严肃性，税法是税收征纳双方所应共同遵循的法律依据。征纳双方在对征税决定发生争议时，提请上级税务机关裁决，一方面加强了上级机关对下级税务部门的行政监督，另一方面又有利于维护税法的严肃性。其次，有利于保护纳税人的合法权益。纳税人既有依法履行纳税义务的责任，也有依法保护自身利益的权利。纳税人对税务机关作出的具体行政行为不服而提请复议，有利于保护纳税人的合法权益。最后，有利于加强税务机关的廉政建设。开展税务行政复议，使税务行政人员置于法律监督之下，有利于纠正违法行为，克服税务机关内部的不正之风，推动税务机关的廉政建设。

二、税务行政复议原则

税务行政复议原则，是指贯穿于税务行政复议的全过程，对税务行政复议活动具有普遍性的指导意义，参加税务行政复议的各方都必须遵循的法定的基本准则。

1. 一级复议原则

这一原则的基本含义是除法律另有规定，对引起争议的税务具体行政行为一般只经一级税务复议机关复议即可结案。即申请人对复议决定不服，原则上不能再向其他复议机关申请复议，而只能向法院提起行政诉讼。按照《行政复议法》的规定，对国家税务总局作出的行政行为不服，申请人应当首先向原机关申请复议，对复议决定不服，既可以向国务院申请裁决（终局裁决），也可以向法院起诉，这一规定可以视为一级复议原则的例外情况。

2. 合法、公正、公开原则

这一原则是《行政复议法》明文规定的复议原则，包括以下几个具体方面：

（1）合法原则。合法原则，是指承担税务复议职责的复议机关必须在法定职责范围内活动，一切行为均须符合法律的要求。合法原则主要包括以下内容：

①承担税务复议职责的主体合法，即必须是依法成立并享有法定复议权的行政机关，且受理的案件必须是依法属于复议机关管辖的税务行政案件。

②复议机关审理案件的依据合法。

③审理复议案件的程序合法，复议机关必须严格按照行政复议法及其他有关法律、法规规定的步骤、顺序、时限、形式进行，而不得与之相违背，也不得随意予以变更。

（2）公正原则。复议机关的税务复议活动不仅应当是合法的，而且应当是公正的，即应当在合法性的前提下尽可能做到合理、充分、无偏私。公正原则，首先要求复议机关在行使复议权时应当公正地对待复议双方当事人，不能有所偏袒。尤其是在处理与下级行政机关的关系时要把握合理的分寸，不能有意、无意地偏袒下级行政机关，以避免“官官相护”之嫌。其次，它要求复议机关在审理复议案件时应当查明所有与案件有关的事实，并作出准确的定性。此外，它还要求复议机关在作出复议决定时应当正当、合理地行使复议自由裁量权，比如对“明显不当”的税务具体行政行为的界定应当合理、适当等。

（3）公开原则。公开原则，是指复议机关在复议过程中，除涉及国家秘密、个人隐私和商业秘密外，整个过程都应当向复议当事人以及社会公开。这是确保复议权合法、公正行使的基本条件，也是防止复议权滥用的最好手段。

这一原则的主要要求是：第一，行政复议过程公开。它要求复议机关尽可能听取申请人、被申请人和第三人的意见，让他们更多地介入行政复议过程。为此，《行政复议法》第二十二条规定：“行政复议原则上采取书面审查的办法，但是申请人提出要求或者行政复议机关负责法制工作的机构认为有必要时，可以向有关组织和人员调查情况，听取申请人、被申请人和第三人的意见。”这是行政复议过程公开的一个具体体现。第二，行政资讯公开。它要求复议机关在申请人、第三人的请求下，公开与案件有关的一切材料，以确保他们有效地参与行政复议程序。对此，《行政复议法》第二十三条第二款规定：“申请人、第三人可以查阅被申请人提出的书面答复、作出具体行政行为的证据、依据和其他有关材料，除涉及国家秘密、商业秘密或者个人隐私外，行政复议机关不得拒绝。”据此，行政复议中的主要案卷都应当对当事人公开，复议机关不得无故隐瞒。

3. 书面复议原则

书面复议原则指行政复议机关对行政复议申请人提出的申请和被申请人提交的答辩必须以书面的形式，其他有关材料一般采取非公开对质性的审查，并在此基础上作出行政复议决定。此外，税务行政复议还应坚持复议不停止执行、复议不得和解、被申请人负举证责任等原则。

三、税务行政复议的受案范围

税务行政复议的受案范围是指税务行政复议机关对哪些行政行为拥有复议权。纳税或者其他当事人在哪些情况下，可以向复议机构提起复议申请。

1. 具体行政行为

具体行政行为是指税务机关在税收管理过程中，针对特定的纳税人或纳税事项所采取具体措施的行为。具体包括以下内容：

（1）征税行为，包括确认纳税主体、征税对象、征税范围、减税、免税、退税、抵扣税款、适用税率、计税依据、纳税环节、纳税期限、纳税地点和税款征收方式等具体行政行为，征收税款、加收滞纳金，扣缴义务人、受税务机关委托的单位和个人作出的代扣代缴、代收代缴、代征行为等。

（2）行政许可、行政审批行为。

（3）发票管理行为，包括发售、收缴、代开发票等。

（4）税收保全措施、强制执行措施。

（5）行政处罚行为，包括罚款；没收财物和违法所得；停止出口退税权。

（6）不依法履行下列职责的行为：颁发税务登记；开具、出具完税凭证、外出经营活动税收管理证明；行政赔偿；行政奖励；其他不依法履行职责的行为。

（7）资格认定行为。

（8）不依法确认纳税担保行为。

（9）政府信息公开工作中的具体行政行为。

（10）纳税信用等级评定行为。

（11）通知出入境管理机关阻止出境行为。

（12）其他具体行政行为。

2. 抽象行政行为

抽象行政行为是指以不特定的人或事为管理对象，制定具有普遍约束力的规范性文件的行为（行为具有对象不特定性或普遍性）。包括两类：一类是行政立法行为；另一类是制定不具有法源性的规范文件的行为。

《行政复议法》第七条规定：公民、法人或者其他组织认为行政机关的具体行政行为所依据的规定不合法，在对具体行政行为申请行政复议时，可以一并向行政复议机关提出对该规定的审查申请。

根据这一法律依据，在税务行政复议过程中，纳税人对税务行政机关作出的具体行政行为提出复议时，如果认为其具体行政行为不合法规，可以提出审查申请。其法规具体包括：

（1）国家税务总局和国务院其他部门的规定；

（2）其他各级税务机关的规定；

（3）地方各级人民政府的规定；

（4）地方人民政府工作部门的规定。

上述规定不包括规章。

四、税务行政复议的形式

1. 必经复议

必经复议是指按照税收法律、法规的规定，公民、法人或其他组织对税务机关某些特定的具体行政行为不服，必须向上级税务机关申请复议，对复议不服，再向人民法院起诉。必经复议的受案范围是纳税人对税务机关征税行为不服，采取必经复议形式解决税务争议的申请条件。

2. 选择复议

选择复议是公民、法人或其他组织对税务机关作出的除征税行为以外的其他具体行政行为不服，可以采取向税务复议机构申请税务行政复议，或者直接向人民法院起诉。

【例题 10－1·多选题】纳税人对税务机关做出的（　　）行为不服的，必须先申请行政复议。

A. 加收滞纳金　　B. 确定适用税率

C. 不予抵扣税额　　D. 停止出口退税权

E. 确定纳税期限

【正确答案】ABCE

【答案解析】选项D不属于税务机关作出的征税行为。申请人对税务行政复议的受案范围中税务机关作出的征税行为不服的，应当先向行政复议机关申请行政复议；对行政复议决定不服的，可以向人民法院提起行政诉讼。

五、税务行政复议的管辖

税务行政复议系统内部受理税务行政复议案件的分工，是明确复议申请人应向哪一个税务机关提出申请，由哪一个税务机关受理服役的制度。

1. 一般管辖

对税务机关的具体行政行为不服申请的复议，由上一级税务机关管辖。即对税务局的具体行政行为不服申请的复议，分别由其上一级税务局管辖；对各省、自治区、直辖市、计划单列市和税务局直属征收局作出的具体行政行为不服申请的复议，由国家税务总局管辖。

2. 特殊管辖

对一般管辖以外的行政主体作出的税务具体行政行为，实行特殊管辖，具体分为：

（1）对税务局作出的具体行政行为不服申请的复议，由其上一级税务局和地方税务局共同管辖。

（2）对税务机关设立的派出机构以自己名义作出的具体行政行为不服申请的复议，由设立该派出机构的税务机关管辖。

（3）对扣缴义务人作出的代扣代收税款行为不服申请的复议，由主管该扣缴义务人的税务机关的上一级税务机关管辖。

（4）对法律、法规规定需要上级批准的具体行政行为不服申请的复议，由最终批准的税务机关管辖。

（5）对被撤销的税务机关在其被撤销前作出的具体行政行为不服申请的复议，由继续行使其职权的税务机关的上一级税务机关管辖。

申请人向具体行政行为发生地的县级地方人民政府提交行政复议申请的，由接受申请的县级地方人民政府依照《行政复议法》第十五条、第十八条的规定予以转送。

六、税务行政复议的参加人

1. 申请人

申请人是指对税务机关作出的税务具体行政行为不服，依据法律、法规的规定，以自己的名义向行政复议机关提起复议申请的纳税人、扣缴义务人、纳税担保人等税务当事人及其他行政相对人。在税务行政复议中，按照下列规定确定申请人：

（1）合伙企业申请行政复议的，应当以工商行政管理机关核准登记的企业为申请人，由执行合伙事务的合伙人代表该企业参加行政复议；其他合伙组织申请行政复议的，由合伙人共同申请行政复议。合伙企业以外的不具备法人资格的其他组织申请行政复议的，由该组织的主要负责人代表该组织参加行政复议；没有主要负责人的，由共同推选的其他成员代表该组织参加行政复议。

（2）股份制企业的股东大会、股东代表大会、董事会认为税务具体行政行为侵犯企业合法权益的，可以以企业的名义申请行政复议。

（3）有权申请行政复议的公民死亡的，其近亲属可以申请行政复议；有权申请行政复议的公民为无行为能力人或者限制行为能力人，其法定代理人可以代理申请行政复议。有权申请行政复议的法人或者其他组织发生合并、分立或终止的，承受其权利义务的法人或者其他组织可以申请行政复议。

（4）行政复议期间，行政复议机关认为申请人以外的公民、法人或者其他组织与被审查的具体行政行为有利害关系的，可以通知其作为第三人参加行政复议。申请人以外的公民、法人或者其他组织与被审查的税务具体行政行为有利害关系的，可以向行政复议机关申请作为第三人参加行政复议。第三人不参加行政复议，不影响行政复议案件的审理。

（5）非具体行政行为的行政管理相对人，但其权利直接被该具体行政行为所剥夺、限制或者被赋予义务的公民、法人或其他组织，在行政管理相对人没有申请行政复议时，可以单独申请行政复议。

2. 被申请人

被申请人是指其行政行为被行政复议申请人指控违法、侵犯其合法权益，并被复议机关通知参加复议的行政主体。在税务行政复议中，按照下列规定确定被申请人：

（1）申请人对具体行政行为不服申请行政复议的，作出该具体行政行为的税务机关为被申请人。

（2）申请人对扣缴义务人的扣缴税款行为不服的，主管该扣缴义务人的税务机关为被申请人；对税务机关委托的单位和个人的代征行为不服的，委托税务机关为被申请人。

（3）税务机关与法律、法规授权的组织以共同的名义作出具体行政行为的，税务机关和法律、法规授权的组织为共同被申请人。

(4) 税务机关与其他组织以共同名义作出具体行政行为的，税务机关为被申请人。

(5) 税务机关依照法律、法规和规章规定，经上级税务机关批准作出具体行政行为的，批准机关为被申请人。

(6) 申请人对经重大税务案件审理程序作出的决定不服的，审理委员会所在税务机关为被申请人。

(7) 税务机关设立的派出机构、内设机构或者其他组织，未经法律、法规授权，以自己名义对外作出具体行政行为的，税务机关为被申请人。

【例题 10-2·单选题】税务行政复议中的被申请人是指（　　）。

A. 受税务机关委托有代征行为的个人

B. 与申请人存在控股关系的上级单位

C. 以共同名义与税务机关共同作出处罚决定的其他组织

D. 作出引起争议的具体行政行为的税务机关

【正确答案】D

【答案解析】税务行政复议中的被申请人，是指作出引起争议的具体行政行为的税务机关。

3. 第三人

行政复议中的第三人，是指因与被申请复议的具体行政行为有利害关系而参加到行政复议中去的行政相对人。在行政复议中第三人具有独立的法律地位，不依附于申请或被申请人，享有与申请人基本相同的复议权利。

行政复议期间，行政复议机关认为申请人以外的公民、法人或者其他组织与被审查的具体行政行为有利害关系的，可以通知其作为第三人参加行政复议。申请人以外的公民、法人或者其他组织与被审查的税务具体行政行为有利害关系的，可以向行政复议机关申请作为第三人参加行政复议。第三人不参加行政复议，不影响行政复议案件的审理。

4. 复议代理人

复议代理人是指接受当事人（申请人或者第三人）委托，以当事人的名义，代理当事人参加行政复议的人。在行政复议期间，复议代理人只能以当事人的名义参加到行政复议当中，而不能直接以自己的名义进行行政复议活动。

在行政复议中，申请人、第三人可以委托 1～2 名代理人参加行政复议。申请人、第三人委托代理人的，应当向行政复议机关提交授权委托书。授权委托书应当载明委托事项、权限和期限。公民在特殊情况下无法书面委托的，可以口头委托。口头委托的，行政复议机关应当核实并记录在卷。申请人、第三人解除或者变更委托的，应当书面告知行政复议机关。值得注意的是，被申请人不得委托本机关以外人员参加行政复议。

【例题 10-3·单选题】下列关于行政复议参加人的说法，正确的是（　　）。

A. 被申请人可以委托本机关以外人员参加行政复议

B. 第三人不参加行政复议，不影响行政复议案件的审理

C. 对税务机关委托的单位和个人的代征行为不服的，受托的单位和个人为被申请人

D. 申请人、第三人可以委托 1～5 名代理人参加行政复议

【正确答案】B

【答案解析】选项 A，被申请人不得委托本机关以外人员参加行政复议；选项 C，对税

务机关委托的单位和个人的代征行为不服的，委托税务机关为被申请人；选项 D，申请人、第三人可以委托 1 ~ 2 名代理人参加行政复议。

第 2 节　税务行政复议程序

一、税务行政复议的申请

税务行政复议的申请，是指公民、法人或其他组织向法定行政复议机关提出行政复议，要求其对某一具体行政行为进行审查并作出裁决的意思表示。申请是税务行政复议程序的第一个环节。

1. 申请方式

申请人申请行政复议，可以书面申请，也可以口头申请。申请人书面申请行政复议的，可以采取当面递交、邮寄或者传真等方式提出行政复议申请。有条件的行政复议机关可以接受以电子邮件形式提出的行政复议申请。对以传真、电子邮件形式提出行政复议申请的，行政复议机关应当审核确认申请人的身份、复议事项。申请人口头申请行政复议的，行政复议机关应当依照行政复议规则所规定的事项，当场制作行政复议申请笔录，交申请人核对或者向申请人宣读，并由申请人确认。

2. 申请期限

申请人可以在知道税务机关作出具体行政行为之日起 60 日内提出行政复议申请。因不可抗力或者被申请人设置障碍等原因耽误法定申请期限的，申请期限的计算应当扣除被耽误时间。税务机关作出具体行政行为，依法应当向申请人送达法律文书而未送达的，视为该申请人不知道该具体行政行为。

纳税人、扣缴义务人及纳税担保人对税务机关作出的征税行为不服的，必须先依照税务机关根据法律、行政法规确定的税额、期限，缴纳或者解缴税款及滞纳金或者提供相应的担保，方可在实际缴清税款和滞纳金后或者所提供的担保得到作出具体行政行为的税务机关确认之日起 60 日内提出行政复议申请。

3. 申请条件

根据《行政复议法》，行政复议申请条件仅限于以下三种：

（1）申请的行为属于行政复议的受案范围。

（2）申请必须在法定期限内提出，如无特殊情况，不能超过 60 日提出行政复议申请。

（3）申请人必须具备主体资格，即法定权益未受具体行政行为侵害的人，不能提出行政复议申请。

二、税务行政复议的受理

行政复议机关收到行政复议申请以后，应当对行政复议申请进行审查，决定是否受理。

1. 受理条件

行政复议申请符合下列规定的，行政复议机关应当受理：

（1）属于《税务行政复议规则》规定的行政复议范围。

（2）在法定申请期限内提出。

（3）有明确的申请人和符合规定的被申请人。

（4）申请人与具体行政行为有利害关系。

（5）有具体的行政复议请求和理由。

（6）符合《税务行政复议规则》第三十三条和第三十四条规定的条件。

（7）属于收到行政复议申请的行政复议机关的职责范围。

（8）其他行政复议机关尚未受理同一行政复议申请，人民法院尚未受理同一主体就同一事实提起的行政诉讼。

2. 受理期限

行政复议机关收到行政复议申请以后，应当在5日内审查，决定是否受理。行政复议机关收到行政复议申请以后未按照规定期限审查并作出不予受理决定的，视为受理。对不属于本机关受理的行政复议申请，应当告知申请人向有关行政复议机关提出。

行政复议申请材料不齐全、表述不清楚的，行政复议机关可以自收到该行政复议申请之日起5日内书面通知申请人补正。补正通知应当载明需要补正的事项和合理的补正期限。无正当理由逾期不补正的，视为申请人放弃行政复议申请。补正申请材料所用时间不计入行政复议审理期限。

3. 受理决定

对符合规定的行政复议申请，自行政复议机关收到之日起即为受理。受理行政复议申请，应当书面告知申请人。对不符合《税务行政复议规则》规定的行政复议申请，决定不予受理，并书面告知申请人。

上级税务机关认为行政复议机关不予受理行政复议申请的理由不成立的，可以督促其受理；经督促仍然不受理的，责令其限期受理。上级税务机关认为行政复议申请不符合法定受理条件的，应当告知申请人。上级税务机关认为有必要的，可以直接受理或者提审由下级税务机关管辖的行政复议案件。

对应当先向行政复议机关申请行政复议，对行政复议决定不服再向人民法院提起行政诉讼的具体行政行为，行政复议机关决定不予受理或者受理以后超过行政复议期限不作答复的，申请人可以自收到不予受理决定书之日起或者行政复议期满之日起15日内，依法向人民法院提起行政诉讼。

4. 具体行政行为执行问题

行政复议期间具体行政行为不停止执行，但是有下列情形之一的，可以停止执行：

（1）被申请人认为需要停止执行的。

（2）行政复议机关认为需要停止执行的。

（3）申请人申请停止执行，行政复议机关认为其要求合理，决定停止执行的。

（4）法律规定停止执行的。

三、税务行政复议的审查

行政复议机关应当全面审查被申请人的具体行政行为所依据的事实证据、法律程序、法律依据和设定的权利义务内容的合法性、适当性。

1. 审查办法

行政复议原则上采用书面审查的办法。但是，申请人提出要求或者行政复议机关认为有必要时，应听取申请人、被申请人和第三人的意见，并可以向有关组织和人员调查了解情况。

对重大、复杂的案件，申请人提出要求或者行政复议机关认为必要时，可以采取听证的方式审理。行政复议机关决定举行听证的，应当将举行听证的时间、地点和具体要求等事项通知申请人、被申请人和第三人。第三人不参加听证的，不影响听证的举行。听证应当公开举行，但是涉及国家秘密、商业秘密或者个人隐私的除外。

2. 审查期限

行政复议机关应当自受理行政复议申请之日起 7 日内，将行政复议申请书副本或者行政复议申请笔录复印件发送被申请人。被申请人应当自收到申请书副本或者申请笔录复印件之日起 10 日内提出书面答复，并提交当初作出具体行政行为的证据、依据和其他有关材料。

申请人在申请行政复议时，依据规定一并提出对有关规定的审查申请的，行政复议机关对该规定有权处理的，应当在 30 日内依法处理；无权处理的，应当在 7 日内按照法定程序逐级转送有权处理的行政机关依法处理，有权处理的行政机关应当在 60 日内依法处理。处理期间，中止对具体行政行为的审查。

行政复议机关审查被申请人的具体行政行为时，认为其依据不合法，本机关有权处理的，应当在 30 日内依法处理；无权处理的，应当在 7 日内按照法定程序逐级转送有权处理的国家机关依法处理。处理期间，中止对具体行政行为的审查。

3. 审查要求

行政复议机关审理行政复议案件，应当由 2 名以上行政复议工作人员参加。申请人在行政复议决定作出以前撤回行政复议申请的，经行政复议机关同意，可以撤回。申请人撤回行政复议申请的，不得再以同一事实和理由提出行政复议申请。但是，申请人能够证明撤回行政复议申请违背其真实意思表示的除外。行政复议期间被申请人改变原具体行政行为的，不影响行政复议案件的审理。但是申请人依法撤回行政复议申请的除外。

【例题 10－4·单选题】复议机关收到行政复议申请后，应当在（　　）日内进行审查，决定是否受理。对于复议机关不予受理的，纳税人可以在收到不予受理决定书（　　）日内，依法向人民法院提起行政诉讼。

A. 5；15　　B. 7；15　　C. 5；30　　D. 7；30

【正确答案】A

【答案解析】复议机关收到行政复议申请后，应当在 5 日内进行审查，决定是否受理。对于复议机关决定不予受理的，纳税人可以在收到不予受理决定书之日起 15 日内，依法向人民法院提起行政诉讼。

四、税务行政复议的决定

税务行政复议的决定，是指税务行政复议机关在查清复议案件事实的基础上，依法对税务具体行政行为是否合法和适当作出具有法律效力的决定。

1. 复议决定期限

行政复议机关应当自受理申请之日起 60 日内作出行政复议决定。情况复杂，不能在规定期限内作出行政复议决定的，经行政复议机关负责人批准，可以适当延期，并告知申请人和被申请，但是延期不得超过30日。行政复议机关作出行政复议决定，应当制作行政复议决定书，并加盖行政复议机关印章。行政复议决定书一经送达，即发生法律效力。

2. 复议决定种类

行政复议机关应当对被申请人的具体行政行为提出审查意见，经行政复议机关负责人批准，按照下列规定作出行政复议决定。具体决定种类有：

（1）维持决定。具体行政行为认定事实清楚，证据确凿，适用依据正确，程序合法，内容适当的，决定维持。

（2）履行决定。被申请人不履行法定职责的，决定其在一定期限内履行。

（3）撤销、变更确认决定。具体行政行为有下列情形之一的，决定撤销、变更或者确认该具体行政行为违法：①主要事实不清、证据不足的；②适用依据错误的；③违反法定程序的；④超越或者滥用职权的；⑤具体行政行为明显不当的。决定撤销或者确认该具体行政行为违法的，可以责令被申请人在一定期限内重新作出具体行政行为。

被申请人不按照规定提出书面答复，提交当初作出具体行政行为的证据、依据和其他有关材料的，视为该具体行政行为没有证据、依据，决定撤销该具体行政行为。

五、税务行政复议的履行

1. 被申请人对行政复议决定的履行

被申请人应当履行行政复议决定。被申请人不履行、无正当理由拖延履行行政复议决定的，行政复议机关或者有关上级税务机关应当责令其限期履行。

行政复议机关责令被申请人重新作出具体行政行为的，被申请人应当在60日内重新作出具体行政行为；情况复杂，不能在规定期限内重新作出具体行政行为的，经行政复议机关批准，可以适当延期，但是延期不得超过30日。

行政复议机关责令被申请人重新作出具体行政行为的，被申请人不得以同一事实和理由作出与原具体行政行为相同或者基本相同的具体行政行为；但是行政复议机关以原具体行政行为违反法定程序决定撤销的，被申请人重新作出具体行政行为的除外。

行政复议机关责令被申请人重新作出具体行政行为的，被申请人不得作出对申请人更为不利的决定；但是行政复议机关以原具体行政行为主要事实不清、证据不足或适用依据错误决定撤销的，被申请人重新作出具体行政行为的除外。

2. 相对人对行政复议决定的履行

申请人、第三人逾期不起诉又不履行行政复议决定的，或者不履行最终裁决的行政复议决定的，按照下列规定分别处理：维持具体行政行为的行政复议决定，由作出具体行政行为的税务机关依法强制执行，或者申请人民法院强制执行。变更具体行政行为的行政复议决定，由行政复议机关依法强制执行，或者申请人民法院强制执行。

【例题10－5·单选题】复议机关应当自受理申请之日起（　　）日内作出行政复议决定。情况复杂，经批准可适当延长，并告知申请人和被申请人，但延长期限最多不超过（　　）日。

A. 30；30　　B. 30；60　　C. 60；30　　D. 60；60

【正确答案】C

【答案解析】复议机关应当自受理申请之日起 60 日内作出行政复议决定。情况复杂，经批准可适当延长，并告知申请人和被申请人，但延长期限最多不超过 30 日。

六、税务行政复议的和解与调解

为了更好地解决申请人和被申请人之间的税务纠纷，《税务行政复议规则》规定，在行政复议过程中，申请人和被申请人之间可以按照自愿、合法的原则，达成和解，行政复议机关也可以对双方进行调解。

1. 和解与调解事项

对下列行政复议事项，申请人和被申请人在行政复议机关作出行政复议决定以前，可以达成和解，行政复议机关也可以调解：①行使自由裁量权作出的具体行政行为，如行政处罚、核定税额、确定应税所得率等；②行政赔偿；③行政奖励；④存在其他合理性问题的具体行政行为。

2. 调解条件

调解应当符合下列要求：①尊重申请人和被申请人的意愿；②在查明案件事实的基础上进行；③遵循客观、公正和合理原则；④不得损害社会公共利益和他人合法权益。

3. 调解程序

行政复议机关按照下列程序调解：①征得申请人和被申请人同意；②听取申请人和被申请人的意见；③提出调解方案；④达成调解协议；⑤制作行政复议调解书。

4. 和解与调解的相关要求

（1）申请人和被申请人达成和解的，应当向行政复议机关提交书面和解协议。和解内容不损害社会公共利益和他人合法权益的，行政复议机关应当准许。

（2）经行政复议机关准许和解终止行政复议的，申请人不得以同一事实和理由再次申请行政复议。

（3）行政复议调解书应当载明行政复议请求、事实、理由和调解结果，并加盖行政复议机关印章。行政复议调解书经双方当事人签字，即具有法律效力。

（4）调解未达成协议，或者行政复议调解书不生效的，行政复议机关应当及时作出行政复议决定。

（5）申请人不履行行政复议调解书的，由被申请人依法强制执行，或者申请人民法院强制执行。

【例题 10－6·单选题】在税务行政复议中，不可以达成和解与调解的情形是（　　）。

A. 行政处罚　　B. 行政审批

C. 行政赔偿　　D. 行政奖励

【正确答案】B

【答案解析】申请人和被申请人在行政复议机关作出行政复议决定以前可以达成和解，行政复议机关也可以调解的行政复议事项有：①行使自由裁量权作出的具体行政行为，如行政处罚、核定税额、确定应税所得率等；②行政赔偿；③行政奖励；④存在其他合理性问题的具体行政行为。

第3节　税务行政诉讼

一、税务行政诉讼的概念

税务行政诉讼是整个行政诉讼的组成部分。税务行政诉讼是公民、法人和其他组织认为税务机关的具体税务行政行为违法或者不当，侵害其合法权益，依法向人民法院提起行政诉讼，由人民法院对具体税务行政行为的合法性进行审查并作出裁决的司法活动。其目的是保证人民法院正确、及时审理税务行政案件，保护纳税人、扣缴义务人等当事人的合法权益，维护和监督税务机关依法行使行政职权。税务行政诉讼具有以下特征：

（1）税务行政诉讼是因税务争议引起的，即因纳税人、扣缴义务人、纳税担保人和其他当事人不服税务机关的具体行政行为而引起的。

（2）税务行政诉讼的法律关系是双方的法律关系，是在人民法院的主持下由法院起主导作用，解决税务争议的活动。它是人民法院行使审判权的形式之一。

（3）税务行政诉讼的当事人中必定有一方是作出具体行政行为的税务机关，即以税务机关为被告。税务机关还负有举证责任。

（4）税务行政诉讼是依法请求的法律活动，没有纳税人、扣缴义务人、纳税担保人和其他当事人的起诉行为，司法机关一般是无权受理的。

（5）有些税务行政诉讼是以税务行政复议为前置必经程序的，即在必经复议的条件下，纳税人、扣缴义务人、纳税担保人和其他当事人对税务机关的征税行为不服，必须在按照税务机关规定的期限内缴清税款、滞纳金后，首先向作出具体行政行为的税务机关的上一级税务机关申请复议，对复议决定不服，才能在法定期限内向人民法院提起行政诉讼，否则人民法院将不予受理。

二、税务行政诉讼的程序

1. 税务行政诉讼的提起

税务行政诉讼是公民、法人和其他经济组织不服税务机关的行政处理决定或者复议决定，向人民法院提起的行政诉讼。起诉的方式一般有口头与书面提起两种。

公民、法人和其他经济组织向人民法院提起税务行政诉讼，应当向人民法院提交起诉状。

2. 税务行政诉讼的受理

人民法院在接到原告的起诉状后，应按条件加以审查，并在7日内作出立案或作出不予受理的裁定。

（1）原告。原告是认为具体行政行为侵犯其合法权益的公民、法人和其他经济组织，包括外国人、无国籍人和其他外国组织。这就是说，起诉的主体必须具备一定的条件，才能充当原告。首先，税务行政诉讼的原告必须是税务行政管理的相对人；其次，原告必须是与税收具体行政行为有利害关系的公民和组织。

（2）明确的被告。所谓明确的被告就是对谁提起诉讼，是谁侵犯了其自身的权利和利益，与谁发生了行政争议。首先，税务行政诉讼的被告必须是税务机关；其次，被告必须是作出行政处理决定或者复议裁决的税务机关；最后，被告必须是集合体，不能是个人。国家税务工作人员不能成为税务行政诉讼的被告。这是因为税务人员的执法行为是代表国家、代表其所属税务机关的意志，属于其所归属税务机关的行政行为。

（3）有具体的诉讼请求和事实根据。所谓具体的诉讼请求是指原告要求人民法院通过审判所要解决的具体问题。即诉讼的目的何在，请求解决的问题是什么，对税务机关有什么要求。所谓事实根据是指原告提出诉讼请求所依据的法律事实，包括相应的税法条文、案情事实和证据事实。

（4）属于人民法院受案范围和受诉人民法院管辖。原告起诉的案件，必须是根据《行政诉讼法》的规定，属于人民法院的受案范围，人民法院才予以受理，同时起诉的案件又必须是属受诉人民法院管辖，才能受理。

（5）必经复议的法律程序。对于有关税收法规规定在提起行政诉讼前必经复议的，原告必须按税法规定先行复议。对复议裁决不服才可以在法定期限内向人民法院起诉，原告未经复议即直接起诉的，人民法院不予受理。

3. 税务行政诉讼的审理与判决

行政诉讼的审理阶段一般包括宣布开庭、法庭调查、法庭辩论、合议庭评议和宣告判决等几个程序，其中比较重要的是法庭调查和法庭辩论。

法庭辩论结束后，由合议庭评议，并在评议的基础上依法作出判决。原告和被告对人民法院的一审判决不服，均有权在判决书送达之日起 15 日内向上一级人民法院提起上诉，逾期不上诉的，一审判决即发生法律效力。

4. 二审程序与审判监督程序

（1）二审程序。二审程序即上诉程序，它是指上级人民法院对下级人民法院所作出的一审判决，在其发生法律效力之前，由于一审原告或被告上诉而根据事实和有关法律对税务案件进行审理和判决的活动。也就是说，一审的原告或被告认为人民法院作出的一审判决或裁定是错误的，而向上一级人民法院上诉，由于行政诉讼实行二审终审制，所以上一级人民法院的二审判决或裁定是终审判决或裁定，对二审的判决不得再提起上诉。

二审程序应具备一定的条件，即原告和被告对人民法院一审未发生法律效力的判决或裁定均可上诉，上诉必须在法定期限内提出；提出上诉应当使用上诉状，上诉状必须写明上诉人或被上诉人的基本情况、上诉的理由和请求等内容。上诉人可以向原审人民法院提交上诉状，也可以直接向上一级人民法院提交上诉状，并提供上诉状副本。上诉人在二审法院宣判前，有权申请撤回上诉，但二审法院认定原审法院的判决或裁定有错误、一审中原告和被告同时或先后提起上诉而一方提出撤回上诉，或在二审法院审理中上诉人处于明确败诉的情况下，二审法院将不准上诉人撤回上诉。

二审的审理在程序上和一审基本相同。除二审法院认为事实清楚的上诉案件实行书面审理外，一般都要开庭审理。二审法院经过审理对上诉案件应根据不同情况分别作出判决或裁定：对原判决认定事实清楚、适用法律、法规正确的判决，应驳回上诉，维持原判；对原判决认定事实不清、证据不足或者由于违反法定程序影响案件正确判决的，裁定撤销原判，发回原审人民法院重新审理，也可以查清事实后改判；原判决认定事实清楚，但适用法律、法规有错误的，应依法改判。

（2）审判监督程序。审判监督程序即再审程序，它是指人民法院依法对已经发生法律效力的判决和裁定，发现确有错误而进行重新审理的一种审判程序。由于审判监督程序是在税务争议案件审理终结后，因发现确有错误而按照法律规定程序再行审理的程序，所以，再审程序不是每一个税务行政诉讼案件都必须经过的程序，而是在一审、二审之外的不增加审级的一种特殊审判程序。

5. 税务行政诉讼的执行

税务行政诉讼的执行是指人民法院依靠国家力量，按照法院程序，采取强制措施，实现人民法院对税务行政诉讼案件所作的已经发生法律效力的判决或裁定的诉讼活动，是行政诉讼程序的一个重要组成部分，也是完成人民法院对行政案件审判的最后阶段，如果不执行就不能彻底解决税务行政争议，因此税务行政诉讼的执行具有十分重要的意义。

《行政诉讼法》第九十五条规定，公民、法人或者其他组织拒绝履行判决、裁定、调解书的，行政机关或者第三人可以向第一审人民法院申请强制执行，或者由行政机关依法强制执行。如果是税务机关胜诉，即人民法院维持了税务机关的原决定，是对纳税人、扣缴义务人、纳税担保人和其他当事人所负义务的确认，并不具有实际给付的问题，也就不存在执行的问题。如果税务机关败诉，并且不履行判决和裁定的，一审人民法院可以采取如下措施，对于应归还的罚款或者应当给付的赔偿金，通知银行从其账户内划拨；对于在规定期限内不履行的，从期满之日起，对拒绝履行的税务机关按月处以 50 元～100 元的罚款；对于拒不履行判决、裁定，情节严重构成犯罪的，依法追究主管人员和直接责任人员的刑事责任。

三、税务行政诉讼的原则

除共有原则外（如人民法院独立行使审判权，实行合议、回避、公开、辩论、两审、终审等），税务行政诉讼还必须和其他行政诉讼一样，遵循以下几个特有原则：

1. 人民法院特定主管原则

即人民法院对税务行政案件只有部分管辖权。根据《行政诉讼法》第十一条的规定，人民法院只能受理因具体行政行为引起的税务行政争议案。

2. 合法性审查原则

除审查税务机关是否滥用权力、税务行政处罚是否显失公正外，人民法院只对具体税务行为是否合法予以审查，并不审查具体税务行为的适当性。与此相适应，人民法院原则上不直接判决变更。

3. 不适用调解原则

税收行政管理权是国家权力的重要组成部分，税务机关无权依自己意愿进行处置，因此，人民法院也不能对税务行政诉讼法律关系的双方当事人进行调解。

4. 起诉不停止执行原则

即当事人不能以起诉为理由而停止执行税务所作出的具体行政行为，如税收保全措施和税收强制执行措施。

5. 税务机关负举证责任原则

由于税务行政行为是税务机关单方依一定事实和法律作出的，只有税务机关最了解作出该行为的证据。如果税务机关不提供或不能提供证据，就可能败诉。

6. 由税务机关负责赔偿的原则

依据《中华人民共和国国家赔偿法》（以下简称《国家赔偿法》）的有关规定，税务机关及其工作人员因执行职务不当，给当事人造成人身及财产损害，应负担赔偿责任。

第 4 节　税务行政赔偿

一、税务行政赔偿概念

税务行政赔偿是指税务机关及其公务人员侵犯公民、法人或其他组织的合法权益并造成经济损失的，依法由税务机关负责赔偿的一种行为。

规定行政赔偿是实施《宪法》的需要。我国《宪法》第四十一条规定，“由于国家机关和国家工作人员侵犯公民权利而受到损失的人，有依照法律规定取得赔偿的权利。”《行政诉讼法》规定行政赔偿责任，使《宪法》规定的公民权利得到落实。在我国，国家行政机关是为人民服务的机关，当行政机关及其工作人员的行政行为损害了人民利益的时候，理应给予赔偿，这也是人民合法权益得到充分保障的标志。行政赔偿还有利于对行政机关和工作人员进行法律监督，促进国家行政机关改进工作和提高工作效率。行政赔偿可以比较客观地反映和检验行政机关的工作质量，它可以对税务机关的违法或者不当的具体行政行为进行有效的惩戒，这对税务机关注重内部管理，提高依法行政水平将起到有力的推动作用。

二、税务行政赔偿的要件

1. 赔偿的主体是税务机关

税务机关不仅要对本身的侵权行为负责，而且要对税务机关的公务人员的侵权行为负责。根据《中华人民共和国国家赔偿法》（以下简称《国家赔偿法》）的规定，行政机构或者行政机构工作人员作出的具体行政行为侵犯公民、法人或者其他组织的合法权益造成损害的，由该行政机构或者行政机构工作人员所在的行政机关负责赔偿。因此，税务侵权赔偿责任，应由税务机关承担。

2. 引起的原因是税收具体行政行为

给纳税人、扣缴义务人、纳税担保人和其他当事人造成的损失必须是由税务机关及其公务人员作出的税收具体行政行为引起的。

3. 作出违法具体行政行为

税务机关及其公务人员作出的这种具体行政行为必须是违反税法和有关法律法规的规定的。

4. 属于主观故意或过失造成

税务机关及其公务人员的侵权行为是由于主观上的故意或者过失造成的。

5. 具体行政行为与损害事实之间有因果关系

税务机关及其公务人员违法的具体行政行为与损害事实之间存在因果关系。如果税务机关及其公务人员的具体行政行为确有违法或者不当，但纳税人、扣缴义务人、纳税担保人和其他当事人未受到实际损害，仍然不能构成税务机关的行政赔偿。

三、税务行政赔偿的程序

按照《国家赔偿法》的有关规定，公民、法人或者其他组织单独就损害赔偿提出请求，应当先由行政机关解决，对行政机关的处理不服，可以向人民法院提起诉讼。从这一规定看，行政损害的受害人请求行政赔偿的方式一般有两种，一种是单独方式，一种是附带方式。

1. 单独方式

纳税人、扣缴义务人、纳税担保人和其他当事人单独就损害赔偿提出要求，应当先由税务机关处理决定，对此处理决定不服，可以在接到税务机关作出的行政赔偿决定书之日起30日内向人民法院起诉。这里所说的单独就损害赔偿提出请求，是指仅就税务机关的行政损害提出的请求，而对具体行政行为则不提出异议。

2. 附带方式

纳税人、扣缴义务人、纳税担保人和其他当事人对税务机关及其公务人员的具体行政行为不服，提起诉讼的同时提出赔偿请求的，即附带方式，人民法院可以合并审理。

四、税务赔偿经费

按照《国家赔偿法》的有关规定，赔偿费用列入各级财政预算。各级人民政府可以责令有责任的行政机关支付部分或者全部赔偿费用。费用是由国家承担，但是这里存在着追偿权问题，国家在承担行政侵权赔偿责任后，应当责令有故意或重大过失的国家行政机构工作人员承担部分或全部赔偿责任的权力。规定追偿权的目的是要对违法失职的行政机关工作人员进行惩戒，以提高他们的工作素质，改变机关工作作风，依法行政，恪尽职守。

【例题 10－7·简答题】2021 年 5 月王某开办了一电器修理部，办理营业执照和税务登记，2021 年 6 月正式开业。7 月 24 日，区税务局直属税务所进行例行检查，发现王某发票存在缺少存根联、存根联被涂改等情形，于是扣留发票带回税务所进一步检查。7 月 28 日，该税务所根据其自行制定的《发票管理办法》做出处理决定：责令其改正违法行为，处以罚款 3 000 元。王某不服，以发票存根联被其儿子撕毁、乱画、但并未偷税为由，8 月 4 日向市税务局申请复议。市税务局接到其递交的复议申请后，认为税务所有执法权，因此，应由其直接的上一级税务局受理复议。8 月 10 日市税务局以自己无管辖权为由，裁定不予受理。问题：本案中市税务局接到复议申请后的处理是否合法？为什么？

【答案解析】市税务局的处理不合法。①应在接到复议申请后 5 日内进行审查，决定是否受理，并告知申请人。市税务局的审查期限超过法律规定时间。②税务所属于区税务局的派出机构。虽然对于派出机构以自己的名义做出的具体行政行为不服，向设立该派出机构的部门申请复议，但对于符合复议法规定，应予受理而不属于本机关受理的行政复议申请，应告知申请人向哪个复议机关提出。市税务局未履行告知义务。

本章小结

税务行政救济是纳税人依法保障自身权利，合法维护自身利益的有效手段。税务行政救济主要包括三方面的内容，即税务行政复议、税务行政诉讼和税务行政赔偿。依据《行政诉讼法》《税收征管法》《行政复议法》《国家赔偿法》，阐明了税务行政复议的原则、范围、管辖及程序。税务行政诉讼的特点和程序。税务行政赔偿的要件和程序。

关键术语

税务行政复议　　税务行政诉讼　　税务行政赔偿

复习思考题

1. 税务行政复议与税务行政诉讼有什么区别？
2. 简述税务行政复议的原则有哪些？
3. 简述税务行政复议的程序有哪些？
4. 简述税务行政复议的范围有哪些？
5. 简述税务行政赔偿的要件有哪些？
6. 简述税务行政诉讼的原则有哪些？

第 11 章　税务经济分析与信息化管理

本章要点

1. 税务经济分析的内容；
2. 税务管理信息化建设的内容；
3. 金税四期的特色及影响。

导入案例

北京××区税务稽查局向北京市××电子器件股权有限责任公司出示《税务行政部门处罚通知书》，具体内容如下：××区税务稽查局对企业控股股东、法人代表××在工行和兴业银行开立的个人账户开展查验，发现以上两个账户均是用于收取客户汇入的购货款。

处罚决定：对公司少缴增值税 377 286.46 元、企业所得税 101 515.75 元分别处以 0.5 倍的罚款，金额合计 239 401.11 元。本来想“避税”，结果被追回税款不说，还倒贴了 23.9 万元罚款，更重要的是影响以后的企业信用等级，得不偿失！

案例启示：支配权来自税款征收管理法的要求，比较有限是公司股东以出资为限负责任，而不是我国行政单位对你的管控比较有限，依据征管法要求，税务行政机关能够查验从业经营活动的因涉嫌经营者的存款账户，包含经营者储蓄余额和资金来往状况。

自金税三期开启至今，许多没有产生实际业务流程，只是从朋友企业或是从市场上买来的所得税增值税专票，用以抵扣销项税的都陆续被税务局清查出来，进而规定公司做进项转出。要补缴税金几十万元，乃至几百万元的公司为数不少。

（资料来源：新浪财经）

第 1 节　税务经济分析

一、税务经济分析概念

税务经济分析，就是利用相关的税务经济数据指标，进行统计和对比分析，从而揭示税收与经济发展的协调程度。查找税务管理中存在的问题，有针对性地采取加强管理的措施。

二、税务经济分析的内容

1. 税收弹性分析

税收弹性是税收增幅与经济增幅的对比。开展税收弹性分析，可以反映税收增长与经济发展是否协调，并据此对收入形势是否正常作出判断；可以通过对税收增长与经济增长不协调原因的剖析，进一步稽查影响税源和税收变化的各种因素，从中发现并解决征管中存在的薄弱环节和漏洞。

弹性分析是深化税收分析必须紧紧抓住的一条主线，在税务分析中具有普遍意义。在开展税收与经济对比分析中，不仅要从税收总量和经济总量上做弹性分析，从总量上看经济增长了税收是不是增长，税收的增长是否跟上了经济的增长，还要从分量上进行细化的弹性分析，从税种、税目、行业以至企业等税收弹性看税收与经济增长的协调性。

做好税收弹性分析要注意剔除税收收入中的特殊因素影响，以免因特殊增减收入因素影响了真实的弹性，掩盖了税收征管中的问题。根据目前情况，要进一步加强增值税与增加值、企业所得税与企业利润的弹性分析，积极进行消费税各税目与相关经济指标的弹性分析，要多方寻找税源指标，加快开展各地方税种与对应税基的弹性分析。通过深入细致的弹性分析，深挖税收与经济不适应的根源，促进税收与经济协调发展。

2. 税负分析

税负是税收规模与经济规模的对比，开展税负分析可以反映税务机关征收管理力度，从中发现管理中存在的问题。广泛而深入地开展税负分析是深化税收分析、提高税收征管质量和效率的一个重要抓手和突破口。

开展税负分析，首先要利用宏观经济和税收数据进行地区、税种、行业等宏观税负分析，如地区税收总量与国内生产总值对比，工商业增值税与工商业增加值对比，企业所得税与企业利润对比，行业税收与相关经济指标对比等，反映宏观层面的税负情况；其次要利用微观经济和税收数据开展针对企业层面的微观税负分析，反映微观层面的税负情况；还要将宏观税负与微观税负分析相结合，全面反映地区税负情况。

税负分析中要注意进行四个比较，即：实际税负与法定税负比较，地区税负的横向和纵向比较，企业税负与同行业税负比较，通过四个比较来揭示实际税负与法定税负的差异，揭示地区之间税负的横向差异和地区税负的动态变化，揭示企业税负与同行业税负的差异，据此评判检验各地区税收征管努力程度。然后按照宏观看问题、微观找原因的思路，将问题提交税务管理部门进行纳税评估，真正找出管理上的漏洞。

3. 税源分析

税源是经济发展成果在税收上的体现，是税收收入的源泉。开展税源分析的目的，一是了解真实税源状况，二是判断现实征收率，并据以查漏补缺，应收尽收。税源是税收的起点，这就决定了税务征管的起点、税务分析的起点都应该是税源。但长期以来，我们将税务分析的目光、将征管的力度大都集中在从申报、征收到入库这一过程上，而对真实的税源状况缺乏应有的监控和管理，由此造成的税收流失大量存在。可以说不研究税源，不了解税源，不分析税源，提高税收征管的质量和效率无疑是一场空谈。深化税源分析，就是要将分析环节前移，将应征数纳入到税收分析中来。这个应征数不是指纳税申报的应征数，而是代表真实税源的应征数。

首先要充分利用现有数据，通过对企业生产经营活动的投入产出和税负率等指标的分析来对企业财务核算和纳税申报质量进行评判。其次要寻找多个独立数据源，积极引进工商、银行、统计以及行业主管部门等外部数据，加强各类数据的综合利用，解决税务与纳税人信息不对称的问题，更为准确地判断企业税源状况，提高税收征收率。再次加强相关税种税基关系的研究，通过对宏观经济数据的分析，积极推进增值税、企业所得税等主要税种的纳税能力估算，从宏观层面对各地税源状况和征收管理力度进行测算分析，努力减少税收流失。

4. 税收关联分析

税收关联分析主要是对有相关关系的各种税收数据进行的对比分析，其目的是通过对比发现企业财务核算、纳税申报中出现的异常情况以及税款征收中存在的问题。如发票销售额与申报表应税销售额、申报应征税收与入库税款和欠税、增值税与所得税、房产税与契税、宏观经济、企业财务与税收税源等数据之间存在着广泛的关联性。通过不同数据的相互分析验证，可以发现税务管理上的问题。关联分析已经在实际工作中发挥出了较大的作用，如通过增值税交叉稽核系统对进、销项税金的比对分析，国税系统内就交通运输业发票开具和抵扣情况的对比分析、“四小票”数据对比分析等，都直接带动了管理水平的提高。随着信息化建设的继续推进，各种信息还在迅速增加，各级税务机关必须抓住时机，充分利用综合征管系统数据、税收系统核算数据、重点税源监控数据以及经济部门和企业财务数据等，进一步推动税收关联分析，及时、有效地发现税款申报征收中存在的问题，加强税务管理。

弹性分析、税负分析、税源分析和税收关联分析是深化税务管理工作必须切实抓好的几个关键环节，既是相对独立的，又是密切相关的。在实际工作中，要将上述四种分析形式与税收结构分析、进度分析等常规分析方式有机结合起来，更加全面、完整地反映税收和税源状况，更加及时、准确地反映税务管理中存在的问题，提出有价值的意见和建议，通过深化分析，最终实现提高税务征管的质量和效率的目标。

第2节　税务信息经济管理

一、税务信息化管理含义

税务信息化管理是将信息技术广泛应用于税务管理，深度开发和利用信息资源，提高管理、监控、服务水平，并由此推动税务部门业务重组、流程再造、文化重塑，进而推进税务管理现代化建设的综合过程。

税务信息化内涵可进一步理解为以下内容：

（1）税务信息化是税务管理改革与信息技术运用相互结合和互相促进的过程，以技术创新为驱动，在税务管理中广泛地采用现代信息技术手段；

（2）税务信息化是个技术创新的过程，同时也是个管理创新的过程，将引发管理变革，推动建立与之相适应的人文观念、组织模式、管理方式和业务流程；

（3）税务信息化的核心在于有效利用信息资源，只有广泛采集和积累信息，迅速流通和加工信息，有效利用和繁衍信息，才能通过信息资源开发提高管理、监控、服务效能；

（4）税务信息化是以实现税务管理现代化为目标，它既是实现管理现代化的强大推动力，又是管理现代化有机的组成部分，因而税务信息化不仅包括税务征管业务的信息化，还应包括税务行政管理的信息化。

二、税务信息化管理的目的及发展阶段

中国进行税务信息化的目的在于利用现代信息技术改造生产方式，大幅度提高劳动生产率。利用信息技术强化信息采集、处理、传输、存储和信息资源的使用，提高管理、监控、服务的效能。利用现代信息技术使管理方式发生根本性变革，影响和促进人类发展和进步。

中国税务信息化发展历经了三个阶段。第一阶段是模拟手工操作的税务电子化阶段，采用数据库技术，依托单机和局域网，如会计电算化、征收大厅管理等。第二阶段是面向管理的税务管理信息系统阶段，采用关系型数据库、C/S模式，依托广域网分布式处理，涉及应用的操作和管理层面。第三阶段是全方位的税务服务系统阶段，采用WEB技术和组件化结构，依托互联网实现集中式处理，完成四个系统建设并全面提升对纳税人的管理和服务。

三、税务信息化建设的内容

中国税务信息化建设的总体目标是要建立和完善中国税务管理信息系统，英文缩写为CTAIS，简称“金税”工程。税务管理信息化建设的主要内容可概括为“一个平台、两级处理、三个覆盖、四个系统”。

1. “一个平台”

是指建立一个包含网络硬件和基础软件的统一的技术基础平台。主要任务是逐步建立覆盖总局、税务各级机关与相关政府部门信息共享的网络体系，统一网络硬件和基础软件技术平台建设，建立安全管理和运行维护体系，以保证税务工作在统一、安全、稳定的网络化平台支撑下平衡运行。

2. “两级处理”

是指依托统一的技术基础平台，逐步实现税务系统的数据信息在总局和省税务局集中处理。主要任务是在“一个平台”的支撑下，结合各地实际情况，逐步建立总局、省税务局两级数据处理中心和两级数据处理机制，实现涉税电子数据在总局、省税务局两级的集中存储、集中处理和集中管理，使业务流程更加简化、机构趋于扁平化、管理和监控更加严密、纳税服务更加简便、系统维护更加便捷、系统运行更加安全，并使得数据的宏观分析与微观分析相结合、全局分析与局部透视相结合，全面提升数据利用的价值。

3. “三个覆盖”

是指应用内容逐步覆盖所有税种、税务工作的重要环节、各级税务局与有关部门联网。主要任务是通过税务管理信息化建设，促进信息技术和管理方法在全国税务系统得到广泛应用，逐步实现税务管理信息系统对税务局管理的所有税种以及税务工作运行的重要环节进行全面、有效的电子化监控，并实现与有关部门的联网，以保证税务工作便捷、规范、高效进行。

4. “四个系统”

是指通过业务的重组、优化和规范，逐步形成一个包括征收管理、纳税服务、管理决策

和管理决策系统在内的四个信息管理应用系统。主要任务是建立以税务征管业务为主要处理对象的税务征管系统，以为纳税人服务为主要处理对象的纳税服务系统，面向各级税务机关税收经济分析、监控和预测的管理决策系统和以税务系统内部行政管理事务为处理对象的行政管理系统，以满足税务工作多层面、全方位的应用需求。

四、税务信息技术的未来

税务信息数据集中处理具有一定的优势，数据大集中能降低信息化建设成本。可以提升系统的运行效率，保障数据质量和安全，确保管理监控的实时性和严密性。可以提高纳税服务质量，便于联网共享，并为领导层决策分析创造了条件。信息技术的应用和发展为税务工作带来无限生机和活力。

（1）虚拟社会正在出现。

（2）计算机产业与通信产业的融合，推动全球经济向信息型经济转型。

（3）信息技术应用不断创新，集成电路、计算机、宽带互联网飞速发展，人们的工作方式、生活方式正悄悄地发生改变。

（4）中国正在走一条信息化带动工业化的新型工业化的道路。国家实施了一批信息化重大工程，促进政务、金融、贸易等领域的信息化，加快了利用信息技术改造传统产业，取得了巨大的成效。

（5）信息网络构筑未来社会发展新平台。数字税务工程已经启动，如即将启动的金税工程四期。

五、金税工程

金税工程是以计算机网络为依托，实现税务机关互联互通、相关部门信息共享，采用先进技术，覆盖税收各税种、各管理环节的信息管理系统工程的总称。金税工程实际上就是利用覆盖全国税务机关的计算机网络对增值税专用发票和企业增值税纳税状况进行严密监控的一个体系。

1. 金税工程背景

1994 年中国工商税收制度进行了重大改革。这次税制改革的核心内容是建立以增值税为主体的流转税制度。增值税从税制本身来看，它易于公平税负，便于征收管理。但新税制出台以后，由于税务机关当时还比较缺乏对纳税人使用增值税专用发票进行监控的有效手段，一些不法分子就趁此机会利用伪造、倒卖、盗窃、虚开增值税专用发票等手段进行偷、逃、骗国家税款的违法犯罪活动，有的还相当猖獗，严重干扰了国家的税收秩序和经济秩序。对此，国家除了进一步集中社会各方面力量，加强管理，开展打击伪造、倒卖、盗窃发票违法犯罪专项斗争，坚决维护新税制的正常运行外，还决定引入现代化技术手段加强对增值税的监控管理。

自 1994 年开始金税工程一期建设，1998 年开始金税工程二期建设，2006 年正式进入金税工程三期建设。2008 年 9 月 24 日，发改委正式批准初步设计方案和中央投资概算，标志金税三期工程正式启动。2021 年 1 月国家税务总局公示金税四期中标结果，2022 年金税四期有望全面启动。金税工程三期从“多种平台，多种应用系统”共存的模式过渡到“一个平台、两级处理、三个覆盖、四个系统”。

2. 金税工程组成内容

金税工程由一个网络，四个软件系统组成。即覆盖全国国税系统的，区县局、地市局、省局到总局的四级广域网络；四个软件系统分别为：防伪税控开票系统、防伪税控认证系统、计算机稽核系统、发票协查系统。

（1）金税工程网络。我国税务系统整体管理呈四级分层结构，即国家税务总局；省、自治区、计划单列市税务局；地市级税务局；区县级税务局。总的看来税务系统具有机构分布广、层次多的特点。网络设计遵循层次化设计的总体原则，将整个金税网络进行垂直分层（按照管理模式）和水平分割（按照地域），从而将大型网络面临的复杂问题分解到多个层次相对简单的网络中去解决。这样既有利于简化网络的管理，其结构又符合整体业务流程。金税网络在垂直方向按照功能划分成骨干层、分布层、接入层三个层次，在水平方向上按照地域划分成各个省、自治区、计划单列市内部的网络（简称省内网络）。各个省内网络在地位上都是平等的，它们向上连接国家税务总局，内部包括省级税务局、地市级税务局、区县级税务局这四级机构。从垂直方向看，整个网络分为骨干层、分布层、接入层这三个层次。

（2）金税工程软件系统构成。

①增值税防伪税控开票子系统。增值税防伪税控开票子系统是运用数字密码和电子信息存储技术，通过强化增值税专用发票的防伪功能，监控企业的销售收入，解决销项发票信息真实性问题的计算机管理系统。这一系统将推行到所有增值税一般纳税人，也就是说，将来所有的增值税一般纳税人必须通过这一系统开具增值税发票。

②防伪税控认证子系统。税务征收机关利用防伪税控认证子系统，对增值税一般纳税人申请抵扣的增值税发票抵扣联进行解密还原认证。经认证无误的，才能作为纳税人合法的抵扣凭证。凡是不能通过认证子系统的发票一律不能抵扣。

③增值税稽核子系统。为了保证发票信息准确性，销项发票信息由防伪税控开票子系统自动生成，并由企业向税务机关进行电子申报；进项发票数据通过税务机关认证子系统自动生成。进项销项发票信息采集完毕后，通过计算机网络将抵扣联和存根联进行比对，稽核的方法采取三级交叉稽核，即本地市发票就地交叉稽核，跨地市发票上传省级税务机关交叉稽核，发票上传总局进行交叉稽核，今后将在税收规模较大、发票流量较多的区县增设稽核系统，实现四级稽核的管理模式。

④发票协查信息管理子系统。发票协查子系统是对有疑问的和已证实虚开的增值税发票案件协查信息，认证子系统和稽核子系统发现有问题的发票，以及协查结果信息，通过税务系统计算机网络逐级传递，总局通过这一系统对协查工作实现组织、监控和管理。

3. 未来的金税四期工程

（1）金税四期简介。2021 年 1 月 13 日，国家税务总局发布公告进一步明确了金税四期功能部署，金税四期脚步逼近。金税四期是金税三期升级版，金税工程是经国务院批准的国家级电子政务工程，是税收管理信息系统工程的总称。金税四期企业信息联网核查系统，搭建了各部委、人民银行以及银行等参与机构之间信息共享和核查的通道，实现企业相关人员手机号码、企业纳税状态、企业登记注册信息核查三大功能。

（2）金税工程四期的特色。金税四期是金税三期的升级版，与金税三期相比，具有以下不同之处：①增加了非税业务管控，大家最关注的社保也纳入税局管理并通过金税四期工程进行征管；②增加与人民银行的信息联网，进行严格的资金管控；③增加企业相关人员身份信息及信用的管控；④云化服务，全流程智能办税。

（3）金税四期影响。新的税务征收管理系统将充分运用大数据、人工智能等新一代信息技术，从而实现智慧税务和智慧监管。

①各个部门的数据共享，并以大数据为支撑，实现每个市场主体全业务全流程全国范围内的“数据画像”，就比如大家关注的“社保入税”。甚至可以说未来每一家企业在税务部门面前都是透明的。

②更加精准，所谓的精准就是说随着数据越多，画像越准，涉税风险也越来越明显。比如说稽查，税务机关都有数据，先归集疑点数据，发现风险点，这样稽查局再“按图索骥”去稽查，实际上就是将稽查过程变成了“查证系统筛查的风险点”的过程。

毫无疑问未来金税四期全面启动预示中国税务管理将走上崭新的发展之路。

本章小结

本章对税务经济分析和税务信息化的内涵及主要内容进行了介绍，着重介绍了金税四期特色及影响。金税工程是以计算机网络为依托，实现税务机关互联互通、相关部门信息共享，采用先进技术，覆盖税收各税种、各管理环节的信息管理系统工程的总称。

关键术语

税务经济分析　　税务信息化　　税收弹性分析　　金税工程　　金税四期
税收关联分析

复习思考题

1. 税务经济分析的内容是什么？
2. 税务管理信息化建设的主要内容有哪些？
3. 金税工程四期的特色及影响包括哪些？

参考文献

1.《中华人民共和国税收征收管理法》，2015 年.

2. 李传喜，乔应平，邱玲.《税务管理学》，中国人民大学出版社，2018 年.

3. 梁俊娇，孙亦军.《税务管理》，中国人民大学出版社，2014 年.

4. 吴旭东，田雷.《税收管理》，中国人民大学出版社，2016 年.

5. 李忠华，程海涛，冯卓.《中国税制》，清华大学出版社，2018 年.

6. 国家税务总局关于调整增值税纳税申报有关事项的公告，2016 年.

7.《2020 注册税务师考试教材辅导书应试指导及全真模拟测试》，中国税务出版社，2020 年.

8.《2020 年注册税务师考试教材书应试指南辅导用书》，中国商业出版社，2020 年.

9. 梁俊娇，王怡璞.《税务管理（第三版）》，中国人民大学出版社，2020 年.